本书研究获

国家自然科学基金项目（批准号：41401158）

河北省重点学科、河北省人文社科重点研究基地、河北省软科学研究基地

支持

新型轨道交通条件下都市圈旅游发展特征研究

朱桃杏　著

科学出版社

北　京

内 容 简 介

本书基于系统梳理高速铁路对都市圈的旅游效应特征，研究京津冀都市圈新型轨道交通对其旅游发展的影响，剖析其动态过程及作用机理；并以旅游者行为研究视角构建旅游者选择与行为的结构关系和需求预测模型，有针对性地提出服务于旅游者和旅游业发展的新型轨道交通发展对策。

本书适合人文地理学、旅游地理学、交通地理学等相关研究方向的研究生、本科生以及从事区域经济规划、旅游管理、交通规划与管理等的科研人员、管理人员阅读。

图书在版编目(CIP)数据

新型轨道交通条件下都市圈旅游发展特征研究 / 朱桃杏著 . —北京：科学出版社，2017. 12

ISBN 978-7-03-055858-9

Ⅰ. ①新…　Ⅱ. ①朱…　Ⅲ. ①高速铁路–影响–城市旅游–旅游业发展–研究–华北地区　Ⅳ. ①F592. 72

中国版本图书馆 CIP 数据核字（2017）第 304698 号

责任编辑：林　剑 / 责任校对：彭　涛
责任印制：张　伟 / 封面设计：无极书装

科学出版社出版
北京东黄城根北街 16 号
邮政编码：100717
http://www.sciencep.com

北京京华虎彩印刷有限公司 印刷
科学出版社发行　各地新华书店经销

*

2017 年 12 月第　一　版　开本：B5（720×1000）
2017 年 12 月第一次印刷　印张：13 1/4
字数：270 000

定价：128. 00 元

（如有印装质量问题，我社负责调换）

前　言

都市圈是旅游持续创新发展的战略平台，交通基础设施是都市圈发展演变的基本前提和重要条件，交通设施的完备程度对都市和都市圈的形态与塑造有着重要影响。在都市圈内外的城际交通连接方式上，高速铁路作为交通运输技术创新的重大成就，是新阶段都市圈旅游协调发展的重要参与变量，是保证都市圈内外旅游要素合理协调运行的重要动力。

2004 年国家《中长期铁路网规划》提出建立省会城市、大中城市间以及环渤海地区、长江三角洲地区、珠江三角洲地区三大经济区块之间的城际快速客运系统。大都市区在高速铁路网络作用下，辐射能力不断加强，辐射范围也更加广阔，以大都市区为中心的都市圈层结构也更为明显。至 2016 年底，中国铁路运营里程突破 10 万 km，高速铁路运营里程突破 1 万 km，在建规模为 1. 2 万 km，中国已成为世界上高速铁路运营里程最长、在建规模最大的国家。京津冀大都市圈至目前为止已形成包括干线铁路、城际铁路、市郊铁路和城市轨道交通等构成的完善的轨道交通体系，其中高速铁路里程达 1100km。未来京津冀都市圈将形成以京津冀为核心区域的 1h 交通圈，相邻城市间 1. 5h 交通圈。

以高速铁路为特色的新型轨道交通，对应新的旅游行为，创造众多新的旅游出行需求。快速、便捷、舒适的城际快速轨道运行系统是大都市区旅游业协调、快速、健康发展的重要保证。高速铁路作为 21 世纪影响中国区域发展格局的重大成就，其高效、便捷、舒适、安全等技术优势和高速度、大运量、公交化的运输组织形式，是其对区域资源配置、人口出行方式、科技信息流通过程等区域发展要素产生影响的重要原因。对以高速铁路为代表的新型轨道交通影响都市圈旅游发展的机理、过程和效应的研究是当前都市圈旅游发展和交通规划方向的重要研究课题。

轨道交通对都市圈旅游发展的影响表现为一系列旅游发展要素，如以旅游者、旅游目的地、旅游企业为主的核心要素及以旅游环境为背景要素的多层面逻辑关系的变化。基于以上情况，本书选择以高速铁路的网络化为研究背景，在理论上由宏观到微观、由点到面，从系统论的视角梳理都市圈区域发展要素系统的组成和相互作用；从多重视角研究轨道交通与都市圈旅游发展的关系、轨道交通的都市圈旅游发展效应问题，包括从区域经济学的学科视角关注高速铁路对区域发展系统要素的作用机制；从地理学视角研究高速铁路影响下区域发展要素的空间特征；从经济学视角测度和评价高速铁路对区域发展要素作用的具体效率和效应；在实证研究上以京津冀都市圈为例，探索中观尺度快速轨道交通对旅游发展的效应发生过程及其作用机理。本书基于系统梳理高速铁路对都市圈的旅游效应特征，研究京津冀区域高速铁路对旅游发展的多重影响，剖析高速铁路影响都市圈旅游发展的作用过程和作用机理，构建旅游者感知与行为的结构关系，测度高速铁路影响下的旅游目的地形态和经济发展效率，提出新背景、新形势下高速铁路和京津冀都市圈旅游业共轭发展的适度匹配策略。

本书总体研究体系是按“理论与方法体系构建-效应发生过程与作用力评判-综合效应分析-旅游目的地效应评估-旅游者效应评估-机制构建和对策研究”的逻辑结构对高速铁路条件下都市圈旅游发展特征进行系统分析。研究内容主要包括六大组成部分：①辨析都市圈的空间特征、系统构成和发展需求，研究交通与都市圈空间结构的关系及新背景下都市圈旅游的发展需求。深度剖析高速铁路与区域发展、轨道交通与都市圈旅游的国内外研究方向、主要研究方法，构建由“点”到“面”、由“地”到“人”的研究体系。②总结了高速铁路与旅游发展的多重效应、影响机制和呈现特征，通过向量自回归模型研究了铁路与旅游发展的动态关系和影响机理。研究高速铁路的旅游发展效应，通过脉冲响应函数测度了铁路与旅游业发展的动态关系。③对高速铁路影响下的旅游空间和经济效率的研究。借助空间句法和社会网络分析法比较研究了高速铁路开通以来都市圈交通网络格局的变化，以及高速铁路背景下旅游发展的整体空间变化流向和都市圈旅游空间特征及其发展效率。④对旅游者选择特征和影响因素结构关系的研究。通过层次分析法，形成旅客对出行方式的选择倾向指标，借助结构关系模型，构建高速铁路旅游者出行选择的影响因素概念模型。⑤旅游者对高速铁路的需求和高速铁路规划研究。基于效用理论，研究了高速铁路的分担率，并采用回归预测法对旅游者选择高速铁路出行的人数进行预测，提出基于旅游者出行行为规律、流量、流向等的高速铁路规划与管理措施。⑥大数据背景下相关研究的拓展问题。总结大数据的特征及其在高速铁路与旅游发展关系研究中的应用。借助 Flickr 网站的信息和基于 DBSCAN[①]，进行游客 POI[②] 偏好选择；基于百度大数据和图论最小生成树的克鲁斯卡尔（Kruskal）算法进行京津冀区域旅游交通线路优化分析；借助 12306 铁路售票官网大数据的云储存和云计算技术，通过官网即时数据进一步研究在都市圈环境下高速铁路的同城效应特征和效率，帮助高速铁路规划和管理部门即时了解各线路、各节点、各时段的工作效率。

① DBSCAN，即 density-based spatial clustering of applications with noise，聚类算法。

② POI，即 point of interest，关注点。

本研究的创新主要体现在：①全面系统地辨析了轨道交通与都市圈旅游发展的关系；②由总体到局部，对轨道交通影响下的旅游者和旅游地空间格局进行了分析；③基于消费者行为学的相关原理，研究了高速铁路旅游者的感知和满意度结构关系；④基于交通规划原理和效用理论，测度了旅游者对高速铁路的分担率，创造性地提出旅游者需求和高速铁路共轭发展的匹配对策。

本书研究框架、研究体系是由笔者设计，本书内容完成的过程中，得到了很多专家学者的指导和提点。掩卷思量，饮水思源，参与安徽师范大学陆林教授的科研项目过程中，笔者萌生和丰富了本书的研究思路、研究方法和基础资料；攻读博士期间与导师吴殿廷教授合作完成的关于京津冀都市圈轨道交通网络的研究论文，是本书内容拓展的重要前提；博士后期间北京大学合作导师陆军教授对高速铁路与旅游的关系分析，明确了笔者对高速铁路与旅游发展关系的认识；同时，本书在研究体系构建、资料收集、实证研究、实地调研过程中，也得到了众多前辈、同门和友人的无私帮助，贵州师范大学李瑞博士在本书出版构想、体系设计等方面提出了建设性意见，安徽大学丁娟博士为本书的大数据分析内容提供了宝贵的分析资料；中国民航科学技术研究院郭谦博士在专题制图和京津冀轨道交通发展研究等方面给予了较多技术性指导；安徽农业大学丁雨莲博士，辽宁工程技术大学张瑞红博士，江苏师范大学张红霞博士、李海建博士、谢五届博士，安徽商贸职业技术学院齐莉莉老师在本书问卷调研中提供了协助；石家庄铁道大学李占平老师协助完成本书第5章基础理论的部分内容；石家庄铁道大学朱正国博士、赵莉琴教授、郭跃显老师、蒋秀兰老师、李文陆老师、宋婧婧老师、刘敬严老师和刘博航博士对本书资料整理提供了较多支持；石家庄铁道大学研究生陈自飞、李振源、任建新，本科生雷彤、安宇欣、张煜、陈雪梅、吴向静、金铭等参与了本书的调研和数据整理工作。

脚踏实地，仰望苍穹。本书是笔者对新型轨道交通背景下都市圈旅游发展的粗浅认识，由于笔者水平有限，书中难免有不足之处，恳请广大读者批评指正。

朱桃杏

2017年8月于石家庄铁道大学

目　录

1　都市圈旅游

当今城市的发展模式已由早期的单中心城市向城市组团、都市圈层结构转变，城市旅游的发展也越来越依赖协作、联盟等力量的推动，而交通是现代城市旅游组团的重要黏合剂，良好的交通供给会增加城市组团旅游发展的集聚效应和规模效应。对新型轨道交通——高速铁路的规划、发展等的研究，可以有效利用交通对区域旅游发展的引导作用，高效实现高速铁路与都市圈旅游经济发展的匹配。本章将全面介绍都市圈系统、都市圈旅游及其发展要求、都市圈轨道交通规划、交通与都市圈发展，以及基于此的研究思考。

1.1　都市圈系统

1.1.1　都市圈概念

都市圈是20世纪初期针对“城市功能地域互连而形成集聚”的地理空间现象而提出的，国外较为典型的概念界定包括：霍华德提出的“群体城镇”（town cluster）、戈特曼提出的“都市带或都市连绵区”（megalopolis）、1945年日本行政厅统计标准部提出的“标准都市区”（standard metropolitan area）和1960年美国政府提出的“标准都市统计区”（standard metropolitan statistics area）等（Gottmann，1957；周一星和史育龙，1995）。

国内自20世纪80年代以来，周一星、宁越敏、姚士谋、高汝熹等提出了“都市连绵区”（metropolitan interlocing region，MIR）、“城市群”（urban agglomerations）、城市经济圈等概念。周一星和史育龙（1995）认为都市区是由中心区（城市实体地域内非农人口在20万人以上）和中心城市存在密切社会经济联系的非农化水平较高的外围邻接地区组成。姚士谋等（2001）认为城市群是指在特定的地域范围内具有相当数量的不同性质、类型和等级规模的城市，在一定的自然环境条件下，以一个或两个超大或特大城市作为地区经济中心，共同构成的一个相对完整的城市“集合体”。虽然提法各有特点，但这些概念都强调这种城市群结构是不同类型、规模城市的集聚，区域内部有空间上的紧密联系，对外围区域有较大的辐射影响等。

结合学者对相关概念的构建和研究，可以认为都市圈是在一定地域范围和自然环境条件下，以一个或两个经济发达、城市功能较强的特大中心城市为核心，与周边相邻地域具有内在经济联系的城镇共同形成的城市化区域，它们借助现代交通信息网络，跨越自身行政边界，实现不同性质、类型和等级规模。都市圈既是城市和区域经济演进的必然产物，又是群体竞争时代的客观要求，也是区际分工与协作的重要结果。主要表现在：①都市圈是区域竞争单元，以中心城市为核心，并通过分工协调确立其区域优势，形成区域协作状态。②都市圈中心城市与周边城市的圈层结构是由于各城市影响强弱和功能高低而被划分成的，最终形成的是都市圈层的分群和空间优化。③都市圈的圈层结构在人口、生产等方面高度集聚，但与周边更高层次、更大范围的经济单元仍有竞合（王学锋，2003）。

1.1.2 都市圈系统构成

都市圈经济的发展过程就是物质财富不断积累的过程，是区域内各种要素和物质不断演变和发展的复杂系统。要素是指影响区域经济活动的因素。经济学家普遍认为决定一个区域经济发展的主要要素有可资利用的物质资源、人力资源、管理效能和技术水平等。例如，经济学鼻祖亚当·斯密的经济增长理论研究探讨了影响经济增长的基本因素，认为劳动、资本、土地的数量是一国总产出的决定力量。综合经济增长的重要理论，将影响区域发展的因素概括为自然条件和自然资源、人力资源、技术、资本等及其结构变化。

协同学的观点认为系统竞争与协同效应是构成复杂系统演化发展的共同的、基本的内在动力，各子系统产生协同效应，形成了序参量，通过序参量的变化主导和支配系统发展大局。

复杂系统内部的各子系统之间也存在着性质、大小及方向各异的作用力，产生各子系统之间竞争与协同作用关系。对于区域发展过程，首先需要正确认识构成区域系统的要素及其子系统之间的相互作用，分析它们之间的联系，实现各功能子系统的有机整合（王建廷，2007）。

(1) 自然资源与都市圈发展

一方面，自然资源供应为区域发展提供物质基础，为经济发展提供有利条件；另一方面，自然资源是影响劳动生产率的主要因素之一，自然资源是地区产业发展的条件基础，具备某种资源，才有可能建立和发展相应的产业部门。

因此，自然资源是区域经济和社会发展的基本要素，自然资源不仅影响区域经济的投入结构，而且也会对区域的经济和社会产出等产生重大影响。对于区域发展而言，自然条件是环境变量，同时也是区域经济增长的条件变量。自然条件的优越性、自然资源的丰富程度对区域发展的可持续性至关重要。

（2）人力资源与都市圈发展

人是生产力诸要素中最积极、最活跃的因素。人力资源包括一定范围内能够充当生产性要素而被投入至社会经济活动中的全部劳动人口的总和。具体有现实的人力资源及潜在的人力资源之分。作为劳动力的具体人数，是其人力资源数量的体现；作为劳动者体质和智能统一的劳动力素质，是人力资源质量的体现。劳动者的体质条件是劳动能力产生的生理基础；劳动者的智能是指所具有的科学技术知识、专业的劳动技能和相关的生产经验。

（3）科技信息力量与都市圈发展

第一，科学技术作为推动地区经济增长的重要因素，和自然资源、劳动、资本的表现形式有较多不同。从投入角度来看，科学技术通过改变其他发展要素的形态和质量，从而实现自然价值，科学技术无法从其他要素中分离出来；从产出角度来看，科学技术一般是通过产出增长减去其他要素投入增长的形态表现技术进步对经济增长贡献。科学技术的发展创新与区域发展的关系表现为科技发展对各要素在经济活动中有机构成的决定性作用。在区域发展实践中，资本、劳动力和自然资源在推动经济发展时总要呈现一定比例，并以某种具体形式结合，以此形成现实的生产。但无论怎样，各种生产要素结合及其比例，最终是由科学技术影响和决定。第二，科学技术是改善劳动手段和劳动对象的有效方式，是加快劳动力质量提高的手段。第三，科学技术创新可以带来产业结构的优化发展（王建廷，2007）。

资源、人口和科技是都市圈发展的重要子系统。资源共同维系着区域发展过程及区域发展的质量，是区域存在和发展的物质基础，区域协调发展必须考虑区域内资源的存量和承载力；人口是区域协调发展的关键，一定数量和质量的人口（劳动力）是区域发展不可缺少的条件和根本动力；科技是区域发展的重要支撑，区域发展需要科技进步的推动，资源的利用效率和人口质量的提高需要科技进步加以催化。图1-1为都市圈发展要素系统。

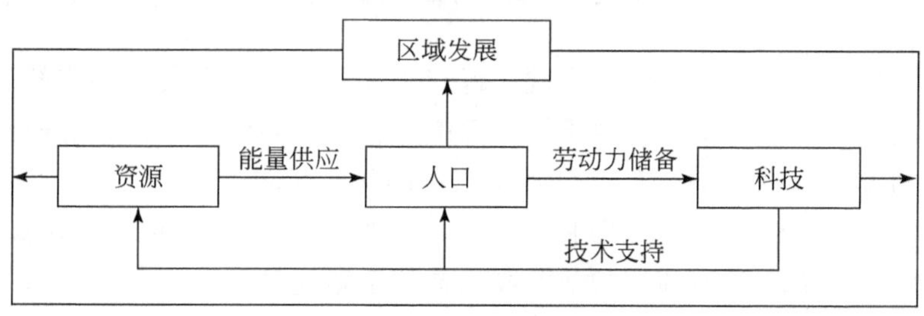

图1-1 都市圈发展要素系统

1.2 都市圈旅游及其发展要求

区域旅游系统是由一定范围内的各种吸引物、服务体系、旅游活动、自然人文要素等共同构成，也是旅游活动完成所必需的各种条件或基本要素之间相互依托、相互制约、相互协同而形成的，具有一定层次、特征、结构和功能的旅游地域综合体。都市圈旅游包含城市旅游、景区旅游、乡村旅游等多种类型，它以都市圈为地理单元，由都市圈内各种旅游吸引物、设施、社区有机结合，借助于都市圈发达的综合运输体系形成具有某一整体旅游形象的区域性旅游目的地，并因拥有丰富的旅游资源和高度发达的经济使其具有旅游目的地和客源地的双重性质(陆林，2013)。

因此，都市圈旅游系统是以都市圈为地理单元，以一个或多个中心城市为集聚中心，以周边相邻城市的旅游吸引物、旅游目的地、旅游设施等形成的旅游产品和线路为基础，通过都市圈综合运输体系和旅游信息媒介进行联系而形成的都市圈旅游地域综合体。它具有开放性、动态性和整体性三大特征，可在新要素、新环境的作用下实现内部组织和功能结构的动态调整，不断推动都市圈旅游系统的结构优化。与一般的区域旅游系统相比，都市圈旅游系统的区内联系和一体化程度更高，区域城市旅游流和产业体系联系紧密度、便捷度和复杂度更高，彼此之间互为客源地和目的地，在竞合关系中推动系统结构优化。

都市圈旅游空间格局演化的过程也是都市圈旅游要素流动与重新配置的过程。旅游经济发展水平是旅游要素价值的体现；旅游者是旅游要素的消费主体，直接影响旅游要素价值的高低；旅游交通是旅游要素价值体现的重要媒介，也是旅游者产生旅游行为的辅助工具。

1.3 研 究 内 容

在我国都市圈轨道交通体系日益完善的条件下，对轨道交通影响都市圈旅游发展过程的核心要素、轨道交通条件下都市圈旅游空间格局、轨道交通对都市圈旅游发展的实际作用效率、轨道交通与都市圈旅游发展的匹配度等问题的研究，可以为都市圈旅游轨道交通规划和旅游发展提供理论指导，这也是旅游地理学、交通地理学、城市地理学领域在新阶段面临的全新问题。

本书以京津冀都市圈为例，研究轨道交通与都市圈旅游发展的关系，以新型轨道交通——高速铁路为突破口，探索在高速铁路背景下旅游发展的新特征、新问题、新方向：①基于对都市圈旅游、轨道交通、高速铁路等关系辨析及研究现状和总结，包括轨道交通对都市圈旅游发展的影响、都市圈轨道交通的旅游功能特征研究、都市圈旅游与轨道交通的管理研究等，研究高速铁路对都市圈旅游发展影响的路径、高速铁路与都市圈旅游经济协调发展关系、高速铁路对都市圈旅游影响的作用机制和高速铁路条件下都市圈旅游经济协调发展新特征，并采用脉冲响应函数和方差分解验证了铁路交通与旅游发展的动态关系。②以京津冀都市圈为研究区域，分析京津冀区域铁路交通网络空间结构。通过空间句法研究比较京津冀都市圈的铁路网络布局变化特征，通过社会网络分析法研究比较京津冀都市圈铁路网络联系的变化特征，由此总结都市圈高速铁路网络结构的总体特征及其与区域发展的关系。③从“人地效应”的“地”的视角，由宏观到微观，比较研究高速铁路对都市圈旅游影响的总体特征和效率，借助空间计量方法和ESDA[①]的高速铁路背景下京津冀旅游经济协调特征，研究总结京津冀都市圈旅游发展演变过程和趋势。④基于消费者行为学相关理论，研究高速路铁路出行者交通方式比较选择，基于层次分析法对高速铁路旅客出行选择的影响因素评判，基于旅游者行为学的相关理论和结构方程模型，研究高速铁路旅游者的价值认同、服务期望、行为体验、消费满意度、发展支持等之间的结构关系。⑤基于旅游者出行价值效用函数，对京津冀都市圈高速铁路需求进行预测，并从旅游出行者感知和旅游者都市圈城际交通出行合理化等视角，提出高速铁路规划建议。⑥对大数据的特征及其对在高速铁路背景下旅游发展研究的范围进行总结，分析大数据在旅游者目的地选择决策、旅游者最优出行线路决策、交通线路出行效率分析中的具体应用。

1.4 研究框架

本书由宏观到微观、由整到分，从多重视角研究轨道交通与都市圈旅游发展的关系、高速铁路的都市圈旅游发展效应等问题，包括：从系统论的视角，梳理区域发展要素系统的组成和相互作用；从区域经济学的学科视角，研究高速铁路与都市圈旅游发展系统要素的动态关系；从地理学视角，研究高速铁路影响下区域旅游发展要素的空间特征；从经济学视角，测度和评价高速铁路对区域发展要素作用的具体效率和效应；从社会学视角，研究高速铁路出行旅游者的选择过程和影响因素之间的结构关系；从交通规划视角，分析旅游者选择高速铁路出行的需求量预测及高速铁路规划与发展建议；从未来发展趋势视角，分析大数据背景下高速铁路与都市圈旅游发展关系的研究重点。图 1-2 为本书的技术路线。

---

① ESDA，即 exploratory spatial data analysis，探索空间数据分析。

研究重点
研究过程
资料收集与整理
理论梳理
方法总结
资料收集
研究综述
·都市圈概念
·旅游空间理论
·旅游经济学理论
·交通经济学理论
·空间分析方法
·经济统计分析方法
·社会学分析方法
·轨道交通数据
·旅游要素空间数据
·旅游经济数据
·交通与区域发展
·高速铁路与区域
·轨道交通与都市圈旅游
基本关系分析
铁路与旅游
交通效应运行机制
动态关系分析
交通的区域特征
空间结构特征
社会网络特征
空间效率分析
空间效率
经济效率
·国内旅游者空间
·国内旅游收入空间
·京津冀都市圈空间
·铁路交通要素投入的区域旅游发展效率分析
·都市圈旅游经济区位熵
·都市圈旅游经济协调指数
旅游者效应分析
旅游者出行基本意向分析
都市圈旅游者高速铁路出行影响因素评判
都市圈高速铁路旅游者行为影响要素结构关系模型设计
都市圈高速铁路旅游者选择行为过程要素结构关系验证
都市圈高速铁路旅游者行为特征
轨道交通要求研究
·城际公共交通需求预测
·旅游者交通决策过程
·基于Logit模型的京津冀都市圈旅游者交通需求分析
·基于交通分担率的京津冀都市圈城际铁路旅游出行者预测
·基于旅游者出行要求的都市圈轨道交通发展建议
基于旅游者决策特征的交通方式效用函数
大数据新形势分析
大数据特征
大数据应用
旅游目的地决策
出行线路决策
出行效率判断
都市圈旅游者高速铁路出行指导

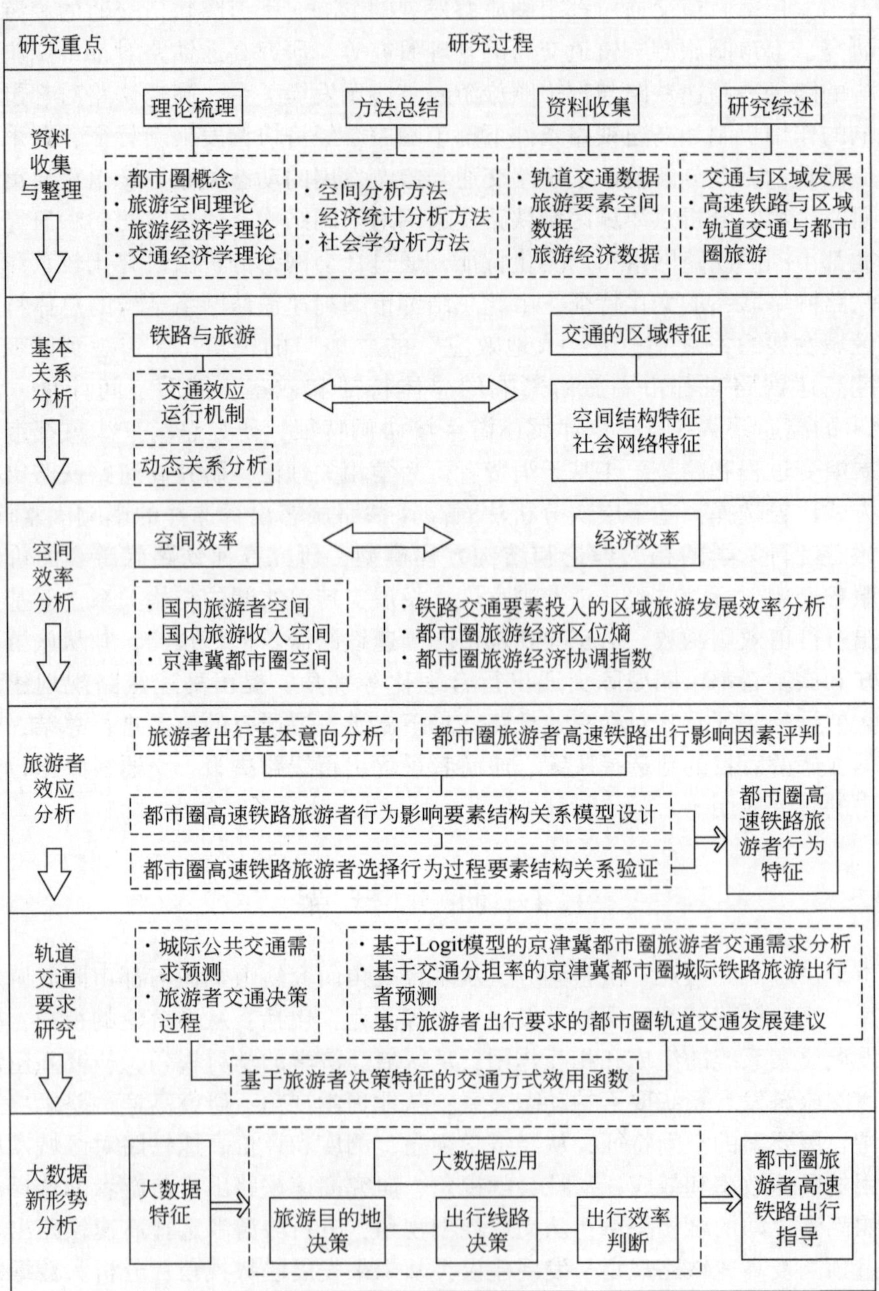

图1-2　技术路线图

2 国内外都市圈城际轨道交通与区域发展

城际轨道交通是指在人口稠密的都市圈修建的客运专线系统，是连接大城市与中小城市、各中小城市之间及部分大城市间的重要通道。城际轨道交通可认为是一种承担城市密集地区中短途旅客运输的快捷交通方式，形成区域内“1～2h交通圈”，能为城市间旅客运输提供正点、便捷、快速的交通服务。建设城际轨道交通网对于缓解都市圈内部区域旅客高峰运输出行问题、加快区域城市化进程具有重要意义。目前世界著名的大都市圈，如日本东京大都市圈、英国伦敦大都市圈、法国巴黎大都市圈都具备比较完善的轨道交通系统与网络。我国京津冀、长江三角洲（简称长三角）与珠江三角洲（简称珠三角）等都市圈也开展了一系列城际轨道交通线路规划与建设，已建成北京市至天津市、南京市至上海市、广州市至珠海市等的城际轨道交通。

2.1 国外大都市圈轨道交通发展

2.1.1 东京大都市圈

1964年，日本在东京举办奥运会前夕开通了第一条国内高速铁路称为“新干线”，通车第二年的时速达到210km/h，是当时世界上运营速度最快的火车。东海道新干线的开通把东京、横滨、名古屋、大阪、神户等连接成城市群，成为4h经济圈，这些城市成为日本经济发展的火车头，随后，日本将沿线各城市连接成扩张功能区或整体的经济走廊。

新干线建设加快了日本城市土地的有效开发，加速了城市之间的联系和融合，形成了都市经济圈（表2-1）。其中，比较突出的是东京都市经济圈。东京都市经济圈主要指日本东海岸太平洋沿岸城市带。从东京湾的鹿岛开始，经千叶、东京、横滨、静冈、名古屋、大阪、神户和长崎，总面积约10万km^2，约占日本国土总面积的26.5%，人口近7000万人，约占日本总人口的61%，全日本11个人口在100万人以上的大城市中有10个在该大都市圈内。

新干线沿线地区土地开发随着高速铁路建设的推进呈现“点-轴”发展模式，通过铁路与沿线土地综合开发的方式，以铁路带动土地开发，以土地开发培育铁路客运的客源。土地经营与铁道经营同时进行，同时充分考虑铁路双方向运输的特点。以铁道事业为中心，以房地产开发及租赁业、百货店等流通服务业、公共汽车业、出租汽车业、旅客吸引事业（旅游观光业、宾馆设施等）为兼业的经营模式（郑捷奋和刘洪玉，2003）。

表 2-1　日本新干线

名称	路线	长度（km）	开通年份
东海道新干线	东京—大阪	515.4	1964
山阳新干线	大阪—博多	553.7	1975
东北新干线	东京—盛冈	539.1	1982
上越新干线	大宫—新潟	303	1982
北陆新干线	高崎—长野	117.4	1997
九州新干线	博多—鹿儿岛	127.6	2004 年部分运营，2011 年全线运营

2.1.2　巴黎大都市圈

由于地理位置的特殊，法国高速铁路的建设加速了法国与周边国家的互通，形成泛欧洲高速铁路网，使得巴黎成为欧洲的交通枢纽，由巴黎至伦敦、布鲁塞尔、阿姆斯特丹、科隆等地的行程均在 1h 之内，沿线土地开发更加整合，功能分工更加明确，形成了以巴黎为中心的大都市经济圈，加快助推了欧洲一体化进程。

1981 年，法国高速列车（train à grande vitesse，TGV）在巴黎与里昂之间开通，如今已形成以巴黎为中心，辐射法国各城市及周边国家的铁路网络。按照建造时间顺序，法国 TGV 高速铁路网（表 2-2）主要包括东南线、大西洋线、北方线、东南延伸线（或称罗纳河—阿尔卑斯线）、巴黎地区联络线、地中海线和欧洲东部线 7 个组成部分。

有数据表明 1983 ~ 1990 年，里昂站区周边地区的办公面积从 17.5m^2/km^2 增长到 25.1m^2/km^2，围绕高速铁路车站建设的欧洲里昂工程，更是囊括了会展中心、欧洲办公大厦、银行大楼等多个商务办公及配套会展会议中心。

表 2-2　法国 TGV 高速铁路网

名称	修建年代	路线
东南线	1983 年	巴黎到里昂，运行速度为 270km/h，全长 417km
大西洋线	1989 年 9 月巴黎到勒芒 1990 年 10 月开通开往图尔的西南部支线	巴黎向西开往雷恩、南特方向，向西南开往波尔多、图卢兹通达城市达 56 个
北方线	1993 年 9 月	连接巴黎—伦敦—布鲁塞尔—阿姆斯特丹—科隆—法兰克福的北部欧洲高速铁路的法国部分，这是法国第一条国际性的高速铁路，涉及法国、英国、比利时、荷兰等 5 个国家。该线全长 333km，从巴黎以北的戈内斯到里尔；在里尔分为两条支线，一条向西穿越英吉利海峡隧道到达英国，另一条通向比利时边界
东南延伸线（或称罗纳河—阿尔卑斯线）	1994 年	从里昂到瓦朗斯全长 148km，新线从东环绕里昂并通过里昂—萨多拉机场高速车站。从巴黎到马赛的运行时间只需 4 小时多点，自巴黎通达法国东南部及邻国的城市多达 75 个，高速新线的通达范围可达到 3215km
巴黎地区联络线	1996 年	这条高速新线全长 128km，从东部环绕巴黎，将北方线和东南线、大西洋线连接起来，途经法国最大的戴高乐国际机场高速车站和欧洲迪斯尼乐园高速车站，使空运、地铁和著名景点与高速线联结起来。该线向西通过既有线和联络线使北方线和大西洋线联成一体
地中海线	2001 年	自瓦朗斯向南延伸，在阿维尼翁设三角线，东南分支到达马赛，西南分支至尼姆以西的蒙彼利埃，全长约 295km，最高运行速度为 350km/h。由巴黎至马赛 800km 行程只需旅行 3 小时。法国北起里尔、南至马赛的南北高速主干道亦已形成
欧洲东部线	2007 年	为了加强巴黎地区及法国北部、西部及西南地区与法国东北部之间的联系，还有法国与德国、瑞士及卢森堡等国之间的联系，从巴黎到兰斯只需 45 分钟，从巴黎到梅斯或南锡只需 1 个半小时，从巴黎到斯特拉斯堡只需 2 小时 20 分钟

2.1.3 国外大都市圈轨道交通发展特征

(1) 轨道交通形成都市圈发展的空间导向

轨道交通带动区域发展，轨道交通系统为都市圈空间拓展创造条件。以东京大都市圈为例，快速轨道交通的建设，使东京形成了以轨道交通为骨架的“一核七心”的多中心城市结构，即以东京站为核心，在铁路山手线上的枢纽站点区建立了上野浅草——传统与现代文化旅游活动中心、池袋——文化娱乐中心、新宿——商业文化活动中心、涩谷——文化信息中心、大崎——高新技术信息交流中心、锦系町——工业文化中心和临海——国际活动与信息交流中心七个城市次中心，更外围的都市地区则依托快速轨道线形成一批新城。伦敦放射状的铁路系统也是引导伦敦都市圈有序扩张的重要推力，沿铁路线开展新城建设和工业区布局是早期伦敦大都市圈交通发展和区域发展的重要特征（曹小曙和许志桦，2014）。

(2) 轨道交通加速了旅游等服务业的繁荣

日本东京大都市圈的轨道交通建设采取了与土地联动开发的模式，通常在轨道交通站点周围，经营房地产及租赁业、购物中心等零售服务业及旅游观光、宾馆设施等副业（曹小曙和许志桦，2014）。为了平衡客运低峰时段的客流，还开发了游乐场、运动中心和博物馆等吸引客流。通过站点及沿线的一系列建设规划和基础设施配套，剩余土地也提升了地价，产生了利润，推动更广泛的城市开发。

2.2 我国主要大都市圈轨道交通规划建设

京津冀都市圈、长三角都市圈和珠三角都市圈因其面积、人口和经济实力，是我国三大重要的都市圈。近几年来这三大都市圈轨道交通建设和发展十分迅速。

2.2.1 京津冀都市圈轨道交通规划与建设概况

(1) 目前线路布局概况

自2003年10月中国第一条高速铁路客运专线——秦沈客运专线建成通车，京津冀都市圈的铁路交通建设进入了快速发展阶段，相继建成京津城际铁路、石太客运专线、京沪高速铁路、京石高速铁路、石武高速铁路、津秦高速铁路、津保城际铁路等。

京津冀都市圈干线铁路以北京为中心，干线21条，营业里程7000多千米，分别是津山铁路、京哈铁路、锦承铁路、京通铁路、京沪铁路、京九铁路、邯济铁路、京广铁路、邯长铁路、京原铁路、京包铁路、石太铁路、石太客运专线、张集铁路、邯黄铁路、石德铁路、京承铁路、津秦客运专线、京哈高速铁路、京广高速铁路、京沪高速铁路。其中绝大部分处于京津冀核心区域，通过北京市、天津市和石家庄市三个铁路枢纽的站点承担客货运输，对京津冀的经济发展起着重要的作用。

（2）规划与建设的发展历程

2016年11月国家发展和改革委员会针对《关于补充报送京津冀城际铁路网规划修编方案（2015—2030年）的函》批复提出以“北京、京保石、京唐秦”三大通道为主轴，以京津石三大城市为核心，到2020年基本实现京津石中心城区与周边城镇0.5～1h通勤圈，京津保0.5～1h交通圈，到2030年将形成以“四纵四横一环”为骨架的城际铁路网络格局。具体而言，京津冀都市圈在未来将形成24条城际轨道交通线，分别是京霸城际铁路、京唐城际铁路、京滨城际铁路、崇礼铁路、廊涿城际铁路、首都机场至北京新机场城际铁路联络线、环北京城际铁路（廊坊市至平谷区段）、固保城际铁路、京石城际铁路、环渤海城际铁路、津承城际铁路、霸衡城际铁路、环北京城际铁路（平谷区至密云区段）、津沧城际铁路、石邯城际铁路、定沧城际铁路、衡沧黄城际铁路、京唐城际铁路（唐山市至曹妃甸区段）、唐遵城际铁路（唐山市北至遵化市段）、环北京城际铁路（怀来县至涿州市段）、环北京城际铁路（怀来县至密云区段）、京秦第二城际铁路（平谷区至蓟州区段）、京秦第二城际铁路（遵化市至秦皇岛市段）、邢衡城际铁路。

2.2.2 长三角都市圈轨道交通规划与建设概况

（1）目前线路布局概况

目前位于长三角都市圈内并已开通的铁路线路主要有京沪高速铁路（南京市至上海市）、沪杭高速铁路、合武高速铁路、合青高速铁路、郑沪高速铁路、温福铁路等。此外，截至2016年5月31日，长三角都市圈共计有7条城际铁路在建、9条城际铁路已开通运营。9条已开通运营的城际铁路包括合宁城际铁路、沪宁城际铁路、沪杭城际铁路、甬台温铁路、合蚌高速铁路、宁杭城际铁路、杭甬高速铁路、宁安高速铁路、新金温铁路，涉及总里程高达1885.80km，投资额为1930.60亿元。长三角都市圈运营或在建的城际轨道交通线路统计见表2-3。

表 2-3　截至 2016 年长三角都市圈城际铁路线路建设统计

项目进展	城际铁路	线路里程/km	车站数量/座	建设时段
开通运营	合宁城际铁路	166	8	2005 年 7 月 ~ 2008 年 4 月
	甬台温铁路	283	13	2005 年 10 月 ~ 2009 年 9 月
	沪宁城际铁路	301	21	2008 年 7 月 ~ 2010 年 7 月
	沪杭城际铁路	160	9	2009 年 2 月 ~ 2010 年 10 月
	合蚌高速铁路	131	8	2009 年 1 月 ~ 2012 年 10 月
	宁杭城际铁路	249	11	2008 年 12 月 ~ 2013 年 07 月
	杭甬高速铁路	150	7	2009 年 4 月 ~ 2013 年 7 月
	宁安高速铁路	257	10	2008 年 12 月 ~ 2015 年 12 月
	新金温铁路	188.8	9	2010 年 12 月 ~ 2015 年 12 月
开工在建	宁启铁路复线电气化工程	268	15	2009 年 7 月 ~ 2016 年
	连盐铁路	232	12	2013 年 12 月 ~ 2017 年
	沪通铁路（南通至安亭段）	137	9	2014 年 3 月 ~ 2020 年
	杭黄铁路	287	10	2014 年 7 月 ~ 2018 年
	连淮扬镇铁路	305	12	2014 年 12 月 ~ 2019 年
	徐宿淮盐城际铁路	313.7	11	2015 年 12 月 ~ 2019 年
	金台铁路	223.23	17	2016 年 5 月 ~ 2020 年

（2）规划与建设的发展历程

长三角都市圈包括沿江城市及浙江省、安徽省等部分地区，所以长三角都市圈城际铁路网主要由沿江都市圈城际轨道交通网、浙江省都市圈城际铁路网、皖江城际铁路网、皖北城际铁路网 4 部分组成。有关资料显示，2015 ~ 2020 年长三角都市圈将新建 66 条铁路，新增里程将达 7515.54km。

2.2.3　珠三角都市圈轨道交通规划与建设概况

（1）目前线路布局概况

珠三角都市圈内城际间客流具有流量大、旅客层次高、客流集中稳定等特点，这是建设城际轨道交通的基本条件（赵翠霞等，2004）。珠三角区域城际轨道交通主要串联区域内部中心城市、沿线城市城镇与城市组团，是都市圈联系内部的桥梁和纽带。目前珠三角大都市圈已建成 5 条城际铁路，分别是广珠城际铁路、广惠城际铁路、佛肇城际铁路、广佛城际铁路、莞惠城际铁路。

此外，位于珠三角都市圈内铁路有京广客运专线、广深港客运专线等客运专线，京广线、京九线、广深线、广茂线、广珠线等普速铁路及平南铁路、平盐铁路、惠大铁路等疏港铁路。随着区域一体化快速发展，珠三角都市圈客运需求急剧增长，仅靠现有的铁路线网将难以满足经济发展与居民的出行需求，所以后期应加快城际铁路建设进程。

（2）规划与建设的发展历程

据《珠三角城际轨道交通规划实施方案》显示，2020 年前在珠三角地区将建设 15 条城际轨道线路，线路总长 1430km，将形成以广州为中心，连通区域内所有地级市和主要城镇的“三环八射”状轨道交通网。这 15 条网络分别是广珠城际铁路、广佛城际铁路、穗莞深城际铁路、莞惠城际铁路、佛肇城际铁路、广清城际铁路、广佛环线、佛莞城际铁路、珠海市市区至珠海市机场城际铁路、广佛江珠城际铁路、中南虎城际铁路、深惠城际铁路、肇庆市至南沙区城际铁路、江门市至恩平市城际铁路、广惠城际铁路等。

此外，目前位于珠三角地区的在建铁路还有厦深铁路、南广铁路、贵广铁路等线路，在建铁路里程约为 383km。在 2030 年前实施京九客运专线、沿海货运专线、佛江货运铁路等项目后，珠三角地区的国家铁路网运营里程将达到 2880km。

2.2.4 我国都市圈轨道交通发展特征

（1）政府积极推进，交通建设发展迅速

都市圈城际轨道交通涉及多地区、多种交通方式衔接等问题，需要政府高层达成共识。近几年京津冀都市圈、长三角都市圈、珠三角都市圈等各级政府和交通管理部门已认识到区域交通一体化对都市圈发展的推动作用，多次通过各种方式搭建合作平台，达成各种共识，加速了都市圈城际轨道交通网络化的形成，如《长三角地区道路运输一体化发展议定书》、京津冀《交通一体化合作备忘录》的“廊坊共识”等。

（2）轨道交通的时空效应正加速空间圈层结构的形成

城际轨道、高速铁路的建设，使时空收敛效应突出，城市间距离缩短。例如，长三角都市圈，第一圈层为半径 50km 的城市内部及近郊空间，第二圈层为半径 200km 的上海市周边市区，包括苏州市、无锡市、常州市、南通市、杭州市、嘉兴市、宁波市等城市，第三圈层为半径为 300km 的区域。

（3）轨道交通规划及其合理性有待加强

第一，轨道交通建设投资主要集中于核心城市，外围区域布局不够合理。例如，京津冀区域的轨道交通过度集中于北京市、天津市，从而导致这些地区交通压力过大，交通总体效率不高。第二，城市之间的交通衔接不畅，影响出行者换乘。由于行政管理体制割裂，部门间各自为政，因此，交通枢纽站点位置不一，相互之间联系不畅，严重影响人们出行的满意度和效率。第三，轨道交通建设与区域经济发展的匹配失调。目前区域内轨道交通规划建设虽能够服务于地方经济发展，但未能与区域内产业结构和布局形成有效匹配。以旅游业发展为例，京津冀区域旅游资源丰富的承德市、张家口市目前仍以传统铁路交通运输为主，运行速度慢、效率低，严重影响了旅游者出行和旅游业发展。

2.3 轨道交通与都市圈空间发展

2.3.1 交通与城市空间结构

(1) 交通是城市空间结构发展的推动力量

区位论和交通经济带理论认为，城市具有沿交通轴线扩展的特征，交通干道沿线往往聚集大量的经济活动，形成区域的经济带。交通是经济活动区位选择的重要依据。

城市发展到一定程度，交通基础设施和服务系统会成为推动城市经济、社会结构的重要发展动力，推动城市产业或整体经济向规模化、集聚化方向发展；同时交通网络结构的均衡化、合理化也会加速城市空间的资源优化配置。

城市的发展增加了对城市经济内部商品货物和服务设施的需求，城市建筑、交通运输、商业活动、金融保险、文化等各方面的服务业迅速发展，由此城市发展成为经济、文化和政治的中心，交通使城市工业集聚，规模经济效应更加明显。工业规模的进一步扩大和人口的大量集中，使大城市成为特大城市，并形成众多小城市和中等城市，大城市的发展带动中小城市的发展，于是在相对集中的区域内形成了以特大城市为核心的城市圈层，圈层内的各等级城市相互间进行职能分工和协作。

(2) 城市空间结构合理化促进区域交通网络的完善

通常城市空间结构与经济结构布局相对应，高度发达的城市经济结构必然要求与高效的交通条件和布局相匹配，以支撑城市空间的人口流动、生产方式布局等，城市交通网络布局的合理和完善也是城市空间结构调整和完善的重要内容，城市空间结构的发展会不断促进区域交通网络的完善。

市域（郊）铁路是城市中心城区连接周边城镇组团及其城镇组团之间的通勤化、快速度、大运量的轨道交通系统，提供城市公共交通服务，是城市综合交通体系的重要组成部分。预计到2020年，我国以高速铁路为骨架的快速客运网，运营里程将达到5万km以上，基本覆盖80%的人口50万以上城市。依托高速铁路车站，各区域会陆续形成新的城区或城市组团，如京津冀、长江三角洲、珠江三角洲、长江中游、成渝等经济发达地区的超大、特大城市及具备条件的大城市，市域（郊）铁路骨干线路基本形成，构建核心区至周边主要区域的 1h 通勤圈。

2.3.2 高速铁路与都市圈经济

高速铁路会引导资源在高速铁路交通网节点城市重新配置，使节点城市构建起相互依赖、错位分工城市群。借助于高速铁路交通网发展起来城市群，不仅是拥有一个中心城市，而是具有多功能中心生态空间结构体系。图 2-1 为高速铁路导引下的空间格局。

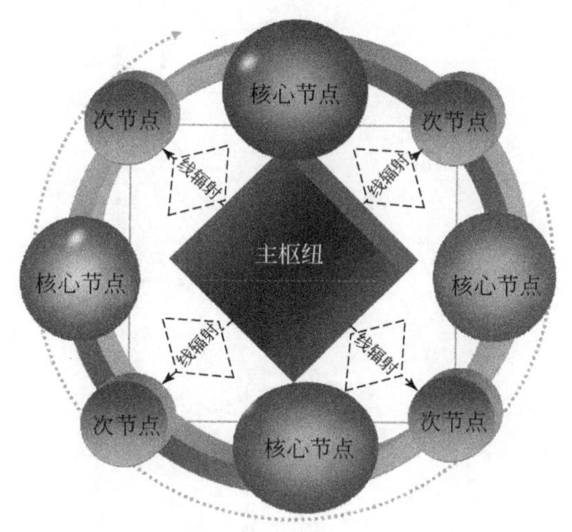

图 2-1 高速铁路导引下的空间格局

高速铁路实现了快速化、高效化运输，极大地提高了城际间运输效率，同时也大大降低了综合运输成本，使都市圈内部各区域联系更为快捷，时空距离大大缩短。同时特大城市的形成和周围大中小城市的基础设施的配套建设，使其发展更为迅速，形成了都市间新的空间圈层布局形态。

（1）提升了出行者活动的便利性

大都市圈通常位于经济水平较为发达的地区，区域内人均收入水平较高，区域发展不仅强调区域经济的发展，同时注重区域内人员出行的效率。高速铁路作为重要的基础设施，提高了出行性流动的效率和空间可达性，增加了人们出行的可能性。高速铁路的硬件配置也从根本上保证了人们出行的舒适和便捷。

（2）优化了都市圈的环境

都市圈在区域发展过程中，更加强调设施配套、资源优化配置等环境的改善。相对于其他交通方式，高速铁路通道与枢纽的建设能够促进沿线土地功能的置换，提高土地利用效率，能在一定程度上缓解城市交通拥挤状况，促进城市各功能空间重新配置、优化整合（骆玲和曹洪，2012）。

尽管日本的东京都市圈、法国的巴黎大区、德国的柏林地区、英国的伦敦大区、美国的纽约大都市区域等轨道交通经过多年的规划和发展，已逐渐形成了集地铁、轻轨、城市铁路、市郊铁路、干线铁路等于一体的综合轨道交通网络，但作为都市圈重要的经济活动和社会活动，旅游业的发展仍然对都市圈城际轨道交通提出了新的要求，都市圈旅游的可进入性和区内可移动性、交通的旅游休闲性、轨道交通线路规划的合理性等是最需改善的关键问题。

3 国内外研究综述

都市圈是旅游创新发展的战略平台，新型轨道交通已成为都市圈旅游发展的重要机遇，有利于提升都市圈旅游竞争力。一方面，轨道交通是都市圈空间演变和发展的基本前提与重要条件，对城市形态塑造有重要影响。另一方面，在移动信息和高速交通基础上建立起来的高度流动性社会，成为当前和今后城市与区域空间发展的重要支撑。现阶段以高速铁路为主体的新型轨道交通对应新的经济活动，已创造众多新的旅游出行需求。快速、便捷、舒适的城际快速轨道运行系统是都市圈旅游业协调、快速、健康发展的重要保证。

京津冀都市圈、长三角都市圈、珠三角都市圈目前已成为我国三大旅游要素集聚区。现有的都市圈旅游研究成果主要集中于都市圈旅游发展背景研究、发展模式和战略研究、空间研究、合作与竞争研究等方面，对 2000 ~ 2016 年中国期刊网关于都市圈旅游的中文研究文献进行梳理，具体研究内容比较见表 3-1。

表 3-1　2000 ~ 2016 年我国三大都市圈旅游文献研究内容比较（单位:%）

研究区域 / 研究内容	长三角都市圈	珠三角都市圈	京津冀都市圈
旅游管理体制	3.9	6.4	7.5
旅游者	3.2	1.7	2.3
旅游资源	20.4	22.2	26.0
旅游交通	11.8	9.1	14.9
旅游产业	16.6	12.8	19.2
旅游文化	13.1	13.1	22.4
旅游市场	22.1	9.4	6.5
旅游服务	2.6	6.4	8.1

注：以各主题词为检索项，检索范围为 2000 ~ 2016 年中国期刊网所有文献。由于部分论文研究内容较为综合，检索内容存在一定的交叉和重叠。

由统计可知，对都市圈旅游的研究主要集中于旅游资源、旅游交通、旅游产业研究等方面。但从各研究主题的视角来看，已有研究主要侧重于旅游资源的类型分析、旅游交通网络结构、旅游产业空间合作研究等方面，旅游研究大方向仍然是对旅游资源空间结构及以交通为主导的空间竞合要素等的研究。

3.1 国内外研究背景

3.1.1 轨道交通普及化成为现阶段都市圈旅游发展的时代背景

国际主要大都市圈高峰小时轨道交通方式占全方式的比例资料表明：伦敦大都市圈占 76%，纽约大都市圈占 75%，巴黎大都市圈占 75%，东京大都市圈占 91%。世界都市圈发展经验说明轨道交通是都市圈交通可持续发展的重要保障。都市圈是我国经济和社会发展的基本单元与重要平台。“国家战略性支柱产业”的定位和现阶段人民群众对旅游业的需求促使我国现代旅游业呈现大流量、广覆盖与高要求的发展特征。新型的轨道交通是现阶段都市圈旅游发展的重要基础。2005 年国务院审议并原则通过《环渤海京津冀地区、长江三角洲地区、珠江三角洲地区城际轨道交通网规划》以来，我国中原城市群、武汉城市圈、长株潭城市群、山东半岛城市群等区域先后被批准进行全面构建区域轨道交通网络。世界都市圈旅游发展过程和我国都市圈旅游发展的现实表明，现阶段建立以快速轨道交通系统为骨架的综合运输网络是都市圈旅游可持续发展的重要保障。

3.1.2 旅游交通低碳化是都市圈环境保护的根本要求，是都市圈发展低碳旅游的重要途径

第一，针对近年来我国各大城市雾霾现象发生频率高、程度重的问题，有研究表明汽车及其相关产业是最主要的污染源。2013 年有专业机构的数据和研究报告表明北京市汽车的尾气排放、行驶扬尘、加油站和油箱挥发等诸多因素产生的大气污染物占北京市各大气污染来源的一半左右。近年来北京市公共电车和轨道交通的效率比较研究也进一步表明，同样的运营路线和同等运量条件下，轨道交通比公共电车每年的碳排放量少上亿吨。英国规划的高速铁路 HS2 被认为本质上是碳中性的（Vickerman 等，2013）。游客是大都市地面交通的重要消费群体，完善都市圈旅游轨道交通体系可以有效减少旅游碳排放量，改善都市圈旅游生态环境。第二，都市圈低碳旅游需要节省空间的交通运输方式，而轨道交通的土地集约型特征与低碳旅游原理一脉相承。在同等运力条件下，轨道交通占地仅为普通公路的 1/8、高速公路的 1/3；能源消耗仅为公共汽车的 3/5、小汽车的 1/6；碳氧化合物排放量（内燃动车组）仅为小汽车的 4%。我国的电力动车组

则基本无废气污染。因此，轨道交通有利于净化都市圈旅游环境，形成高效率、高密度和清洁的都市旅游空间。

3.1.3 轨道交通快速化是现阶段都市圈旅游发展的必然要求

一方面，都市圈集聚了旅游业发展的众多人力、物力和资源要素，都市圈内部需要大运量、高密度的轨道交通。降低运输成本、提高运输效率是产生规模经济、促进都市圈旅游发展的必备条件，东京大都市圈、伦敦大都市圈、纽约大都市圈的轨道交通为其成为世界级旅游目的地奠定了重要的发展基石。另一方面，都市圈高密度的旅游资源和旅游消费能力需要匹配具备高效疏散能力的快速轨道交通。都市圈是经济发展程度较高的区域，既集聚了一定范围内重要的自然和人文旅游资源，又集聚了区域内大部分的旅游消费人群，需要匹配快速化、大运量的轨道交通。

3.1.4 轨道交通的强导向性对都市圈旅游竞合具有重要的引导和促进作用

都市圈旅游发展的竞争与合作是都市圈旅游发展的基本现象，关系到都市圈旅游发展的速度和质量。沃纳·松巴特的生长轴理论强调了交通干线建设对区域经济发展的引导和促进作用。轨道交通可以降低都市圈旅游联系成本，提高都市圈内外的连接度，加速旅游经济活动，形成新的有利的旅游区位和优良旅游投资环境。旅游产业受到轨道交通的吸引，向轨道交通轴线集聚，加速旅游产业带的形成和发展。

3.2 国内外研究述评

3.2.1 高速铁路交通与区域发展研究

铁路站点及其线路网络设施是国家经济发展所依赖的重要基础设施，是一个国家综合交通运输体系的主体和骨干。我国铁路经过一个多世纪建设和发展所形成的铁路交通网已成为现代中国经济发展的重要命脉。铁路交通建设有着重要的直接经济效益和间接经济效应。铁路交通是国民经济发展的基础产业。现阶段，随着高速铁路更进一步的建设与运营，铁路交通对我国经济增长的主导性影响特征更加显著。高速铁路已经成为推动我国区域空间发展的重要动力。

3.2.1.1 高速铁路交通对区域要素空间结构影响的研究

日本学者 Kobayashi 和 Okumura（1997）运用动态多城市增长模型研究了高

速铁路对区域经济的影响，认为高速铁路将加速人口、资本的自由流动。例如，日本1996年新干线沿线企业数量为1975年的1.49倍，远高于同期全国的平均水平。梁成柱（2008）认为，高速铁路不仅活跃人口流动，而且为资本、技术、物流要素自由流动提供了条件。张季风（2003）研究认为，日本新干线对经济的影响主要表现在其通过降低人员流动的“时间距离”和“经济距离”，增加了“一日交流可能人口比例”（在单程3h以内可以达到的范围内的居住人口占全国总人口的比例）；法国高速铁路TGV东南线使巴黎至里昂的旅行时间缩短一半，交通客运量上升为9000万人次/年。侯明明（2008）认为高速铁路在提高大都市地区的可达性和空间竞争力优势等方面效果明显，同时高速铁路吸引都市区外的人口不断向都市区集中；同时，他也指出高速铁路带来的拥挤问题、污染问题、公共设施服务水平下降等方面的规模不经济现象，也极可能降低大都市地区的空间竞争力，大都市地区的人口和产业也极可能因高速铁路带来的问题而逐渐向外围或较远地区转移。新建高速铁路使得地区间经济、人员等联系更加密切，旅客出行频率更高，交通出行总量和规模大幅上升，商务旅行时间成本降低；而更频繁的商务沟通会减少信息衰减，从而使地区间人口流动加快。

高速铁路建设促使生产要素呈现出沿线集聚的特征，但这种集聚在地区之间是相对的。日本学者Sasaki等（1997）的实证研究发现，新干线的主要受惠地区都是已开发地区，地域之间的差距并没有缩小，因而，人口集聚在日本东海岸地区要远强于东北部地区。梁成柱（2008）将劳动力流动分为“人口迁移”与“跨区域工作”，在收入扩展效应作用下，高速铁路建设使两类劳动力流动模式都呈现向沿线集聚的特征。沈刚（2011）认为这种集聚效应会造成“虹吸效应”，导致优势资源从高速铁路沿线的落后中小城市流出，流向发达的中心城市，因而要开展区域整体规划，实现错位发展，优势互补。张学良等（2010）认为，在一体化过程中，中心区域的经济发展可能是以其他区域的经济衰退为代价的，而避免衰退现象发生的方法便是提高区域的综合竞争力。

3.2.1.2 高速铁路交通对区域人口和劳动力流动的研究

Nakamura和Ueda（1989）的研究表明，在高速铁路与高速公路的乘数效应下，交通有助于地区人口快速增长，但在无高速铁路与高速公路的地区，因交通设施匮乏，人口外流的情形相当严重。通常在高速铁路运营之初，由于空间成本降低，部分地区的资源可能会被其他地区干扰甚至吸走，出现“吸管效应”，这一点在相对缺乏地方特色的区域尤为明显。与“吸管效应”相对的是“磁吸效应”。“磁吸效应”也是由高速铁路的影响而产生的，高速铁路的开通基于核心城市，构建了区域中心，形成超级都市区，以人口超过千万的英国伦敦或日本东京为例，高速铁路的“区块效应”，使周边区域的人口、资源、要素等产生集聚。Nakamura 和 Ueda（1989）总结认为，人口成长区多为以郡县行政中心为核心的地方小中心和配有铁路车站的城市，同时还包括有高速公路配套服务的城市。Sasaki 等（1997）通过建立供给导向的区域计量模型，以日本新干线为实证对象，研究了其区域经济行为及人口流动的扩散作用。研究表明，高速铁路建设在实现要素向都市圈流动的同时，也存在都市圈内要素疏散的现象。以东海道新干线为例，东京人口增速减缓，东京都市圈向外扩展，使核心区人口由 1962 年的 280 万减少到 1999 年的 210 万。杨东援等（2001）将此种现象称为“扩散”，认为它是顺应“极化”中心自身发展及其产业结构演变的要求，最终在成熟阶段，通过“极化”与“扩散”达到动态平衡。

3.2.1.3 高速铁路交通对区域资本积累和产业投资的研究

资本流通与投资回报率和区域新资本形成的成本呈直接相关，高速铁路建设将极大程度地提高某些地区的投资回报率（张萃，2009）。以武广高速铁路为例，武广高速铁路的建设，促使众多房产商抢滩武广高速铁路沿线，加速了沿线地区的房地产投资；武广高速铁路开通后，长沙市的房地产市场异常火爆，其中包括来自深圳市、广州市等沿海地区居民的参与。目前恒大、广电、万科、碧桂园、保利、金地等地产开发商都已借助武广高速铁路铺设地产发展带。相关数据表明，碧桂园目前在武广高速铁路沿线布点最多，仅在长沙市的地产开发项目就有 8 个。另外，各地崛起的“高速铁路新城”和未来可能受其辐射的众多周边中小城市，已成为武广高速铁路的资本运作舞台（Kiyoshi and Makoto，1997；梁成柱，2008）。但就城市群范围内，资本的流通是地区经济发展的内在表现。从 1975 年日本新干线的延伸效应来看，冈山、广岛、大分等城市，以及福冈、熊本等沿线区域的工业布局都发生迅速变化，加工产业和集成电路等尖端产业逐步取代了传统的钢铁产业和石化产业，产业结构得到了调整；统计数据显示日本东海道新干线和山阳新干线每年约有 2 亿人次乘客，仅乘客产生的食宿和旅游等的费用支出就达到 5 万亿日元，增加就业人数 50 万人。以武广高速铁路建设为例，高速铁路的开通有力扩大了武汉市、长沙市等区域性中心城市与广州市、深圳市及香港等地区的联系，在充分考虑“虹吸效应”的基础上，武汉市、长沙市等地区相对商务成本将进一步压缩。因此，新能源、新材料、航空航天、信息、生物、智能电网及文化创意、山水生态度假旅游等战略新兴产业的机会成本要明显降低，文化创意、工业创意、服务外包、信息产业等现代服务业等均将得到较大程度发展，成为高速铁路时代各类企业，尤其是中小企业的投资高地，势必引起巨大的资本流通。

3.2.1.4 高速铁路交通对区域科技创新与技术发展影响的研究

首先，高速铁路通过塑造技术流通的环境，引导教育研发机构的集聚和技术信息的流通，而高技术将伴随教育科研机构，集中布局在高速铁路沿线地区。毛一凡（2010）指出，高等教育与科研机构的特点是占地多、付租能力（ability to pay rent）弱、对区位要求高，而高速铁路的开通使大城市2h都市圈的半径大大扩张，因此高等教育和科研机构的选择范围将更广，周边地租较低的中小城市也因高速铁路的辐射作用而得以利用，这对这些城市自身的发展也起到带动作用。例如，日本新潟县浦佐町，是新干线开通前的一个典型山村小镇，居民人口仅2万多人，日本国际大学（International University of Japan）就设在这里，该校学生来自世界各地。北陆新干线开通后，在此地开设有浦佐站，日本国际大学的师生无论是前往新宿还是东京，都在1h都市圈范围内，使得知识的交流和更新更加便捷，使这里环境得到充分开发利用。这样的内外条件使日本国际大学高水平的人才在较短时间内迅速聚集。其次，高速铁路枢纽地区将成为区域重要的商务与技术集聚区，成为城市技术创新与信息交换的重要功能区，为技术更新和创新奠定了良好的基础。Glaeser和Saiz（2004）认为，受高等教育人数的相对变化与城区规模和市区范围的扩大呈正相关，区域内人口数量会对高速铁路站区的规模形成产生重要的影响，这是出于对交通可达性吸引力的一种回应。围绕交通节点进行生产与生活可以降低生产生活中的交通成本，同时方便与外界的沟通交流。宁军明（2008）研究发现，高速铁路站区周边出现的产业包含金融、教育研发等，以及由其衍生的其他商业部门，对雇员的受教育程度要求较高，区域内是否有足够数量的受教育人群直接关系到这些部门的发展。如果受教育人群数量足够，那么就会形成相当规模的产业集群。一方面，增强单个企业的竞争力，使同类产业企业形成地理集中，同时可以促进相关产业在地区上的合理分工，使企业可以方便快捷地雇佣到熟练的劳动力，或者有效地获取本行业信息，并在有限条件下快速得到供应商的服务保障，从整体上降低了企业的成本，提升企业的生产效率。从集群内部来看，圈内企业的相互合作、相互学习和非正式交流会更加频繁和有效，使创新更易发生。另一方面，高速铁路通过比较优势、绝对优势或规模经济等效应形成专业程度较高的产业区，使相关区域在科技资源、信息资源、基础设施及人力资源方面得以整合。当产业形成一定规模，更多资本和优秀人才进一步集聚，区域增长的质量和规模更加明显。

对国内外研究成果的分析表明：①关注高速铁路条件下区域发展的研究成果相对较多，已有研究普遍认为高速铁路对区域发展影响最为突出的环节包括人口、资源和信息，但目前对这三大区域发展要素进行全面论述的成果相对缺乏；

②当前研究成果较多地研究高速铁路影响区域发展要素流动的空间特性，但对区域发展要素流动空间特性的描述仅停留在静态层面，缺乏从宏观到微观、从静态到动态的横向和纵向的归纳过程研究；③由于我国高速铁路开通时间较短，且基础设施对区域发展的影响具有滞后性，现有研究成果较少借助经济学等相关理论和研究方法，对高速铁路影响的分析也缺乏带有高速铁路特殊性的参量，因而均未能将高速铁路的具体效应从区域发展的动力要素中剥离出来。

新经济地理学理论较早界定了交通与经济活动的关系，认为区域集聚和扩散能力决定了经济的空间结构，而这两种竞争能力均受制于交通成本。克鲁格曼的“核心-边缘”模型进一步研究了区域主体、交通成本、要素流动与递增收益之间的关系和过程，指出交通条件引发经济空间行为差异。旅游活动是人类社会和经济活动中最具活力和创新性的组成。保继刚等（1993）认为铁路交通是旅游者城市外部出行的重要选择。

3.2.2 轨道交通与都市圈旅游发展研究

轨道交通是一种利用轨道列车进行人员运输的方式，具有运量大、速度快、安全、准点、保护环境、节约能源和用地等特点，对城际和城市内部要素流动影响极大。中长轨道交通、区域轨道交通和城市轨道交通是轨道交通的三种类型。1997～2016年，研究铁路和城市轨道交通的经济影响的文献占所有研究交通与经济关系的文献的10.6%左右，2016年这一比例增加到19%以上，近几年来对此主题的研究呈明显快速上升趋势。

本节借助中国期刊网和Elsevier数据库两大中外期刊论文库，搜集整理截至2016年底国内外有关轨道交通与都市圈旅游发展关系的文献，进行文献观点梳理、分类，分析研究脉络，得出研究结论，以形成对未来研究的启示和相关实践的指导。

3.2.2.1 轨道交通对都市圈旅游发展的影响

中长轨道交通具有服务范围广、运输距离长、以中长途旅客为主要服务对象等特征，有利于省际与区际的连通。区域轨道交通具有密度高、公交化等特征，承运区域内城镇之间中短途客流，站点分布相对密集。城市轨道交通为城市中心区域及近郊客流提供输运及与人口密集区、重要商务区的连通服务。

中长轨道交通、区域轨道交通和城市轨道交通是轨道交通的三种类型，特征不同，对都市圈旅游影响的范畴和特征也存在差异。

（1）中长轨道交通对旅游发展的影响

1）中长距离的传统铁路由于运速和环境等问题，旅游服务功能较弱。Su

和 Wall（2009）对青藏铁路的研究表明，铁路可以增强较为偏远旅游目的地的可达性和旅游接待能力，也可成为当地旅游发展的重要吸引物。杨桂凤等（2003）认为铁路是国内旅游运输服务的基本条件，对运行时间、运行区间和服务措施的合理规划和设计是铁路提供优质旅游服务的关键。李立华和何毓成（2006）认为青藏铁路是西藏自治区旅游的发展动力，有利于沿线产业结构的调整、旅游产品的创新、旅游新形象的创建、产业宏观环境的改善等。单鹏飞和王英娟（2001）认为传统铁路客运枢纽的食宿、娱乐服务体验较差，旅游功能有待开发。

2）高速客运专线对旅游的影响较为凸显。高速铁路系统是 21 世纪轨道交通技术发展较好的领域之一，其技术较为复杂，在全世界范围内得到了较大范围的认可和发展，高速铁路对旅游业发展的贡献最为突出。①对旅游者的影响。Hsu 和 Chung（1997）构建了高速铁路和传统铁路的市场份额模型，认为旅游者对“时间、速度、行程长度和票价”等存在认知差异。他们还分别比较了法国里尔高速铁路线路和西班牙马德里—塞利维亚高速铁路线路开通带来的游客量增长。张文新等（2013）利用社会统计分析方法，以南京市为研究区域，从游客旅游目的地、游客交通方式及其线路选择、旅游次数、旅游范围、旅游停留时间、客流量等方面，分析了高速铁路影响下单体城市内部旅游客流的现状及其变化。②对旅游产业的影响。Kingsley（1997）分析了高速铁路站点位置对人口密度和人口增长趋势的影响及对周边食宿业集聚的影响。Bruce（2000）和段进（2009）的研究表明美国铁路、日本新干线和中国的高速铁路节点的连接度对区域经济活动的区位选择有重要的影响。③对旅游空间结构的影响。轨道交通属于网络型产业，日常运营和服务活动是基于网状的路网结构开展的。Masson 和 Petiot（2009）对法国佩皮尼昂与西班牙巴塞罗那之间的跨国高速铁路进行了研究，验证了交通对区域格局演变的一般规律同样适用于旅游空间结构的变化。日本新干线的建设在短时间内使日本京滨、中京、阪神地区经济联系得到加强，区域经济进入高速增长阶段。“欧洲铁路网络”加强了欧洲国家间的交通联系和欧洲经济一体化进程。殷平（2012）比较了普通客运列车和高速列车在费用成本和时间成本方面对旅游目的地空间竞争的影响，分析了郑西高速铁路对沿线城市旅游空间结构的影响。

（2）区域轨道交通对旅游发展的影响

轨道交通的出现使个人的时空活动范围有了重大突破，都市区居民借助轨道交通，使原有的“城区 1h 游憩圈”扩展到“都市圈 1h 游憩带”。城际铁路交通为城市经济交流提供了更为直接的渠道和方式。

区际轨道交通由于站点分布相对密集，联结节点较多，网络结构性和凝聚力较强，因而也成为现代都市圈旅游发展的重要竞争力。王建喜（2010）认为城际轨道交通网是长三角经济一体化、城市一体化、休闲一体化的基础和依托。王昊和龙慧（2009）研究了城际轨道交通建设引起区域整合的情形，认为轨道交通将极大地推动都市圈空间融合和空间整合。王文静和陆化普（2013）等研究了轨道交通对都市圈空间结构的影响，认为京津冀区域轨道交通网络可在节假日提供生活旅游、娱乐休闲的出行服务，是京津冀区域旅游一体化的主要支撑。朱桃杏等（2011，2015）将城市空间句法和社会网络分析法应用于区域铁路交通网络研究，并评价了京津冀区域铁路网络的结构和对旅游线路的导向性影响。杨维凤（2010）分别研究了高速铁路对京津冀都市圈和长三角城市群空间格局及要素流动的影响。

（3）城市轨道交通对旅游发展的影响

可进入且可流动性是旅游者前往城市旅游目的地首要关心的问题，关系到旅游者旅行的舒适度，但城市旅游给城市公共交通带来明显的需求压力。

游客对城市公共交通使用率的提高增加了公共交通工具维护频率，降低了当地交通的整体服务质量。旅游者和当地居民对公共交通资源的需求存在着此起彼消的矛盾。由于迈阿密的轨道交通规划和建设过程未充分考虑最大客流量和旅游满意最大化，当地交通状况被旅游者列在五大最不满意要素之首。Rurco 等（1998）研究认为，以城市地铁为主要形式的公共交通具有更强的游客友好性而被旅游者从生理和心理上乐于接受。卞显红和翁碧云（2012）分别以杭州市和上海市为例，分析了城市轨道交通建设对城市旅游增长极形成与发展的影响机制。

3.2.2.2 都市圈轨道交通的旅游功能特征研究

公共交通是旅游目的产品和服务的重要组成部分，政府部门已认识到轨道交通与旅游发展的关系，但其重要程度通常容易被旅游部门忽略。很多地区由于利益相关者责任不清，旅游目的地公共交通质量得不到持续保障，从而影响到游客旅游体验。

公共交通在休闲及旅游活动中的作用一直较为边缘化，使得休闲及旅游活动中公共交通支出份额较低，增加公共交通的休闲功能有利于改变这一状况。Gronau 和 Kagermeier（2007）研究了休闲和旅游活动中公共交通的有效性，其研究表明铁路交通在公共交通类型中的休闲性总体较低。图 3-1 为旅游交通方式休闲强度比较，图 3-2 介绍了休闲与旅游交通相结合的关键影响要素。

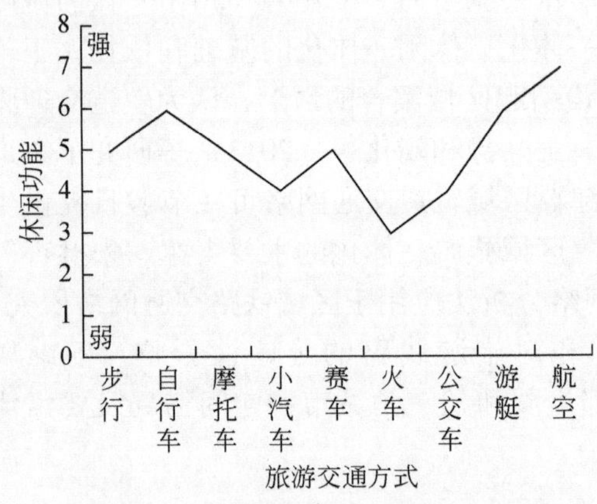

图 3-1　旅游交通方式休闲强度比较

注：根据 Gronau 和 Kagermeier（2007）资料整理

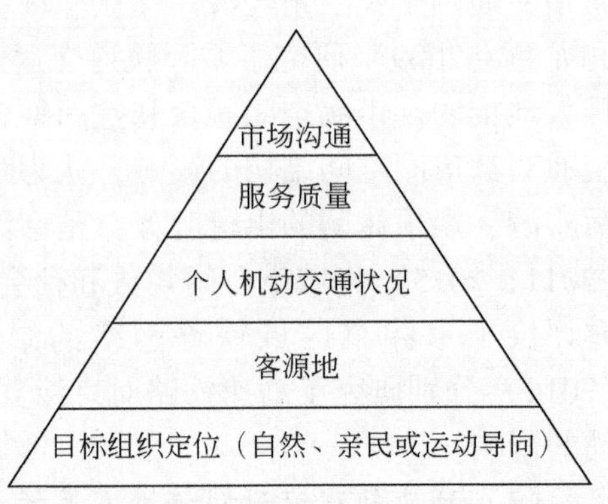

图 3-2　休闲与旅游交通相结合的关键影响要素

注：根据 Gronau 和 Kagermeier（2007）资料整理

Boers 和 Cottrell（2007）认为旅游规划者往往未能有效参与运输规划与管理，其仅考虑在既定的交通网络设施基础上，创建和促进旅游景点建设，从而影响到轨道交通的旅游功能。Kiran（2013）的调研表明旅游利益相关者认为现有的客运铁路服务以国家总体发展战略为对象，而非以服务商业为目的，客运服务频率低、无计划，与其他运输方式相比缺乏速度优势，铁路客运网络之间相互隔断，在国土上无贯通性；交通与旅游研究一直未能对旅游者交通形成一个明确的评估和整体框架。宁泽群等（2013）认为都市圈旅游交通功能不仅包括游客运输，还是信息传递的媒介通道。

3.2.2.3　都市圈旅游与轨道交通的管理研究

轨道交通是都市圈公共交通的重要组成。金凤君等（2016）认为都市圈区域一体化是高速铁路网络建设中期的扩展动力。Derek（2007）认为旅游公共交通可成为旅游产业链的重要集成部分。公共交通的服务质量和性能可以从乘客对现有公共交通提供充足条件下的态度加以判断。城市公共交通的便利性对目的地满意度的影响程度大于公共交通的效率和安全性。Thompson 和 Schofield（2007）认为公共交通性能本身对旅游目的地游客满意度的影响较小。Schiefelbusch 等（2007）以“旅游链”的概念研究了旅游项目与交通规划的整合，并将德国的轨道交通分为区内轨道交通（电气）、城际铁路、城市特快列车（inter city express，ICE）、燃油特快列车、城际高速铁路、轻轨等，从运载能力、能源使用、气体排放、土地友好等方面综合比较了轨道交通的优势。何吉成等（2011）以沈阳市轨道交通旅游专线为例，论述了轨道交通规划、车站、线路与景区环境的协调性问题。

目前都市圈长途轨道交通、城市轨道交通、旅游规划等部门各自为政，区域内外旅游和交通没有形成合力，整体竞争力较低，城市旅游交通运输能力严重不足，旅游景点交通疏散能力较差。充分利用中长轨道交通的大动力和高疏散能力是都市圈旅游发展的重要选择。

3.2.2.4 研究总结

1）在研究视角上，基于国家尺度的长大客运专线轨道对旅游发展影响的研究，近几年较为集中且形成较为客观的结论。以都市圈为研究视角，已有研究较为关注轨道交通对都市圈整体环境和都市圈外围旅游要素的影响及作用。

2）将轨道交通作为旅游发展的重要基础设施，对两者关系的分析多将轨道交通的相关指标作为自变量而单向研究轨道交通对旅游发展的作用，研究大交通对总体经济形势的影响和效率分析的相对较少。

3）随着轨道交通结构化、网络化体系的逐步完善和轨道交通运行的正常化，轨道交通对旅游发展的直接和间接效应也日益显现。研究都市圈旅游对轨道交通的需求规律、时间特征、空间分布等的文献逐渐增多。

3.3 研究方法述评

区域的交通优势反映在“质”（技术与能力特征）、“量”（规模）和“势”（状态）三大方面。

1）对轨道交通及其空间格局的研究。Hansen（1959）最早利用区域交通网络、人口总量等数据，计算交通网络中各节点的相互作用，用以表示“地点可达性”。Spiekermann 和 Wegener（1994）则利用三角插值方法绘制时空地图。杨家文和周一星（1999）将测度方法分为距离度量法、重力度量法、拓扑度量法三类。金凤君等（2003）结合拓扑网络模型和旅行时间矩阵评价了铁路客运提速的空间经济效应。

2）对轨道交通经济效率的研究。Khadaroo 和 Seetanah（2008）通过重力模型评估了交通基础设施在提高旅游目的地吸引力中的作用。王永明和马耀峰（2011）利用耦合协调度模型分析了 2000～2007 年单体城市西安市旅游经济系统与交通系统的耦合协调状况。

目前轨道交通网络空间格局分析的主要方法包括 GIS 空间分析法、拓扑法等，但 GIS 空间分析方法较少考虑经济社会变量，很难说明区域间经济社会联系的强度。交通设施的区域经济效应的评价方法包括回归模型、重力模型、生产函数、效用分析法等。研究方法大多建立在宏观经济评价指标的基础上，且很多只针对大区域范围内的交通基础设施。表 3-2 为主要研究视角和方法。

表 3-2 主要研究视角和方法

研究方向	研究视角	研究方法
空间研究	地理学视角	传统空间方法和现代 3S 技术、GIS 空间分析法、拓扑法（空间句法等）等
	社会学视角	社会网络分析法、生命周期理论、因子分析法等
效率研究	经济学视角	生产函数、重力模型、投入产出分析、双重差分模型、感应系数、集中指数、回归模型等
	社会学视角	结构方程模型、文本分析、深度访谈等

注：3S 技术是遥感技术（remote sensing，RS）、地理信息系统（geographical information system，GIS）、全球定位系统（global positioning system，GPS）。

3.4 研究讨论与展望

1）都市圈旅游同步匹配适度的轨道交通以优化区域旅游格局空间拓展过程、运行效率和生态环境等相关问题的研究已迫在眉睫。轨道交通网络化成为现阶段都市圈旅游发展的时代背景，都市圈是我国经济和社会发展的基本单元和重要平台。“国家战略性支柱产业”的定位和现阶段人民群众对旅游业的需求促使我国现代旅游业呈现大流量、广覆盖和高要求的发展特征。现阶段，建立以快速轨道交通系统为骨架的综合运输网络是都市圈旅游可持续发展的重要支撑。

2）在认识轨道交通对都市圈旅游发展的影响方面，对轨道交通的旅游贡献及价值的认识有待拓展。一方面，旅游交通低碳化是都市圈环境保护的根本要求，游客是大都市地面交通的重要消费群体，完善都市圈旅游轨道交通体系可以有效减少旅游碳排放，改善都市圈旅游生态环境。另一方面，轨道交通的土地集约型特征有利于提高都市圈旅游活动效率，有利于净化都市圈旅游环境，形成高效率、高密度、清洁的都市旅游空间。

3）对不同尺度轨道交通与都市圈旅游者、旅游目的地的作用机理及轨道交通与都市圈旅游发展的匹配等问题的研究需要形成体系。在高速铁路网络、城市轨道交通建设和全域旅游发展如火如荼之际，立足于大尺度与中小尺度区域旅游发展中的轨道交通利用问题，理清轨道交通与都市圈旅游发展的关系脉络，从旅游者和旅游目的地发展视角研究不同尺度轨道交通的功能，有利于完善轨道交通的旅游服务功能，更好地实现轨道交通与旅游业在实际发展过程中的协调，为两者发展提供决策参考。

4 轨道交通对都市圈旅游发展影响研究的理论基础和分析方法

都市圈是重要的地理空间概念，高速铁路是都市圈旅游发展重要的区域性资源及基础设施。对高速铁路与都市圈旅游发展关系的研究既是地理学的重要议题，也是社会学、经济学等共同关注的研究方向。本章基于轨道交通与都市圈旅游方向的研究重点，整理和归纳了不同学科的基础理论和研究方法。

4.1 基础理论

4.1.1 旅游空间理论

(1) 增长极理论

增长极理论由法国弗朗索瓦·佩鲁在20世纪中期西方关于“经济是否平衡增长”议题大战中提出，认为经济空间发展不会同时发生，而是以首先出现的“增长极”为核心，以“不平等动力学”沿不同路径扩散为基础，实现不平衡增长。他认为在“规划的空间、作为力场的空间和同质类聚空间”三种经济空间类型中，“作为力场的空间”是由那些能产生离心力和向心力的中心（极或焦点）构成。在该经济空间中，受力场的中心即是此空间的增长极，具有强大的首创能力，通过产业关联乘数效应、溢出效应与外部经济性，诱导、带动整个经济空间其他经济要素快速发展，形成更多经济增长点，以点带面，最终发展为优质高效的经济网络。

但是“增长极”并不是任意一个部门均可担当此任的，弗朗索瓦·佩鲁认为，首先要有人，即该空间存在富有首创精神、敢于挑战、高瞻远瞩的企业家精神的一批人，这是成为增长极的重要推动力量。其次要有规模经济效益，除空间内禀赋资源与首创精神外，匹配的“资本、技术和人才存量”要具有一定规模，才能保障增长极的乘数效应随着投资顺利发挥，规模经济效益得以实现。最后要有良好的外部环境，即便捷高效的基础设施、有序健康的市场环境及配套的扶持政策，以吸引、驻留资本、技术和人才。

旅游增长极是经济地理空间中的旅游增长中心。某区域空间内的旅游增长极根据其辐射能力和区位带动力可分为旅游极核城市、旅游中心城市、旅游重点城镇及重点旅游区。旅游增长极主要通过极化作用、扩散作用对旅游业产生抑制推动作用，即一方面凭借旅游资源的禀赋优势与首创精神，获取优势扶植政策与优先开发资质，而毗邻旅游资源就会因同质性丧失发展机会，由此开始，旅游增长极与毗邻同质旅游资源区差距逐渐加剧；另一方面旅游增长极凭借系列旅游产品营销、旅游资本持续注入、旅游信息传播等，对毗邻旅游景区产业溢出效应，实现带动发展，扩大旅游经济空间网络。

（2）“点–轴”理论

“点–轴”理论即点轴开发理论，起初由波兰的萨伦巴和马利士提出，在1984年我国地理学家陆大道结合我国国情深入研究，不断凝练拓展完善，是德国克里斯泰勒的中心地理论、法国佩鲁的增长极理论、波兰沃纳·松巴特的生长轴理论及瑞典赫格斯特兰的空间扩散理论的集大成者，这些理论异曲同工，渊源颇深，但是陆大道“点–轴”理论的提出，不仅考虑到因区域差距渐次加大导致的区域效益矛盾，而且将区域地理禀赋与经济现状纳入考虑范围，更具有适用性与操作性。

“点–轴”理论是区域经济要素经过历史发展作用而成的经济中心，往往出现在少量具有良好区位优势的城市，即“点”，伴随要素流动和经济发展，“点”量逐渐变多，“点”与“点”间基于交通线路、动力供应、能源链接等相互连接，便形成了“轴”。轴线会促进点的发展，同时吸引产业集聚、人口入驻，带动新的经济增长点出现，由原来斑点状空间布局态势向“点–轴”系统布局方向完善。该模型阐明了客观空间结构的形成机理、发展特点、运行过程及实践应用等。其核心观点在于，在一定区域空间内，区域经济要素凭借空间集聚效应与空间扩散效应，实现相互依赖与制约的互动发展。“点–轴”系统基本上经历空间分布无组织、效率极度低端的“点–轴”空间结构形成前的原始均衡状态，即第一阶段；随着区域要素趋向性集中，“点–轴”空间结构初具雏形，局部区域突破禁锢，呈现有组织、效率提升态势，即第二阶段；伴随区域经济飞速发展，经济要素快速集聚，空间结构形成“点–轴”模式并不断强化，即第三阶段；区域内经济要素流动呈现有组织、高效率的布局与发展态势，“点–轴”空间结构稳定发展，即第四阶段。

一般来讲，城市旅游就是在天然形成的旅游中心中借助经济发展力量形成区域增长点，而后通过“点–轴”系统向外梯度扩散，进而实现都市圈旅游业的全面提升。“点–轴”理论的应用核心是以旅游中心形成的旅游节点借助交通线路形成轴线，错综连接，构建出旅游空间结构。旅游节点包括“旅游吸引物、接待设施和旅游实体要素”，轴线是以旅游交通通道或者河流、湖泊、海洋等轴线形成的，并以周边的旅游节点为依托，劳动力、游客、旅游投资等集聚，且要素间相互作用而形成的旅游空间经济系统。基本要素包括旅游交通轴线、旅游节点系统和旅游要素流，其中最主要的空间形态是旅游交通发展轴线，旅游节点的空间集聚力与扩散力是旅游发展轴线形成的动力机制，旅游要素流是城市旅游发展轴线形成的空间作用媒介。

（3）旅游核心-边缘理论

1996 年，弗里德曼首度提出核心-边缘理论。其主要观点认为，每一个组织区域均由核心区域及边缘区域两部分构成，在该组织区域发展过程中，核心区域发展会占据该组织主导地位，相比较而言，边缘区域会处于从属地位，边缘在发展上依赖于核心。

旅游核心-边缘理论是基于区域组织内旅游资源禀赋差异性，区域组织会给予基础设施健全、旅游资源禀赋优秀、客户满意度高、客源稳定增长的地带更多优惠政策支持，无形中优势旅游空间不断出现集聚效应。当该效应累积到一定程度时，集聚效应不断扩展、深化，该区域旅游经济发展会异军突起，奠定其旅游中心（核心）地位。相对来讲，旅游中心的虹吸效应会抑制周边旅游景点经济增长，致使周边地区发展迟滞、缓慢，并依附于中心旅游区域。这样一来，核心区域与周边区域就构成了“旅游核心-边缘”的空间结构。核心区域、周边区域及两者间错综复杂的空间结构及形态变化就构成了“旅游核心-边缘”理论的研究重点。S. Smith 将旅游区域划分为都市旅游区、户外游憩带、别墅疗养区和城郊旅游带 4 种旅游资源类型。表 4-1 为旅游核心-边缘理论。

表 4-1　旅游核心-边缘理论

地位	旅游地理表现	作用
旅游核心区	特大旅游城市、县级旅游城市、旅游城镇及大的旅游区	组织、集聚、辐射扩散和传输的作用
旅游边缘区	旅游上过渡区域、旅游下过渡区域及用于质量与等级较高的重点旅游区域	依附、接受辐射
旅游网络系统	旅游区域内所有旅游线状要素的空间分布体系	联结旅游核心区域与旅游外围区域的纽带

（4）城市圈域经济理论

第二次世界大战后，全球经济逐渐复苏，进入城市化快速发展阶段，世界级城市群出现，并被各国重视。以大城市为中心的圈域经济发展成为各国经济发展中的主流，城市圈域经济理论逐渐形成、补充并完善。该理论强调城市对圈域经济发挥的重要作用，通过优先重点发展城市，实现经济由“一个首位度高的城市经济中心”沿着圈域层级向其“腹地或周边城镇”，通过“极化-扩散”效应逐渐覆盖圈域外层。

城市圈经济具有以下特征：①城市圈经济在城市发展进程中占据主导地位，是国家经济战略布局之一。②城市圈经济有利于发挥核心城市知识、技术等溢出效应，拓展辐射领域。③城市圈经济有利于共享经济战略思想落地，实现城市间互联互通。

城市圈经济的演进层次：根据城市特征、区域规模、枢纽城市数量、一体化程度高低，城市圈经济演进可分为一中心大城市群经济、两中心大城市群经济、多中心大城市群经济和大城市带状经济区四个层次（表4-2）。

表4-2　城市圈经济的演进层次

城市圈经济	枢纽城市数量	城市特征	一体化程度高低
一中心大城市群经济	一个	人口数量、科技水平、市场化进程、经济水平均领先	各组成部分与枢纽城市直接联系，枢纽城市是经济活动中心，城市建设呈多级别散布
两中心大城市群经济	两个	两座枢纽城市地理毗邻，经济发展持平	分别控制各自区域，两枢纽城市建设完善，其他区域呈环绕散布
多中心大城市群经济	三个或更多	规模中等或大型城市，枢纽城市产业构成与产业联系风格各异，分别具有区域经济枢纽特征	枢纽城市之间以沟通与协调进行，多重联系相互交叉，区域内通信、道路等城市建设形成较为突出网络交互性
大城市带状经济区	多个	城市群包含区域逐步扩大化，迅速发展	城市群经济市场综合化

4.1.2　旅游经济学理论

（1）旅游产业集聚理论

空间集聚是旅游和旅游业的基本特性，大量国际实例和国内发展充分表明旅游业凸显的空间集聚特性。这种空间集聚在空间上表现为一种中心地理结构，形成轴式、圈层、链式等若干向心的形式（楚义芳，1999）。一方面，旅游需求具有明显的空间集聚特性。从世界旅游业理事会（The World Travel & Tourism Council，WTTC）的分析报告数据（表4-3）可以看出，全球出游者来源显示出极强的空间地理集聚性。但是旅游需求的空间集聚特征会呈现出由于旅游者因旅行地空间距离问题而旅游意愿逐渐降低的特性。另一方面，旅游供给也具有明显的空间集聚现象。旅游供给的空间集聚与旅游资源、要素分布的空间集聚等相关，与历史形成要素、人为因素两个方面密切相关。

表 4-3 全球出游者来源比例 (单位:%)

年份	欧洲	美洲	东亚、南亚和太平洋地区
1970	70.5	23	3.6
1980	65.6	21.6	8.2
1990	62.1	20.6	12.3
2001	57	17	17

资料来源：世界旅游业理事会历年《世界旅游业报告》，世界旅游组织（World Tourism Organization，UNWTO）。

Tebogo（2006）对集群化的定义是通过支撑、强化现存的集群而增强竞争力或者加速经济发展的一种合作过程；对旅游产业集群定义是一个特定区域的旅游及相关活动的旅游价值链在地理空间上的聚集。Nordin（2003）在旅游业集群与创新的研究报告中提到集群是促进旅游业进一步发展的重要手段，并以瑞典两地的案例研究比较分析了旅游产业集群的形成条件。荷兰学者 Hitters 和 Richards（2002）通过对位于荷兰南部的港口城市鹿特丹的中心区域 Witte de Withstraat 的案例研究，发现集群对帮助树立该区域的正面整体形象、提升旅游竞争力大有裨益。Jackson 和 Murphy（2006）对澳大利亚区域旅游集群的研究显示，旅游产业集群内的企业之间的竞争能在沟通和合作的基础上发挥区域经济的最大竞争优势。从以上文献可以看出，国外关于旅游产业集群的研究中，对旅游产业集群进行直接概念阐述的较少，多以案例分析为主；并得出旅游产业集群的最终目的是提高集群本身的竞争力，而价值增值是其主要途径的结论。

都市圈旅游产业集聚是经济发展过程中的必然产物，也是都市圈旅游提升竞争力的强大优势。都市圈旅游产业集聚或集群不是由于旅游商业发展过程中自组织的结果，而是旅游业利益相关者进行战略合作、互惠互利、相互作用的复杂过程，而其中网络关系对利益相关者战略需求的对接识别程度作用巨大。众多国内外都市圈，如巴黎都市圈、兰德斯塔德都市圈、上海都市圈、深圳都市圈等，对其周边地区崛起的新兴城市均出现商业贸易、休闲旅游和住宿产业的集聚现象。Jackson 等还将迈克尔·波特的钻石理论模型应用到旅游产业集群的研究中。中国学者金卫东（2004）在此基础上提出“旅游产业密集带”，以美国东部都市圈旅游产业密集带的历史进程为借鉴，主张加强长三角旅游产业密集带建设。

区域旅游产业空间集聚主要是指旅游各关联性因素在地理空间上的集聚。某区域内旅游产业能否有效形成集聚并整合依赖于各种力量共同完成，若区域内各都市圈旅游产业没有共同战略目标，区域整体会长期处于并停滞在离散状态，更不会向经济一体化趋势演化，也无法形成空间地理上的集聚现象（刘名俭和黄茜，2010）。刘名俭和黄茜（2010）根据系统动力学，将最终促进都市圈集聚的动力分为自然驱动力、内部驱动力和外部驱动力（旅游者角度）三大力量，在这三大力量共同作用下，原本分散的、独立的各单元旅游产业集聚到一起，进而推动一体化发展。其中，自然驱动力包括自然优势、外部经济和旅游分工；内在驱动力包括比较优势和竞争优势、互补利益与互补优势、合作利益与集聚优势；外部驱动力包括旅游者需求变化和旅游者的规模体验优势。

1）自然驱动力：①自然优势——原始驱动力。自然资源作为旅游业先天资源禀赋，是吸引众多旅游者的基本源泉与条件，是区域旅游产业要素进行空间集聚的原始驱动力。然而自然优势除优良的自然资源与旅游环境等禀赋优势外，更重要的是源于两者基础上，融入智力因素的“社会经济资源优势”。“社会经济资源优势”涵盖范围非常广，基本内容不仅包括优良的劳动力资源、四通八达的交通网络、互通互联的信息网络等基础经济资源要素，而且包括经济发展平台，如快速便捷的物流中心、智力发达的创新机构、旅游博览平台等。这些社会经济资源相互促进、相互激励，很容易推进区域旅游业空间进程，内部各单位实现经济资源共享，特别是智力发达的创新机构、旅游博览平台等减少内部各单位运营成本，借助集聚后区域规模效应的溢出作用，吸纳、整合旅游类等各类商业人才，进一步降低企业成本。同时四通八达的交通运输网络更是在外界条件上从心理和空间双角度缩小旅行心理距离，加剧旅游产业集聚速度，特别是旅游产业客流的集聚规模与速度。②外部经济——直接驱动力。外部经济是指区域旅游业随着空间集聚，产业规模不断扩大，引起中间品市场规模效益溢出并不断扩大，同时人力资本市场溢出效应、信息技术市场扩散效应等与日俱增。由于产业间存在前向关联与后向关联，旅游业作为中间产业必然推动关联性强的产业优先进行空间集聚，以至于更多资源（如资金、人才、技术、理念等）受到外部经济影响，流向集聚区。源于共同战略目标与文化价值观，企业有望共享“有关上游供应链、同行竞争对手、下游客户的相关信息”，减弱合作过程中的信息不对称性，以便更准确预测市场容量，精准市场需求，把握经济走向，发挥集聚效应，获得更大市场份额，直接推动区域旅游业集聚区内企业获取整合利益。③旅游分工——利益驱动力。追逐利润是企业的本性。一切合理合法的、可以获取更多利益的商业合作，均会引起企业战略者关注。分工是市场规模发展到一定阶段的必然结果，反之高效细化的社会分工会推动市场进一步发展。区域内成员企业通过有效分工合作，信任度得以加强，资源有效共享，专业化、精准化运作，切实提高要素利用率，使得各成员企业各取所需，各得其所，提高分工效益，最终实现整体最优，共存共荣。旅游产业分工包括旅游地域分工和旅游产品服务分工。旅游地域分工是在空间地理上进行旅游功能分工；旅游产品服务分工是根据资源禀赋、特色旅游等吸引旅游者的一系列物质产品和服务。

2）内部驱动力：①比较优势与竞争优势。一般来讲，单体区域旅游竞争优势的获取会以当地旅游资源独特的差异性为基础形成比较优势，然而比较优势要切实成为强而有力的竞争优势，需要借助统一大局观的区域发展战略、关联性配套支撑性产业、强大有效的信息网络等。单体旅游业的发展为获取最大竞争优势，必将施展全力，充分发挥其特色比较优势，往往会联合周边区域形成一体化战略，在空间上表现出集聚现象。如此实施一方面有利于集聚企业更便捷、更稳健、更诚信地获取广泛资源，降低企业为满足客户多层次、多角度需求而付出的交易成本，同时集聚带来的规模性，更容易提高政府和其他社会资源流入信任度，公共基础设施和专业化设施更容易获得投资方支持，为集聚区旅游业发展奠定坚实的基础；另一方面，由于同一地域风俗习惯、人文价值观等较一致的文化背景，加之地方政策、经济环境影响渗透，企业间沟通会更有效，影响和借鉴价值更大，极易形成有别于其他地域的特色文化与旅游价值，造就颇具风情、独树一帜的主题性旅游，真正形成具有差异化的竞争优势，打造特色鲜明、焕然一新的地方旅游品牌。②互补利益与互补优势。互补利益促进形成互补优势。③合作利益与集聚优势。不同地域有其自身风土人情、独特旅游特色，这种互补性可以弥补旅游者的不同体验需求，将这些不规则分散在不同空间地理位置的旅游要素可以获取其单体发展利益。但是，借助集聚效应重新整合，形成系列旅游产品组合，拓展旅游产品线，深化旅游产品深度，挖掘叠加效应，便可以形成更具竞争力的互补优势，以提升旅游产品品质、趣味、底蕴与历史内涵等，招来更多旅游者，获取更大利益。

3）外部驱动力：①旅游者需求变化。旅游需求多样化与个性化推动区域旅游业集聚。现代旅游者由于资金充足、个性化趋强、注重品质，且在细节服务上要求更专业，需求更多样化，所以对旅游供给有了更高的要求。例如，对旅游产品异质性、独特性、新奇性等个性化供给要求很高，作为供给者，旅游企业必须转变经营思维，奉行合作共赢。一方面，需求的变化不断推动旅游市场细分更精准，细分指标更复杂，市场范围不断重构界定，同时旅游者需求的特性转变促使小集聚区的顺势成长。另一方面，旅游者因旅游阅历增多，其需求会更新奇，新的需求变化不断引致新型旅游产品的研发与推广，旅游企业会因此重新寻找更具竞争优势的空间区位和优秀合作伙伴，可见旅游需求的更新变化不断推动旅游业连锁调整与空间集聚。②旅游者的规模体验。旅游者规模性体验需求引导区域旅游业集聚。现代旅游者需求不断向综合性需求发展，不再仅限于一种旅游需求，除传统旅游活动外，更加关注综合型旅游项目。例如，深圳华侨城的主题公园聚集区就是集历史与现代建筑、异域特色风情表演、震撼参与性体验活动、琳琅满目的美食与旅游纪念品等多种享受的规模性体验的中国享有盛名的旅游集聚区。

旅游者规模性体验需求发展的趋势势必引导区域旅游业集聚。

(2) 旅游供求理论

马克思在《资本论》中虽未系统建立供需理论，但是指出供求关系是商品经济的基本关系，同时指出供给和需求只是一个问题的两个方面，供给和需求都决定于生产，深刻阐述了供给和需求的辩证关系。新古典经济学派在构建供给理论时强调“均衡价值论”，将“需求”视为第一要素，其决定来源表现为市场价格、平均收入水平、市场规模、该商品的替代品情况，包括数量、品种多少和价格及消费者的选择偏好。在可支配收入约束下，商品存在边际效用递减规律，消费者购买最后一单元的商品的效用相等时，其获得的总效用是最大的，总效用最大化的消费行为就实现了消费者均衡。同时供给决定要素表现为市场价格、生产成本、生产要素的价格、其他商品价格的变化，还要考虑到意外事件，如战争、地震等不可抗力的影响。生产者逃脱不掉“边际收益递减”规律，生产者在选择生产规模时会停留在边际收益与边际成本点交叉点，达到“生产者均衡”。供需曲线在同一坐标内分析，两者交点即为市场出清，达到市场均衡。均衡价格由供需共同决定，交叉点对应的即为均衡价格、均衡产量。

保继刚（1993）认为旅游需求是指在一定时期内，一定价格上，旅游者愿意而且能够购买的旅游产品的数量，即旅游者对某一旅游目的地所需求的数量。针对旅游需求影响因素，收入、价格、汇率等经济因素是学者重点关注的研究对象（表4-4）。

表4-4 影响旅游需求的经济因素

客源地的经济因素	目的地的经济因素	关联因素
居民收入	旅游业发展总体水平与形象	消费品价格比较
贫富差距	旅游价格水平	目的地在客源地的促销
劳动与休息制度	旅游供给数量、结构与质量	汇率
货币购买力	目的地居民态度	出入境政策协调
政府、居民对待出游的态度	政府的促销政策与措施	社会经济文化异质性

资料来源：宋海岩等，2010

旅游供给是指在一定时期内以一定价格向旅游市场提供的旅游产品的数量，具体包括旅游业经营者向旅游者提供的旅游资源、旅游设施和旅游服务等。影响因素包括旅游资源、价格、文化、经济、政府政策等因素。

1948年，Brennan首次提炼出“感知距离更近”这一理论命题后，部分学者不断丰富完善其内涵。1976年，Cadwallader通过多年研究，将“感知距离更近”

清晰地从三方面阐述该命题对旅游者的影响："是否去、去哪里及选择何种线路"。这三个问题恰恰是旅游者制订计划时需要考虑的三个核心问题，也正是旅游资源吸引力的研究重点。很多学者在更深层次对旅游资源吸引力进行研究，如借鉴物理学中的牛顿定律。在空间引力模型中，客源地与目的地被视为两个物体，以探讨目的地对旅游者的吸引力；二者之间的引力，与两旅游区域人口规模成正比，与两地间距离存在某种数学关系上的反比。空间引力模型重点分析"距离、客源地的推力、目的地的引力等因素作用下，产生的客源地-目的地之间的引力关系"；旅游客源地的"人口规模、收入水平和工业化程度"作为旅游资源吸引力指标，选取"旅游目的地吸引力和接待能力"作为旅游资源吸引力的质量，两者间的经济距离为旅游资源吸引力的距离。该模型较简洁，但解释力较差。1966 年，Crampon 在重力模型基础上将"人口、财富、容量、出游偏好"视为衡量旅游者出游能力的指标，将旅游目的地吸引力指标丰富为"景观价值、独特性、容量等"，对距离扩展到"物理距离和旅行时间"。但该模型过分关注距离，且缺少约束条件，导致预测不准确。1967 年，Wilson 借助最大熵-重力模型完善其约束条件问题，在此基础上 Wolfe、张凌云、白凯等学者不断丰富完善。国内学者游群林认为旅游资源吸引力受到区位可达性、制约因素、心理偏好及感知效果等产生的差距影响。

国内很多学者从旅游流距离衰减规律角度分析旅游资源吸引力：旅游者出游距离与其"年龄、收入、职业、文化、心理收入、旅游态度"相关，与"空间距离、费用距离、时间距离、文化距离、政治距离、权力距离和感知距离"相关。

1）可达性。旅游者到达出游目的地过程的难易程度我们定义为可达性，也可称为可进入性。旅游者抵达旅游目的地难度系数越大，理论认为可达性越低；反之，抵达旅游目的地难度系数越小，可达性越高。宋海岩等（2010）将其抽象为两变量函数：在旅游者约束条件和距离既定条件下，旅游目的地可达性依赖于两个主要变量，即旅行成本和旅行时间。

$$A=A\ (\mathrm{AC},\ \mathrm{AT})$$

式中，AC 为旅行成本；AT 为旅行时间。

由于旅游者自身禀赋资质、意识水平不同，对于同一距离、同一目的地的可达性认知不同，因而具有相对性。对于那些闲暇时间多、收入高、约束条件少的旅游者，会有更多方式抵达目的地，抵达目的地可达性较高。相反，闲暇时间少、收入低、约束条件多的旅游者，则可达性较很低。在某种程度上，可达性可以理解为旅游者抵达目的地的旅行方式。

当 $A=0$ 时，意味着旅游者可以无障碍进入目的地，旅行将不会发生，但这只是理论上存在的情况，现实中，A一定大于0。当$A=+\infty$时，意味着该目的地不可到达，旅行也不会发生。

一般情况是，A在0和$+\infty$之间，并且，当A等于某一个数值A_0时，旅行就会发生，此时称A_0为旅行门槛。假设$A_0=A$（AC_0，AT_0），AC_0为旅游的收入门槛，AT_0为旅游的闲暇门槛。

2）距离衰减规律。通常情况下，出行距离越大，可达性会越差，即出行距离与可达性成反比关系。可达性就是我们通常讲到的旅行发生率。目的地距离越近，旅行发生率就越高；距离越远，旅行发生率越低，称为距离衰减（distance decay）。但是距离衰减的作用并不是一成不变的，会根据目的地吸引力程度放大或缩小。事实上，在距离衰减过程中，人们心理上会有一个最小距离，若不超出这个心理距离，旅游者并不视为外出旅游，我们称这个距离为出行阈值。当然因为职业、收入、心态等原因，每个旅游者出行能力各异，出行阈值自然各有高低。

(3) 旅游决策的效用理论

行为决策是研究人在决策过程中的行为规律的科学。在进行决策分析时，存在如何描述或表达后果对决策人的实际价值，以便反映决策人认定的后果偏好次序（preference order）的问题。偏好次序是决策人的个性与价值观的反映，在决策理论中，是用效用（utility）描述的。效用理论是研究消费者怎样在各种商品和劳务之间分配他们的收入，以达到满足程度的最大化。效用是消费者度量通过消费或者享受闲暇等使自己的需求、欲望等得到满足的程度，是经济学的重要概念。

设决策问题的各可行方案有多种可能的结果值为O，依据决策人的主观愿望和价值倾向，每个结果值对决策者均有不同的价值和作用。反映结果值O对决策者的价值和作用大小的量值称为效用。

设有决策系统（Ω，A，F），在离散情况下，结果值可以表示为如下决策矩阵：

$$\boldsymbol{O}=(o_{ij})_{m\times n}=\begin{bmatrix} o_{11} & o_{12} & \cdots & o_{1n} \\ o_{21} & o_{22} & \cdots & o_{2n} \\ \vdots & \vdots & & \vdots \\ o_{m1} & o_{m2} & \cdots & o_{mn} \end{bmatrix}$$

式中，$\boldsymbol{O}$的第i行为第i个可行方案的n个可能结果值，即事态体

$$T_i=(p_1,\ o_{i1};\ p_2,\ o_{i2};\ \cdots;\ p_n,\ o_{in})\qquad (i=1,\ 2,\ \cdots,\ m)$$

若在事态体集合上存在实值函数u，有①对任意的T_1、$T_2\in\mathcal{T}$，$T_1>T_2$当且仅当$u(T_1)>u(T_2)$；②对任意的T_1、$T_2\in\mathcal{T}$，且$0\leqslant\lambda\leqslant1$，有$u[\lambda T_1+$

$(1-\lambda)T_2] = \lambda u(T_1)+(1-\lambda)u(T_2)$。

旅游者交通出行决策通常是出行个体对出行行为综合分析的结果，具体到某个旅游者，则其出行行为和交通方式选择通常是由一系列的决策所组成，包括出行计划、出行时间、地点、交通方式、交通路线等。旅游者在出行中期望总体效用最大化，希望能在备选方案中选择一种最能满足自身出行需求的出行方式。

4.1.3 交通经济学理论

(1) 交通经济带理论

自20世纪80年代我国实行改革开放，将经济建设作为国家战略之时，交通经济带（traffic economic belt，TEB）理论真正受到学者重视，才开启研究之路。众多学者从多角度展开深入研究，经过四五十年发展，至今尚未出现权威的、统一性定义。一般来讲，交通经济带（杨明华等，2004）是指以交通干线或综合运输通道为发展主轴，以轴上或其吸引范围内的大中城市为依托，以发达的产业，特别是第二、第三产业为主体的发达带状经济区域。也就是说，交通经济带是建立在交通基础设施，沿线的大中城市，发达的第二、第三产业及区位基础上：交通基础设施是形成的基础性条件，必不可少；沿线的大中城市是发展平台；发达的第二、第三产业，尤其是金融、物流、商贸、信息产业是重点发展内容与保障性要素；区位是构建交通经济带关键的先天禀赋性要素。交通经济带会依赖这些构成要素发展，不断演化升级，促进区域内人口集聚、客货流量增加、城镇化速度加快、资源重构组合、产业升级，从而形成更加发达且完善的带状区域经济组织网络，同时又促进沿线间城市经济文化的联系，不同经济部门间生产运营的协作。

以交通轴性质为分类标准，交通经济带可以归为四种形式，具体见表4-5。

表4-5 交通经济带形式

基本类型	交通经济带构成	典型实例
沿海型交通经济带	由沿海若干港口城市辐射区域构成的经济带	日本的东海岸经济带
沿江（河）型交通经济带	由沿江河干流和主要支流的城市辐射构成的经济带	德国的莱茵河经济带
陆路型交通经济带	沿铁路或公路干线的城镇辐射范围内的区域构成经济带	中国京广经济带、京津塘高速公路经济带

续表

基本类型	交通经济带构成	典型实例
复合型交通经济带	是以两种或两种以上运输方式形成的综合运输通道为轴，以沿线大中小城市体系为依托，以发达的工农业和商贸业、流通业为产业的经济带	中国长江经济带，日本东海岸经济带

注：根据韩增林等（2000）文献整理。

交通经济带因其跨域不同区位，本就是耗散结构的开放系统，但是原本平衡的城市会因交通轴线拓展带来的资源、信息等物质与能量在沿轴线城市间不断流通、交换，凭借自组织能力修复并完善为更高级别、更具效率的有序组织，从而提升该交通经济带地位与重要性。交通经济带一体化建设，就是将交通建设及沿轴线都市圈经济发展进行一体化战略发展，借助交通新干线建设时机，充分发挥沿轴线都市圈优势资源，扶持优势产业，推动沿线经济增长；反过来，再调拨部分增长收益实施再投入到交通建设，使之相互促进，螺旋上升，实现互惠共赢。

如图 4-1 所示，交通经济带会经历起步雏形期、起飞膨胀期、成熟扩展期及融合消亡期（韩增林等，2000）。

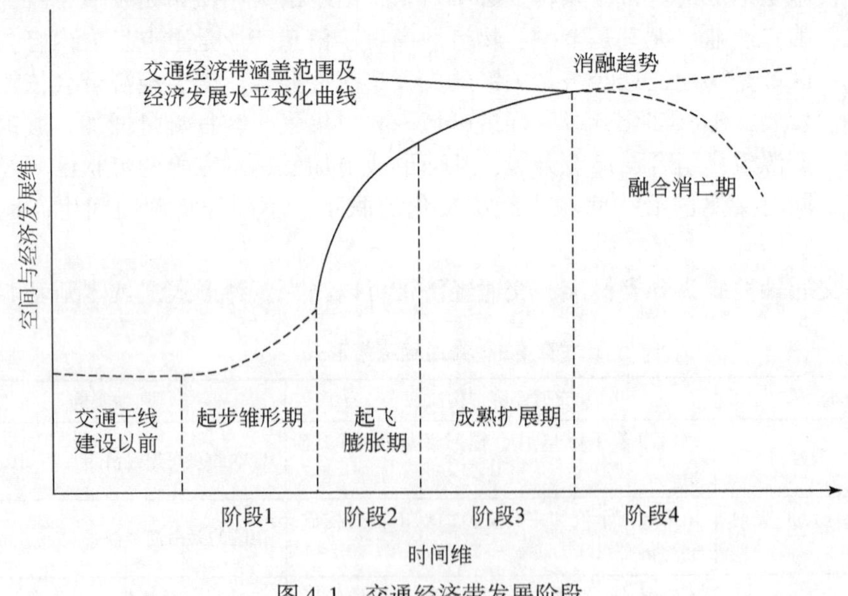

图 4-1　交通经济带发展阶段

资料来源：韩增林等，2000

1）起步雏形期。主要特征：①运输方式落后、单一；②沿线物流多以内外交换为主，货流量小，货种结构比较单一，输出货种以原料型货物为主；③产业结构落后，以农业、轻纺、采矿等原始加工型产业为主；④主中心多在沿线与外部客货集散小范围发挥作用，辐射范围小。图 4-2 为交通经济带起步雏形期发展模式。

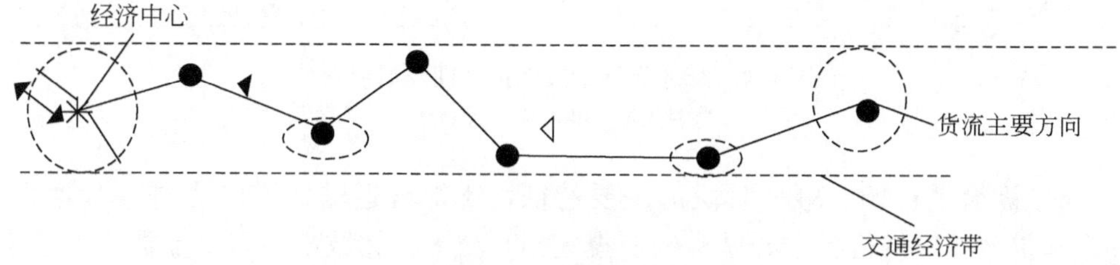

图 4-2　交通经济带起步雏形期发展模式

资料来源：韩增林等，2000

2）起飞膨胀期。主要特征：①运输方式与能力增强，支线增多，经济带影响范围逐渐拓展；②沿线物流范围扩大，物流量加大，货品结构日趋复杂，工业制成品在输出货种中的比重明显增强，输入货物仍以工业制成品为主；③沿线产业结构提高，原料深加工型产业成为主导产业；④经济主中心地位增强，辐射范围明显扩大，主中心对其他地区的影响以梯度扩散形式为主。图 4-3 为交通经济带起飞膨胀期发展模式。

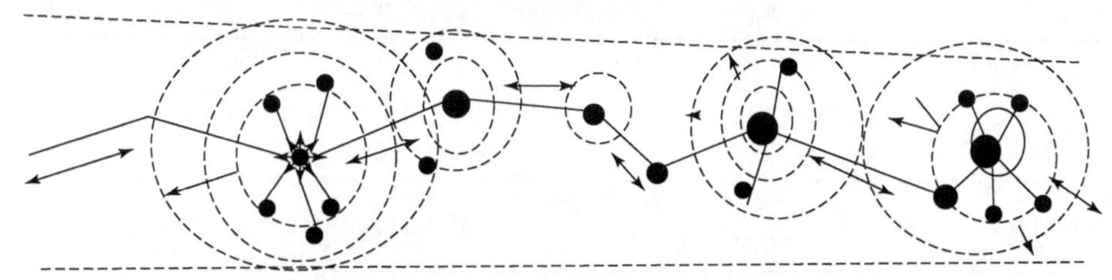

图 4-3　交通经济带起飞膨胀期发展模式

资料来源：韩增林等，2000

3）成熟扩展期。主要特征：①运输方式和能力更强，综合运输通道形成，影响范围扩大；②沿线物流方向和种类更加复杂，工业制成品在输出货种中的比重已占明显优势，进入货物中以制成品、原材料为主；③沿线产业结构升级加快，第三产业成为主导产业，受本地资源禀赋的限制，利用经济带外部资源的企业数量增多；④经济主中心地位增强，扩散效应显化，其他中心城市地位亦相应增强，郊区化趋势导致城市界限开始衔接。图 4-4 为交通经济带成熟扩展期发展模式。

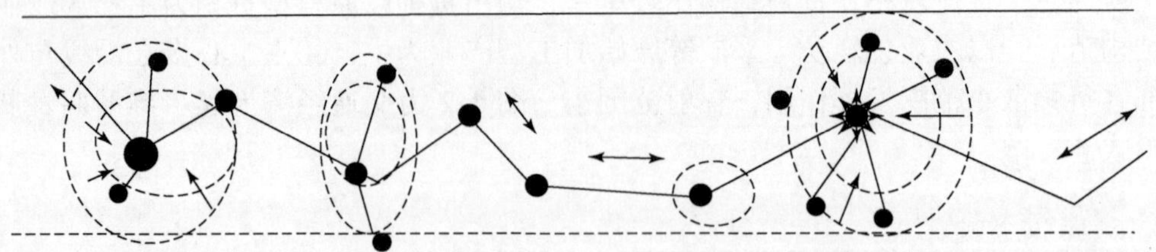

图 4-4　交通经济带成熟扩展期发展模式

资料来源：韩增林等，2000

4）融合消亡期。融合阶段的主要特征：①综合运输通道能力进一步增强，集聚和扩散效应使得各中心城市经济腹地相互交叉；②城市界限日益泯灭，经济带内部形成由大、中、小城镇间交错联系构成的均衡网络。消亡阶段的主要特征：①交通综合运输能力下降；②经济带实力逐步萎缩；③城镇建设、产业升级逐步减慢；④人力、资金、信息等区域经济发展因素逐渐向其他经济带转移，进而导致该经济带的逐渐消失。

（2）交通旅游带

交通旅游带是依托交通干线或综合运输通道为发展主轴，以轴上或其吸引范围内的旅游节点为依托，旅游产业高度发达的带状区域。交通旅游带的三大构成要素见表 4-6。

表 4-6　交通旅游带的三大构成要素

三大构成要素	作用	内涵
交通基础设施	交通旅游带的轴线、基础设施、前提条件	交通干线或综合运输通道（包括海岸、江河、湖泊等水线）
旅游节点	交通旅游带的增长极、交通中心、产业依托基础	旅游经济活动集聚的中心
旅游产业	交通旅游带的主要构成内容	旅游要素相互交织形成的旅游产业

不是所有的“点–轴”系统都是交通旅游带，一般讲，要以一定区域型旅游资源和设施为基础，具有较强的竞争实力，具有招徕、接待等旅游发展能力。旅游节点不一定在地理上紧密相连，交通旅游带边界比较模糊，也有可能与其他交通经济带重叠，相互间有密切的信息流和物质能量的交换。

三大构成要素相互影响、相互促进，任何一个强大的交通旅游带形成、发展与成熟，以及旅游经济竞争力的提升均依赖于这三大构成要素的作用关系与作用层级。

4.2 分析方法

4.2.1 空间分析方法

4.2.1.1 GIS 空间分析

(1) 特征

GIS 空间分析是综合分析空间数据的技术的通称。空间分析有着十分丰富的内涵，它是构成地理信息系统的核心部分之一，在整个地理数据的应用中发挥着举足轻重的作用，也是 GIS 区别于其他信息系统的一个显著标志。

(2) 空间分析建模

空间分析建模是通过作用于原始数据和派生数据的一组顺序的、交互的空间分析操作命令，回答有关空间现象问题的过程。

由于空间分析建模是建立在对图层数据操作基础上的，又称为地图建模。地图建模的结果得到一个“地图模型”，它是对空间分析过程及其数据的一种图形或符号表示，目的是帮助分析人员组织和规划所要完成的分析过程，并逐步指定完成这一分析过程所需要的数据。空间分析建模可以是一个空间分析流程的逆过程，即从分析的最终结果开始，反向一步步分析。

GIS 空间分析建模可采用如下步骤。

1）系统描述与数据分析。对模型所要分析的系统，选择可以描述系统的状态、与外部关系、随时间变化等方面的数据，构造该系统的数据体系。

2）理论推导。根据地理规律和系统的特点，进行理论推导，确定数据体系中多因子之间的量纲关系以作为分析模型的基本框架。

3）简化表达。根据理论分析和具体应用要求，筛选去除相对影响小的和不重要的因素，或采用主成分分析等数学方法简化表达形式，使模型接近使用。

4）参数确定。模型参数的确定可采用参数实验方法，或采用层次分析法、专家打分法、确定模糊隶属度等方法。

5）分析模型建立。形式和参数确定后，建立分析模型，并可在应用中完善。由于理论和实践等方面原因，有时可采用递归模型。递归模型便于导出地理系统在任意演变时期的状态和演变过程，在较短的间隔周期内可以作为线性问题处理，并且可以参照假设条件的变化随时间调整模型参数。

(3) 网络分析功能

1）路径分析。在网络分析中，路径问题占重要位置。人们总是希望找到地理网络中的最短路径。这种路径问题对于交通、消防、救灾、抢险和信息传输等有着重要意义。如在运输网络中，有时要找运输费用最小的路径等。路径分析的基本功能包括：①静态求最佳路径，由用户确定权值关系。例如，将权值设置为从起点到终点的时间和费用，即给定每条弧段的属性后，当需求最佳路径时，读出路径的相关属性，求最佳路径。②N条最佳路径分析。确定起点或终点，求代价较小的几条路径。因为在实践中最佳路径的选择只是理想情况，由于种种因素要选择近似最佳路径。③最短路径或最低耗费路径。确定起点、终点和要经过的中间点、中间连线，求最短路径或最小耗费路径。④动态最佳路径分析。实际网络分析中，权值是随着权值关系式变化的，而且可能会出现一些障碍点，所以往往需要动态地计算最佳路径。

2）资源分配。资源分配网络模型由中心点（分配中心）及其状态属性和网络组成。分配有两种形式：一种是由分配中心向四周输出；另一种是由四周向中心集中。这种分配功能可以解决资源的有效流动和合理分配。在资源分配模型中，研究区可以是机能区，也可以根据网络流的阻力来研究中心的吸引区，或为网络中的每一链接寻找最近的中心以实现最佳服务。资源分配还可以模拟资源如何在中心和它周围的网络元素之间流动。

资源分配模型可以用来为电站确定其供电区，为消防站确定服务范围，为学校选址，确定垃圾收集站点分布；也可用来计算中心地的等时区、等交通距离区、等费用距离区等；还可以用来进行城镇中心、商业中心或港口等地的吸引范围分析，以寻找区域中最近的商业中心，进行各种区划和港口腹地的模拟等。

3）定位-配置分析。定位-配置分析是根据中心地理论框架，通过对供给系统和需求系统两者空间行为相互作用的分析，来实现网络设施布局的最优化。其中，若已设定需求分配点，求供给点，则涉及定位问题；若已设定供给点，求需求分配点，则涉及配置问题；若同时求供给点和需求分配点，则涉及定位-配置问题。这类问题在城市与区域规划中应用非常广泛，如选择最佳布局中心，或者从一批候选位置中选定若干地点来建设公共设施，为区域的需求点提供服务。

4.2.1.2 空间句法

（1）特征

空间句法是关于空间图形分析的一系列理论和技术，于20世纪70年代由英国伦敦大学学院比尔·希列尔提出，如今已形成一套完整的理论体系和专门的空间分析软件技术。其主要思想：空间可被认为是由元素组成，按一定规划自行排列，可以分划，进行网络分析，最终以地图和图形呈现。这种空间分析方法常用于大型图书馆、道路交通、城市规划等。

空间句法理论作为一种新的描述现代城市空间模式的计算机语言，其基本思想是对空间进行尺度划分和空间分割。空间句法中所指的空间，并不是欧氏几何所描述的可用数学方法来量测的对象，而是描述的以拓扑关系为代表的一种关系。空间句法关注的也非空间目标间的实际距离，而是其通达性和关联性。

空间句法理论的理论基础包括：①空间尺度划分。从认知角度出发，空间可划分两种基本类型，即大尺度空间和小尺度空间。大小尺度空间划分是空间句法建模的基础，也是其核心。其划分标准是人类能否从空间中的某一固点来完全感知此空间，若能，则为小尺度空间；反之则为大尺度空间。②空间分割。空间句法理论认为，任一城市系统均由空间物体和自由空间两部分组成，通过对城市空间的分割可提取出城市形态的基本特征。有三种基本空间分割方法，即轴线方法、凸多边形方法、视区分割法。当城市系统内建筑或建筑群比较密集时，一般用轴线方法；当城市自由空间呈现非线性布局时，采用凸多边形方法或视区分割法。连接值、控制值、深度值和局部集成度为局部变量，是描述局部空间的结构特征；整体集成度和全局深度为整体变量，是描述整体空间的结构特征；可理解度则是描述局部变量与整体变量之间相关度的变量。

（2）主要应用

空间句法应用研究的总体思路是利用相应的空间分割方法，定量计算空间系统的句法指标，进而通过对指标的分析来阐释空间系统的结构特征，由此为空间规划设计提供决策支持。总体上看，空间句法应用研究主要包括在城市空间决策中的应用研究和应用系统的开发研究两大部分。

空间句法提供了一种全新的对城市系统的空间表示，或者说是更精确的对城市形态结构的表示。空间句法分析工具已经被集成于现有的 GIS 软件中。

4.2.2 经济计量分析方法

4.2.2.1 统计分析

（1）常规统计分析

常规统计分析主要完成对经济数据集合的均值、总和、方差、频数、峰度系数等参数的统计分析。

（2）DEA 分析

在经济发展绩效评价研究中，DEA① 方法是非常有效的方法之一。DEA 是著名运筹学家 Charnes 和 Cooper 在“相对效率评价”概念基础上发展起来的评价具

① DEA，即 data envelopment analysis，数据包络分析。

有相同类型投入和产出的若干决策单元相对效率的有效方法，已经被很多学者成功地运用到经济管理决策与评价等领域（魏权龄，2006）。它把单输入单输出的工程效率概念推广到多输入多输出同类决策单元（decision making units，DMU）的有效性评价中去，极大地丰富了微观经济中的生产函数理论及其应用技术，同时在避免主观因素、简化算法、减少误差等方面有着不可低估的优越性。

DEA 将一个经济系统或一个生产过程看作是一个实体（一个单元），在一定可能的范围内，通过投入一定数量的生产要素并产出一定数量的产品的活动，这样的实体（单元）被称为决策单元。具有相同目标和任务、相同的外部环境、相同的输入和输出指标的同类型 DMU 可以构成一个 DMU 集合。若某个 DMU 在一项经济（生产）活动中的投入向量 $X=(X_1, \cdots, X_i, \cdots, X_m)$，$X_i$ 为第 i 种投入；产出（输出）向量 $Y=(Y_1, \cdots, Y_r, \cdots, Y_s)$，$Y_s$ 为第 r 种产出（输出）；(X_j, Y_j) 对应第 j 个决策单元的投入、产出向量，(X_0, Y_0) 对应被评价决策单元的相应指标，于是可以用 (X, Y) 表示这个 DMU 的整个生产活动，n 个 DMU 的投入集就可以构成一个 $n\times m$ 阶的投入矩阵，其产出集可以构成一个 $n\times 1$ 阶产出矩阵。

基本模型：从投入（产出）的角度测算决策单元 (X_0, Y_0) 相对效率的 DEA 模型（BBC）可以表示为①和②：

$$
① \begin{cases} \min\theta \\ \text{s. t. } \sum_{j=1}^{n} \lambda_j X_j \leqslant \theta X_0 \\ \sum_{j=1}^{n} \lambda_j X_j \geqslant Y_0 \\ \forall \lambda_j \geqslant 0 \\ (j=1, 2, \cdots, n) \end{cases}
\qquad
② \begin{cases} \max\delta \\ \text{s. t. } \sum_{j=1}^{n} \lambda_j X_j \leqslant X_0 \\ \sum_{j=1}^{n} \lambda_j X_j \geqslant \delta Y_0 \\ \forall \lambda_j \geqslant 0 \\ (j=1, 2, \cdots, n) \end{cases}
$$

引入松弛变量，①、②两式可以表示为线性规划（D）和（P）。

最优解的判定：由于线性规划（D）和线性规划（P）互为对偶规划，两者都存在最优解，并且最优值 $V_D=V_P\leqslant 1$，其中 V_D、V_P 分别代表线性规划（D）和线性规划（P）的最优解，因最优解的判定规则相同，故在此只介绍一种。

$$
(D) \begin{cases} \min\theta \\ \text{s. t. } \sum_{j=1}^{n} \lambda_j X_j + s^- \leqslant \theta X_0 \\ \sum_{j=1}^{n} \lambda_j X_j - s^+ \geqslant Y_0 \\ \forall \lambda_j \geqslant 0, j=1, 2, \cdots, n \\ (s^+ \geqslant 0, s^- \geqslant 0) \end{cases}
\qquad
(P) \begin{cases} \max\delta \\ \text{s. t. } \sum_{j=1}^{n} \lambda_j X_j + s^- = X_0 \\ \sum_{j=1}^{n} \lambda_j X_j - s^- \geqslant \delta Y_0 \\ \forall \lambda_j \geqslant 0, j=1, 2, \cdots, n \\ (s^+ \geqslant 0, s^- \geqslant 0) \end{cases}
$$

如果（D）的最优值 $V_D=1$，则决策单元 j_0 为弱 EDA 有效；反之亦然。如果（D）的最优值 $V_D=1$，并且它的每个最优解 $\lambda^0=(\lambda_1^0, \lambda_2^0, \lambda_n^0)$，$S^{0-}$、$S^{0+}$、$q^0$ 都有 $S^{0-}=0$，$S^{0+}=0$，则决策单元 j_0 为 DEA 有效；反之亦然。

DEA 方法一出现就以其独有的特点和优势受到人们的关注，不论在理论研究还是在实际应用方面都得到迅速发展，并取得多方面的成果，现已成为管理科学、系统工程和决策分析、评价技术等领域中一种常用且重要的分析工具和研究手段。

4.2.2.2 预测分析

(1) 灰色预测

客观世界既是物质的世界，又是信息的世界。它既包含大量的已知信息，也包含大量的未知信息与非确定信息。未知或非确定的信息称为黑色信息；已知的信息称为白色信息。既含有已知信息，又含有未知和非确定信息的系统，称为灰色系统。

灰色系统理论，是由我国学者邓聚龙于 20 世纪 80 年代首创的一种系统科学理论。它主要包括灰色系统建模理论、灰色系统控制理论、灰色关联分析方法、灰色预测方法、灰色规划方法、灰色决策方法等。

地理系统是一类典型的灰色系统。因此，自灰色系统理论产生以来，它就被广泛地应用于地理学研究之中。目前，灰色系统方法已经成为现代地理学中的重要数学方法之一。

在地理系统中，许多因素之间的关系是灰色的，人们很难分清哪些因素是主导因素，哪些因素是非主导因素；哪些因素之间关系密切，哪些因素之间不密切。灰色关联分析为我们解决这类问题提供了一种行之有效的方法（邓聚龙，1987）。

相关系数具有这样的性质：即因素 Y 对因素 X 的相关程度与因素 X 对因素 Y 的相关程度相等。暂且不去追究因素之间的相关程度究竟有多大，单就相关系数的这种性质而言，也是与实际情况不太相符的。例如，在区域经济研究中，能将农业对工业的关联程度与工业对农业的关联程度等同看待吗？另外，由于地理现象与问题的复杂性，以及人们认识水平的限制，许多因素之间的关系是灰色的，很难用相关系数比较精确地度量其相关程度的客观大小。为了克服统计相关分析的上述缺陷，灰色系统理论中的灰色关联分析方法提供了一种可供尝试的新方法。

灰色关联分析从其思想方法上来看，属于几何处理的范畴，其实质是对反映各因素变化特性的数据序列所进行的几何比较。用于度量因素之间关联程度的灰色关联度，就是通过对因素之间的关联曲线的比较而得到的。

设x_1，x_2，…，x_N为N个因素，反映各因素变化特性的数据列分别为$\{x_1(t)\}$，$\{x_2(t)\}$，…，$\{x_N(t)\}$，$t=1$，2，…，M。因素x_j对x_i的关联系数定义为

$$\varepsilon_{ij}(t)=\frac{\Delta_{\min}+\kappa\Delta_{\max}}{\Delta_{ij}(t)+\kappa\Delta_{\max}}\quad(t=1,\ 2,\ \cdots,\ M)$$

式中，κ为介于［0，1］区间上的灰数，$\varepsilon_{ij}(t)$为因素x_j对x_i在t时刻的关联系数；其中，

$$\Delta_{ij}(t)=|x_i(t)-x_j(t)|$$
$$\Delta_{\max}=\max_j\max_i\Delta_{ij}(t)$$
$$\Delta_{\min}=\min_j\min_i\Delta_{ij}(t)$$

不难看出，$\Delta_{ij}(t)$的最小值是$\Delta_{\min}$，当它取最小值时，关联系数$\varepsilon_{ij}(t)$取最大值$\max_i\varepsilon_{ij}(t)=1$；$\Delta_{ij}(t)$的最大值为$\Delta_{\max}$，当它取最大值时，关联系数$\varepsilon_{ij}(t)$取最小值

$$\max_i\varepsilon_{ij}(t)=\frac{1}{1+k}\left(k+\frac{\Delta_{\min}}{\Delta_{\max}}\right)$$

可见，$\varepsilon_{ij}(t)$是一个有界的离散函数。若取灰数k的白化值为1，则有

$$\frac{1}{2}\left(1+\frac{\Delta_{\min}}{\Delta_{\max}}\right)\leqslant\varepsilon_{ij}(t)\leqslant1\tag{4-1}$$

在实际计算中，可取$\Delta_{\min}=0$，这时有

$$0.5\leqslant\varepsilon_{ij}(t)\leqslant1\tag{4-2}$$

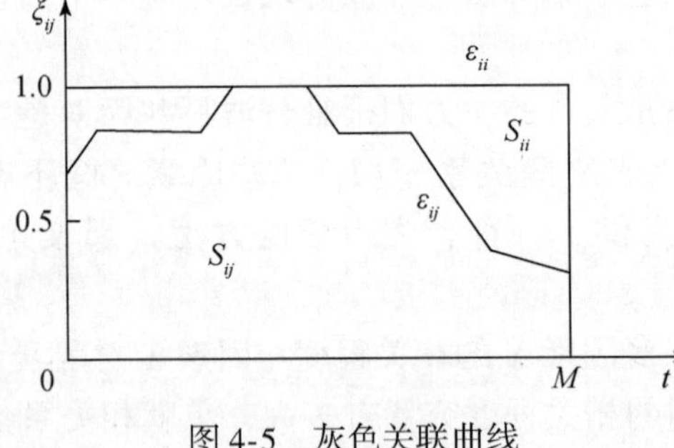

图4-5　灰色关联曲线

作出函数$\varepsilon_{ij}=\varepsilon_{ij}(t)$随时间变化的曲线，它被称为灰色关联曲线（图4-5）。图4-5中的水平线，说明任何时刻的关联系数为1，它代表x_i与x_i本身的关联曲线$\varepsilon_{ii}=1$，因为自己与自己总可以认为是密切关联的。

将关联曲线$\varepsilon_{ij}(t)$与$\varepsilon_{ii}(t)$和坐标轴围成的面积分别记为S_{ij}与S_{ii}，则定义x_j与x_i的关联度为

$$\gamma_{ij}=\frac{S_{ij}}{S_{ii}}\tag{4-3}$$

显然$S_{ii}=1\times M=M$，所以式（4-3）可以进一步写成

$$\gamma_{ij}=S_{ij}/M\tag{4-4}$$

在实际计算中，常用近似公式

$$\gamma_{ij} \approx \frac{1}{M}\sum_{i=1}^{M} \varepsilon_{ij}(t) \tag{4-5}$$

代替式（4-3）和式（4-4）。

从以上关联度的定义可以看出，它主要取决于各时刻的关联系数 $\varepsilon_{ij}(t)$ 的值，而 $\varepsilon_{ij}(t)$ 又取决于各时刻 x_i 与 x_j 观测值之差 $\Delta_{ij}(t)$。显然，x_i 与 x_j 的量纲不同，作图比例尺就会不同，因而关联曲线的空间相对位置也会不同，这样就会影响关联度 ε_{ij} 的计算结果。为了消除量纲的影响，增强不同量纲的因素之间的可比性，就需要在进行关联度计算之前，首先对各要素的原始数据作初值变换或均值变换，然后利用变换后所得到的新数据作关联度计算。初值变换的计算公式为

$$x_i'(t) = x_i(t) / x_i(1) \quad (i=1, 2, \cdots, N;\ t=1, 2, \cdots, M) \tag{4-6}$$

均值变换的计算公式为

$$x_i'(t) = x_i(t) / \bar{x}_i \quad (i=1, 2, \cdots, N;\ t=1, 2, \cdots, M) \tag{4-7}$$

式中，$\bar{x}_i = \frac{1}{M}\sum_{i=1}^{M} x_i(t)$。

基于灰色建模理论的灰色预测法，按照预测问题的特征，可分为五种基本类型，即数列预测、灾变预测、季节灾变预测、拓扑预测和系统综合预测（邓聚龙，1987）。这五种类型的预测方法，都是地理学中重要而且常用的预测方法。

（2）神经网络

人工神经网络，是一个具有高度非线性的超大规模连续时间动力系统，是由大量的处理单元（神经元）广泛互连而形成的网络。它是在现代神经科学研究成果的基础上提出的，反映了人脑功能的基本特征，但它并不是人脑的真实描写，而只是它的某种抽象、简化与模拟。

人工神经网络的特点和优越性，主要表现在三个方面：第一，具有自学习功能。例如，实现图像识别时，只要先把许多不同的图像样板和对应的应识别的结果输入人工神经网络，网络就会通过自学习功能，慢慢学会识别类似的图像。它的这种自学习功能对于模式识别、过程模拟和预测有特别重要的应用价值。第二，具有联想存储功能。人的大脑具有联想功能，利用人工神经网络的反馈网络就可以实现这种联想。第三，具有高速寻找优化解的能力。寻找一个复杂问题的优化解，往往需要很大的计算量，如果利用一个针对某问题而设计的反馈型人工神经网络，就能发挥计算机的高速运算能力，可能很快找到优化解。

在现代地理学中，人工神经网络方法特别适用于地理模式识别、地理过程模拟与预测、复杂地理系统的优化计算等问题的研究。这种方法是现代地理计算学常用的重要方法之一。本章将对人工神经网络及其在地理学中的应用做一些简单

的介绍。

神经系统的基本构造是神经元（神经细胞），它是处理人体内各部分之间相互信息传递的基本单元。据神经生物学家研究的结果表明，人的一个大脑一般有 $10^{10}\sim10^{11}$ 个神经元。如图 4-6 所示，每个神经元都由一个细胞体，一个连接其他神经元的轴突和一些向外伸出的其他较短分支——树突组成。由于细胞膜将细胞体内外分开，细胞体内外具有不同的电位，通常是内部电位比外部电位低，内外电位之差称为膜电位。当没有外部输入信号时，神经元的膜电位保持在静止膜电位上，当外部输入信号超过阈值电位（-55mV）时，细胞被激活，膜电位自发急速升高，形成有一定幅度的电脉冲，此时该神经元处于兴奋状态。轴突的功能是将本神经元的输出信号（兴奋）传递给别的神经元，其末端的许多神经末梢使兴奋可以同时传送给多个神经元。树突的功能是接受来自其他神经元的兴奋。神经元细胞体将接收到的所有信号进行简单的处理（即对所有的输入信号都加以考虑，对每个信号的重视程度体现在不同的权值上）后由轴突输出。神经元的树突与另外的神经元的神经末梢相连的部分，称为突触。

基于生物神经元的构造，McCulloch 和 Pitts 于 1943 年建立了一个模拟神经元功能的数学模型，这个模型被称为 MP 模型（图 4-7）。

MP 模型是一个多输出单输出的非线性元件。设 x_1，x_2，…，x_n 为神经元 n 个输入；w_{ji} 为第 i 个神经元与来自其他层第 j 个神经元的结合强度，称为权值；u_i 为神经元 i 的输入总合，即生物神经元的膜电位，也称为激活函数；θ_i 为神经元的阈值；y_i 为神经元的输出。

$$u_i(t)=\sum_{j=1}^{n}w_{ji}x_j-\theta_i \tag{4-8}$$

$$y_i=f[u_i,(t)] \tag{4-9}$$

在式中，f 是输入与输出之间的非线性函数，通常称为作用函数或阈值函数。当 $w_{ji}>0$ 时，为兴奋性突触结合；当 $w_{ji}<0$ 时，为抑制性突触结合；当 $w_{ji}=0$ 时，为无结合。

在 MP 模型中，f 是二值函数，其输出值为 0 或 1，分别代表神经元的抑制和兴奋状态，它可以用阶跃函数表示，即

$$f(u_i)=\begin{cases}1 & u_i>0\\0 & u_i\leqslant 0\end{cases} \tag{4-10}$$

由式（4-8）可以看出，神经元是由多数输入决定输出的器件，每一种输入 x_j 的权重为 w_{ji}，当 w_{ji} 为负值时，就相当于投反对票一样。由神经元构成的神经网络如图 4-8 所示。

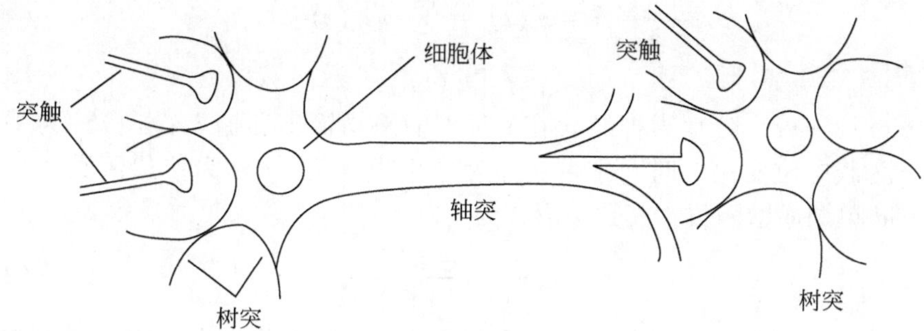

图 4-6 神经元的构造

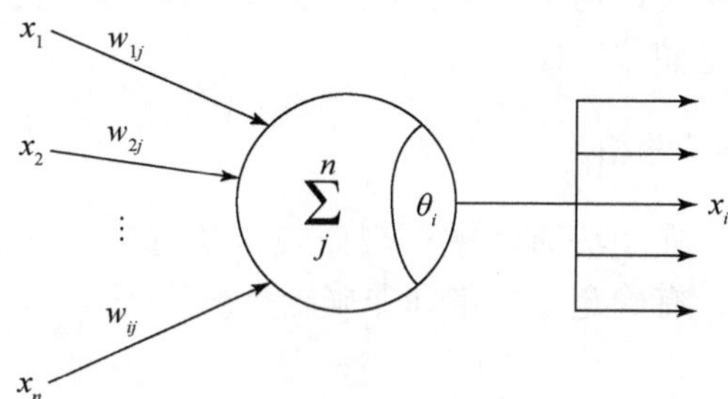

图 4-7 MP 模型

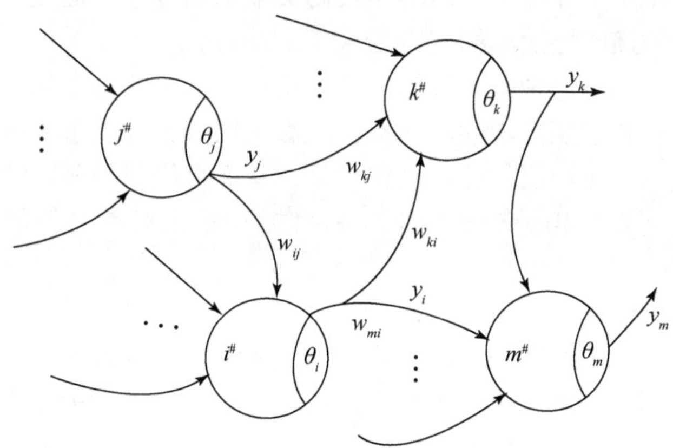

图 4-8 神经网络

在 MP 模型中，神经元的状态是 0 或 1，在时间上也是离散的，类似于二值的数字电路。但是，神经元也可以有模拟量输入输出和时间上是连续的模型，其数学模型为

$$\tau \frac{\mathrm{d}u_i(t)}{\mathrm{d}t} = -u_i(t) + \sum_{j=1}^{n} w_{ji}x_j(t) + u_0 \tag{4-11}$$

$$y_i = f\left[u_i(t)\right] \tag{4-12}$$

式中，$u_i(t)$、$x_j(t)$ 分别为神经元在 t 时刻的平均输出和输入；$u_i(t)$ 为平均膜电位；τ 为膜电位变化的时间常数；u_0 为静止膜电位；f 称为传递函数，它通常为 Sigmoid 单调递增函数，其数学形式为

$$f(u) = \frac{1}{1+\mathrm{e}^{-u}} \tag{4-13}$$

神经网络分析法是从神经心理学和认知科学研究成果出发，应用数学方法发展起来的一种具有高度并行计算能力、自学能力和容错能力的处理方法。

神经网络技术在模式识别与分类、识别滤波、自动控制、预测等方面已展示了其非凡的优越性（徐建华，2002）。

4.2.2.3 决策评价分析

决策即为做决定，在经济活动中，当面临价值选择时，通过需要做出决策。决策问题的类型很多，有确定型决策和非确定型决策等。

（1）*层次分析法*

层次分析法（analytic hierarchy process，AHP）是由美国著名运筹学家 Thomas L. Saaty 教授于 20 世纪 70 年代提出的。这一决策方法强调人的思维判断在决策过程中的作用，并通过一定的模式使决策思维过程规范化，层次分析法面对的是内部独立的递阶层次结构（孙宏才等，2011）。

层次分析法的基本原理是根据问题的性质和要达到的总目标，将问题分解为不同的组成因素，并按照因素间的相互关联影响以及隶属关系将因素按不同层次聚集组合，形成一个多层次的分析结构模型，从而最终使问题归结为最低层（供决策的方案、措施等）相对于最高层（总目标）的相对重要权值的确定或相对优劣次序的排定。

基本步骤和方法如下。

1）建立层次结构模型。构建结构模型，该模型最高层为目标层，即要达到的最后目的；中间层为准则层，就是完成这一目标需要参考的准则，也是问题的组成因素；最底层就是方案层，就是为解决这一问题达到最终目标而采取的措施。

2）构造成对比较矩阵。如果只是定性的分析各层次各因素间的权重，通常没有说服力也不被人们接受。因而 Thomas L. Santy 等提出一致矩阵法，即，一不把所有因素放在一起比较，而是两两相互比较；二此时采用相对尺度，以尽可能减少性质不同的诸因素相互比较的困难，以提高准确度。

判断矩阵是表示本层所有因素针对上一层某一个因素的相对重要性的比较。判断矩阵的元素 a_{ij}用 Thomas L. Santy 的 1 ~9 标度方法给出（表4-7）。

表4-7 标度参考值

元素	元素量化值
同等重要	1
稍微重要	3
较强重要	5
强烈重要	7
极端重要	9
两相邻判断的中间值	2，4，6，8

3）计算单排序权向量并做一致性检验。对每个成对比较矩阵计算最大特征值及其对应的特征向量，利用一致性指标、随机一致性指标和一致性比率做一致性检验。若检验通过，特征向量（归一化后）即为权向量；若不通过，需要重新构造成对比较矩阵。

4）计算总排序权向量并做一致性检验。计算最下层对最上层总排序的权向量

$$\mathrm{CR}=\frac{a_1\ \mathrm{CI}_1+a_2\ \mathrm{CI}_2+\cdots+a_m\ \mathrm{CI}_m}{a_1\ \mathrm{RI}_1+a_2\ \mathrm{RI}_2+\cdots+a_m\ \mathrm{RI}_m},\ \mathrm{CR}<0.1 \tag{4-14}$$

利用总排序一致性比率［式（4-14）］进行检验。若通过，则可按照总排序权向量表示的结果进行决策，否则需要重新考虑模型或重新构造那些一致性比率 CR 较大的成对比较矩阵（在 AHP 中不必检验层次总排序的一致性，在实际操作中，总排序一致性检验常常可以省略）。

AHP 在实践中可以解决旅游者出行决策时多目标的复杂问题，AHP 将定量分析与定性分析结合起来，用决策者的经验判断各衡量目标能否实现的标准之间的相对重要程度，并合理地给出每个决策方案的每个标准的权数，利用权数求出各方案的优劣次序，比较有效地应用于对旅游者出行决策的影响因素及其权重的判断。

（2）双重差分模型

双重差分（difference-in-difference，DID）模型是公共政策或项目实施效果定量评估的常用方法。根据政策或项目实施后可能存在的事前差异，通过建模有效控制研究对象间的事前差异，可以将政策或项目影响的真正结果有效分离。评价政策或项目的干预效果时，DID 模型通过将“前后差异”和“有无差异”有效结合，高效控制某些额外因素的影响，同时通过对影响结果变量的协变量的设

置，有效控制实验组和对照组中的可能影响因素，最终得到对干预效果的真实评估。DID 模型也因此成为研究政策或项目效果的有效计量经济学方法之一（叶芳和王燕，2013）。

将反映社会现象的样本分为两组：第一组为工程建设或政策施行前后的“处理组”T；第二组为未受政策或工程建设影响的“对照组”C。DID 模型的表达式为：

$$y=\beta_0+\delta_0 \mathrm{d}2+\beta_1 \mathrm{d}T+\delta_1 \mathrm{d}2\times \mathrm{d}T+\varepsilon \tag{4-15}$$

式中，y 为因变量；处理组中观测的 dT 取 1，对照组取 0；d2 为虚拟变量，表示政策改变后的时期；ε 为残差项；β_0 为常数；δ_0 和 δ_1 为系数，度量了政策实施所带来的净影响，即研究所关注的政策效应。

1）对于处理组，在政策实施之前，$T=0$，则

$$y=\beta_0+\beta_1+\varepsilon \tag{4-16}$$

在政策实施之后，$T=1$，则

$$y=\beta_0+\delta_0+\beta_1+\delta_1+\varepsilon \tag{4-17}$$

政策对因变量的平均影响为：

$$\Delta y_T=(\beta_0+\delta_0+\beta_1+\delta_1+\varepsilon)-(\beta_0+\beta_1+\varepsilon)=\delta_0+\delta_1 \tag{4-18}$$

2）对于对照组，在政策实施之前，$C=0$，则

$$y=\beta_0+\varepsilon \tag{4-19}$$

在政策实施之后，$C=1$，则

$$y=\beta_0+\delta_0+\varepsilon \tag{4-20}$$

政策对因变量的平均影响为

$$\Delta y_C=(\beta_0+\delta_0+\beta_1+\varepsilon)-(\beta_0+\varepsilon)=\delta_0 \tag{4-21}$$

3）政策实施对因变量的净影响为

$$\hat{\delta}=\Delta y_T-\Delta y_C=(\delta_0+\delta_1)-\delta_0=\delta_1=(\bar{y}_{2T}-\bar{y}_{2C})-(\bar{y}_{1T}-\bar{y}_{1C}) \tag{4-22}$$

两次差分之后参数 δ_1 测度了对因变量 y 平均结果的政策影响或处理影响，是模型重点考察的对象。

双重差分法可用来估计处理高速铁路开通前后效应，但也有一定的局限性，其原理是将处理组政策实施后的样本均值减去政策实施前的样本均值；然而，由于宏观经济环境也随时间而变（时间效应），政策实施地区的前后差异未必就是处理效应。

4.2.2.4 空间计量经济模型

空间计量经济模型的结构根据经济活动的空间相依性和回归模型中误差项的相依性特征分为空间滞后和空间误差两类基本模型，它们在模型设定中主要体现

在滞后变量（Wy）和误差结构［$E(u_i u_j) \neq 0$］的特征差异。空间滞后模型用于解释空间相互作用的存在和强度，而空间误差模型则用于解释误差项的空间相关，关注由此产生的模型参数估计的偏差影响和修正方法。根据空间计量经济模型的结构特征，模型设定主要分为以下几种类型：空间滞后模型、空间误差模型、高阶空间回归模型、混合空间过程模型，以及时空面板模型和地理加权模型等（李新忠和汪同三，2015）。

在以下模型中，W 为元素行列为 $n \times n$ 的空间权重矩阵；y 为 $n \times 1$ 的随机变量；β、θ 为待估模型参数向量；ε 为 $n \times 1$ 的误差向量，并且服从均值为零和方差为 σ^2 的正态分布；u 为具有空间自相关结构的 $n \times 1$ 误差向量；I 为 $n \times n$ 的单位矩阵；ρ、λ 分别为空间自回归和空间移动平均或空间加权项的参数；η 为服从独立同分布的 $n \times 1$ 区域误差成分向量；ξ 为服从独立同分布的 $n \times 1$ 局部误差成分向量。主要模型设定结构类型如下。

（1）空间滞后模型

空间滞后模型与时间序列模型类似，但差异之处在于表示空间相依性的空间滞后变量 w_y 与误差项 e 相关，即 e 服从独立同分布。这说明通常采用的基于普通最小二乘法参数估计不再有效，这是由于其估计量的有偏性和不一致性。因此，在模型估计中，空间滞后项必须被视为一个内生变量，并选用考虑这种内生性的相应估计方法。其模型设定如下：

$$y = \rho Wy + X\beta + \varepsilon \quad \varepsilon \sim N(0, \sigma^2 I) \tag{4-23}$$

（2）空间误差模型

当误差项之间存在 $E(u_i u_j) \neq 0$，那么，误差项存在空间相关，并遵循一个空间加权回归过程，即每个空间位置上的随机误差都为其空间邻近位置上的随机误差的函数，也就是说，$u_i = \lambda \sum_{j=1}^{N} w_{ij} u_i + \varepsilon_i$。其中，$\varepsilon_i$ 为服从标准正态分布的误差项，u_i 为具有空间相关结构的误差项。

空间误差模型根据模型结构的差异又细分为四种类型，包括空间误差自回归模型、空间移动平均模型、空间误差成分模型和空间 Durbin 误差模型。空间误差模型的具体结构的定义如下。

空间误差自回归模型：

$$\begin{aligned} &y = X\beta + u \\ &u = \lambda W_2 u + \varepsilon \\ &\varepsilon \sim N(0, \sigma^2 I) \end{aligned} \tag{4-24}$$

空间移动平均模型：

$$y=X\beta+u$$
$$u=\lambda W_2\varepsilon+\varepsilon \tag{4-25}$$
$$\varepsilon\sim N(0,\ \sigma^2 I)$$

空间误差成分模型：

$$y=X\beta+u$$
$$u=W_2\eta+\xi \tag{4-26}$$
$$\eta\sim i.i.d.(0,\ \sigma^2{}_{\eta}I);\ \xi\sim i.i.d.(0,\ \sigma^2{}_{\xi}I)$$

空间 Durbin 误差模型：

$$y=X\beta+WX\theta+u$$
$$u=\lambda W_2 u+\varepsilon \tag{4-27}$$
$$\varepsilon\sim N(0,\ \sigma^2 I)$$

（3）高阶空间回归模型

从理论上讲，高阶空间回归模型类似于时间序列中高阶自回归模型，空间滞后模型中也可以包含多个高阶空间滞后因变量或空间移动平均误差项。例如，双参数空间自回归模型、高阶空间滞后模型、高阶移动平均误差模型、SARMA（p，q）空间自回归模型。其中，W_1、W_2 为不同的空间权重矩阵，并且 $W_p=(W_1)^p$，p、q 为空间邻近权重矩阵的阶数。在实际应用中，高阶空间回归模型一般作为模型诊断检验的备择模型。此外，为了保证高阶模型中的权重 W 是唯一的、正交的，保证估计参数的可解性，要避免一些空间权重的叠加、冗余所导致的参数有偏估计，一些文献对此有详细讨论。例如，对于任何两个具有二阶空间权重矩阵中的元素要求它们第 i 行的空间权重之积为 0，即 $(w^1_{i*})(w^2_{i*})'=0$。高阶空间回归模型的主要类型如下。

双参数空间自回归模型：

$$y=\rho_1 W_1 y+\rho_2 W_2 y+X\beta+\varepsilon$$
$$\varepsilon\sim N(0,\ \sigma^2 I) \tag{4-28}$$

高阶空间滞后模型：

$$y=\rho_1 W_1 y+\rho_2 W_2 y+\cdots+\rho_p W_p y+X\beta+\varepsilon$$
$$\varepsilon\sim N(0,\ \sigma^2 I) \tag{4-29}$$

高阶移动平均误差模型：

$$y=X\beta+u$$
$$u=\lambda_1 W_1\varepsilon+\lambda_2 W_2\varepsilon+\cdots+\lambda_p W_p\varepsilon+\varepsilon \tag{4-30}$$
$$\varepsilon\sim N(0,\ \sigma^2 I)$$

SARMA（p，q）空间自回归模型：

$$
\begin{aligned}
& y=\rho_1 W_1 y+\rho_2 W_2 y+\cdots+\rho_p W_p y+X\beta+u \\
& u=\lambda_1 W_1 \varepsilon+\lambda_2 W_2 \varepsilon+\cdots+\lambda_p W_p \varepsilon+\varepsilon \\
& \varepsilon \sim N\ (0,\ \sigma^2 I)
\end{aligned}
\tag{4-31}
$$

(4) 混合空间过程模型

混合空间过程模型是适用于横截面数据的空间线性模型的通用形式。混合空间过程模型根据模型参数设定限制的不同，可以衍生出 Durbin 特定模型。混合空间过程模型主要包括混合空间自回归模型、空间 Durbin 模型及 Manski 模型。其中，混合空间自回归模型也称为空间 Kelejian-Prucha 模型。混合空间过程模型的具体结构的定义如下。

混合空间自回归模型：

$$
\begin{aligned}
& y=\rho W_1 y+X\beta+u \\
& u=\lambda W_2 u+\varepsilon \\
& \varepsilon \sim N\ (0,\ \sigma^2 I)
\end{aligned}
\tag{4-32}
$$

空间 Durbin 模型：

$$
\begin{aligned}
& y=\rho W_1 y+X\beta+W_2 X\theta+\varepsilon \\
& \varepsilon \sim N\ (0,\ \sigma^2 I)
\end{aligned}
\tag{4-33}
$$

空间 Manski 模型：

$$
\begin{aligned}
& y=\rho W_1 y+X\beta+W_2 X\theta+u \\
& u=\lambda W_2 u+\varepsilon \\
& \varepsilon \sim N\ (0,\ \sigma^2 I)
\end{aligned}
\tag{4-34}
$$

根据模型中的参数变化，以上基于空间相依性的计量模型之间可以相互转化。例如，空间 Manski 模型在 $\theta=0$ 时，可以转化为混合空间自回归模型；而当 $\lambda=0$ 时，可以转化为空间 Durbin 模型；当 $\rho=0$ 时，可以转化为空间 Durbin 误差模型；空间滞后模型可以由 $\lambda=0$ 的混合空间自回归模型和 $\theta=0$ 的空间 Manski 模型转化而来；空间误差自回归模型可以由 $\theta=0$ 的空间 Durbin 误差模型和 $\theta=-\rho\beta$ 且 $\lambda=\rho$ 时的空间 Durbin 模型转化而来；而空间滞后模型和空间误差自回归模型在其相应的参数 $\rho=0$ 和 $\lambda=0$ 时，则会转化为标准的线性回归模型。以上模型中的参数的含义与前节中参数的描述相同。

(5) 时空面板模型

时空面板模型不仅描述空间相关在单一横截面空间维度的变化规律，而且体现了空间效应沿时间维度的变化规律。因此，时空面板模型的设定既包含时间域的观测，也包含空间域的观测。对于包含时空维度的观测，可以通过其中一个维度满足的渐近性进行相依性的估计。例如，具有横截面样本远小于时间域样本长度的 SUR（seemingly unrelated regression）模型。

当横截面的观测样本较小，而时间域的观测域较大时，时间域的渐近性可以用于获得一个非参数的横截面相依性的估计，而时间域的相依性则必须参数化估计。反之，当横截面的观测样本较大，时间域的观测域较小时，空间域的渐近性可以用于获得一个非参数的时间域的相依性的估计，而空间域的相依性则必须参数化估计。在没有时间域的情景下（纯横截面），参数估计需要利用空间权重矩阵。无论时间域还是空间域的渐近情景，其中一个维度需要满足渐近性，而另一个维度则可以固定。

根据以上两种情景的不同组合，利用函数 $f(z)$ 对时间滞后或空间滞后进行一般设定，可以得到四种类型的时空面板模型，包括纯空间递归模型、时空递归模型、时空联立模型、时空动态模型

纯空间递归模型：因变量与不同期的邻近位置的因变量有关联。

$$y_{it}=\gamma\left(Wy_{t-1}\right)_i+f(z)+\varepsilon_{it} \tag{4-35}$$

式中，$(Wy_{t-1})_i$ 为空间滞后向量中第 i 个空间位置的元素。通过利用一个基于横截面观测单元的 $n\times n$ 空间权重矩阵，将把前一期因变量作为一个空间滞后变量，并进行空间加权平均。

时空递归模型：因变量与相同位置的因变量及前期的邻近位置的因变量有关联。

$$y_{it}=\lambda y_{it-1}+\gamma\left(Wy_{t-1}\right)_i+f(z)+\varepsilon_{it} \tag{4-36}$$

时空联立模型：同时与时间和空间滞后的因变量有关联。

$$y_{it}=\lambda y_{it-1}+\gamma\left(Wy_t\right)_i+f(z)+\varepsilon_{it} \tag{4-37}$$

式中，$(w_{y_t})_i$ 为相同时间域中空间滞后向量中第 i 个空间位置的元素。

时空动态模型：与因变量的以上三种形式都有关联。

$$y_{it}=\lambda y_{it-1}+\rho\left(Wy_t\right)_i+f(z)+\varepsilon_{it} \tag{4-38}$$

为了估计时空联立模型的参数，横截面空间维度的渐近性条件需要满足。在时空动态模型中，空间维度和时间维度都需要满足渐近性条件。对于其余两种模型，渐近性的类型由误差项中的因变量结构决定。例如，具有独立同分布的纯空间递归模型需要满足经典线性模型的条件，并可以应用 OLS 方法进行估计。此外，空间滞后和空间误差因变量可以直接引入传统面板模型的横截面空间维度中。另外，横截面的固定效应与空间随机过程不相容，因此，必须考虑随机效应的设定。例如，在空间 SUR 模型中，空间自回归以及回归参数允许随时间维度而变化，具有时间维度的空间滞后模型可以表示如下：

$$y_{it}=\rho_t\left(Wy_t\right)_i+x'_{it}\beta_t+\varepsilon_{it} \tag{4-39}$$

4.2.3 社会学分析方法

4.2.3.1 社会网络分析

(1) 特征

社交网络由节点（顶点）和边组成，均需在分析活动开始之初，就加以明确地定义。节点（顶点）可以是客户（普通个人/专业人士）、住户/家庭、患者、医生、作者、论文、恐怖分子、网页等，边代表节点间的连接关系，可以是朋友间的关系、一次通话、疾病的传播、论文的引用等。注意，可基于节点的相互作用的频率、信息交互的重要性、亲密程度和情感强度等，给“边”赋予一定权重。例如，在客户流失预测业务场景中，“边”是客户间的通话，可根据两个客户在指定时期的相互通话时长给边赋权。社交网络可以用网状图来表示。图4-9是社交网络图示例，在该图中还用不同颜色来表示节点的状态（如流失或非流失）（斯坦利·沃瑟曼和凯瑟琳·福斯特，2012）。

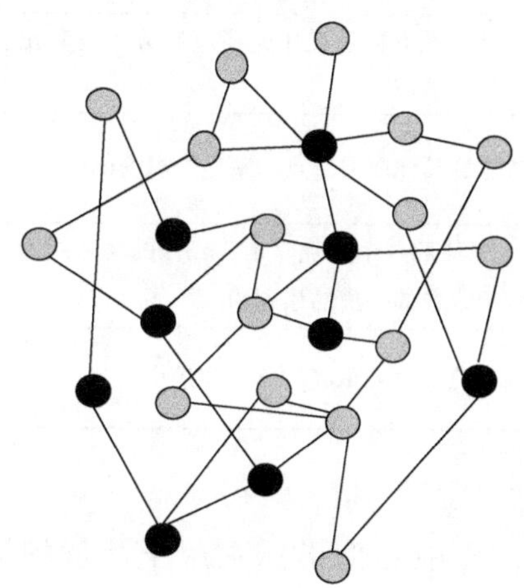

图 4-9 社交网络示例

对于小型网络，很适合采用社交网络图来表示；对于大型网络，则通常用矩阵来表示。表 4-8 就是一个社交网络矩阵示例。这种表示节点关系的矩阵通常是对称的稀疏矩阵（有大量的值为0），该范例中，“1”表示两个节点有直接连接，“0”表示两个节点之间无直接连接，当连接关系有权重时，矩阵的非零数值就表示权重。

表 4-8　用矩阵来表示的社交网络

项目	C1	C2	C3	C3
C1	—	1	1	0
C2	1	—	0	1
C3	1	0	—	0
C4	0	1	0	—

（2）社会网络的度量

可以用多种度量指标来描述具体的社交网络的特征，其中最重要的指标是表 4-9 所描述的中心性指标。假设某个网络有 g 个节点，表示为 n_i（$i=1, \cdots, g$）。g_{jk} 为从节点 n_j 到节点 n_k 的测地线的数量，而 $g_{jk}(n_i)$ 为从节点 n_j 经节点 n_i 到节点 n_k 的测地线的数量，可以用公式计算出节点 n_i 的中心性度量指标值。

表 4-9　网络中心性的度量指标

测地线	网络中两个节点之间的最短路径	公式
度中心性	节点的连接数量（在有向连接中，还应区分入度和出度）	
临近中心性	网络中给定节点到其他所有节点的平均距离的倒数	$\left[\frac{\sum_{j=1}^{g} d(n_i n_j)}{g}\right]^{-1}$
介中心性	所有经过节点 n_i 任意两个节点（n_j、n_k）的测地线数与它们所有测地线数的比值的累积和	$\sum_{j<k} \frac{g_{jk}(n_i)}{g_{jk}}$
网络/图的理论中心性	网络中到其他节点的最大距离的累积和最小的节点	

（3）常用技术与计算

在社会网络分析中，介中心性指标常用于社群挖掘，常用技术是 Girvan-Newman 算法，其计算过程如下：①基于已存在的边计算每条边的介中心性指标；②删除介中心性指标值最高的边；③重新计算剩余边的介中心性指标；④重复步骤②和步骤③，直到所有边都被删除为止。

按照这个方法步骤计算出来的结果基本上是一个树状图，可以用这种树状图来确定最优的社群数量。

（4）常用模型

社会网络目的就是在网络内部进行群组划分时，计算出指定节点与网络中其他节点相比较而言成为边界成员的概率。但社交网络数据之间并非完全独立且均匀分布，而古典统计模型（如线性回归和逻辑回归）恰恰假设样本之间具有独立性且均匀分布。不同节点的行为存在相关性，意味着某个节点的成员对相关节点的成员有影响力。在模型开发过程中，社会网络难以将数据划分为训练集、验证集，因为整个网络的每个节点均有内在联系，不能简单切割成两部分。社会网络分析对共同模式推断程序（collective inferencing procedures）有强烈需求，因为节点间关系的推断会相互影响。许多网络的规模巨大（如电信运营商的通话关系网络），需要开发高效的算法程序来完成社交网络学习任务。因此，社交网络分析通常由以下几个部分组成。

1）本地模型：该模型只使用节点本身的特征属性，通常使用经典的预测分析模型（如 Logistic 回归、决策树）来完成参数估计。

2）网络模型：该模型将利用网络中的连接关系进行分析推断。

3）共同模式推断程序：该程序用于确定如何对未知节点进行估计，这里主要指彼此间的影响关系。

4.2.3.2 结构方程模型

(1) 特征

结构方程模型是一种非常通用的、主要的线形统计建模技术，广泛应用于心理学、经济学、社会学、行为科学等领域的研究。实际上，它是计量经济学、计量社会学与计量心理学等领域的统计分析方法的综合。

结构方程模型是利用联立方程组求解，它没有很严格的假定限制条件，同时允许自变量和因变量存在测量误差。在许多科学领域的研究中，有些变量并不能直接测量。实际上，这些变量基本上是人们为了理解和研究某类目的而建立的假设概念，对于它们并不存在直接测量的操作方法。人们可以找到一些可观察的变量作为这些潜在变量的“标识”，然而这些潜在变量的观察标识总是包含大量的测量误差。在统计分析中，即使是对那些可以测量的变量，也总是不断受到测量误差问题的侵扰。自变量测量误差的发生会导致常规回归模型参数估计产生偏差。虽然传统的因子分析允许对潜在变量设立多元标识，也可处理测量误差，但是，它不能分析因子之间的关系。只有结构方程模型即能够使研究人员在分析中处理测量误差，又可分析潜在变量之间的结构关系（邱皓政和林碧芳，2009）。

(2) 结构方程模型的实施步骤

1）变量定义及结构关系梳理。根据研究主题的相关理论以及已有的研究文献，定义结构变量，为结构关系的研究提供测评视角和方向。

2）模型构建与假设。通过假设和推断，构建一组变量之间相互导引关系（常常是因果关系）的模型。在一般研究模型中通过以路径的形式加以表现。

3）模型识别。模型识别时设定 SEM 模型时的一个基本考虑。只有建设的模型具有识别性，才能得到系统各个自由参数的唯一估计值。

4）模型估计。SEM 模型的基本假设是观察变量的反差、协方差矩阵是一套参数的函数。在参数估计的数学运算方法中，最常用的是最大似然法（ML）和广义最小二乘法（GLS）。通过一系列参数数值判断各类变量的路径关系，可通过路径图来进行直观表现。

5）模型评价。模型评价是在已有的证据与理论范围内，考察提出模型拟合样本数据的程度。模型的总体拟合程度的测量指标主要有基于拟合函数的指数卡方检验、拟合优度指数（GFI）、理论模型的卡方减少比例（NFI）、非范拟合指数（NNFI）和非中心卡方分布下的期望值调整（CFI）、校正的拟合优度指数（AGFI）、近似误差指数（RMSEA 和 RMR）等。关于模型每个参数估计值的评价可以用 t 值。

6）模型修正。对结果进行判断，不理想的检验效果需要进行追根溯源，对模型进行修正，改进初始模型，使每一个参数都适合实际与现实。当尝试性初始模型出现不能拟合观察数据的情况（该模型被数据拒绝）时，就需要将模型进行修正，再用同一组观察数据来进行检验。

4.3 研究总结

1）增长极理论、“点-轴”理论等空间理论从空间上推动了城市系统由静态向动态研究转变、由城市内部结构向外部竞合机制研究转变；产业集聚理论、供求关系理论、效用理论分别研究了规模、结构、个体价值取向等与旅游及都市圈交通发展绩效的关系和动力机制；交通经济学理论是空间理论与经济学理论的交叉学科，强调以运输线或交通干线为发展导引，研究由此带来的区域要素集聚和扩散现象及其资源配置效率。以上理论是构建本书研究体系、形成研究思路的重要参考和重要理论支撑。

2）对于轨道交通与都市圈旅游发展的主要研究重点包括空间区位问题、产业发展效率问题、旅游者行为特征问题，对应空间分析方法、经济计量分析方法和社会学分析方法，本书将 GIS 空间分析法、空间句法、DEA 分析法、层次分析法、社会网络分析法、结构方程模型等进行了总结，并在实证分析中借助以上方法的应用，形成详细的研究过程和研究结论。

5 轨道交通与都市圈旅游发展关系分析与测度

铁路是国家经济发展的重要基础设施。铁路运输是国家综合交通运输体系的骨干。中国铁路经过一个多世纪建设和发展所形成的铁路交通网已成为现代中国经济发展的重要命脉。铁路建设项目有着重要的直接经济效益和间接经济效应，铁路交通是国民经济发展的基础产业。随着高速铁路的规划、建设与运营，铁路交通对中国经济增长的主导性影响更加显著。旅游业对铁路交通的依赖源于铁路交通的经济、快速和便利。铁路交通加速和拓展了旅游者的空间流动，使旅游资源、要素、人才向铁路交通枢纽和铁路交通沿线区域集聚。

5.1 轨道交通影响都市圈旅游发展的机理研究——以高速铁路为例

高速铁路作为新型轨道交通方式，促进都市圈旅游人地系统巨大变革。以高速铁路为例，分析铁路交通与都市圈旅游发展关系可见，自高速铁路开通以来，铁路交通信息化的程度越来越高，信息资源给旅行者的出行带来极大便利，使都市圈旅游企业的经营管理水平和核心竞争力得以提升。高速铁路的出现引导了旅游者旅游行为的产生，节省了旅行时间。

5.1.1 高速铁路与都市圈旅游经济协调发展关系

高速铁路安全性强、速度快捷、服务舒适、运载量大和便捷运行等特点，已逐渐成为日本、法国和美国等发达国家用于缓和交通压力的一种特定的交通工具和改善都市圈环境的通道经济方式。

(1) 区位空间效应

英国学者威尔逊和比利时学者艾伦结合耗散结构理论和突变理论，分别就空间相互作用模型和中心地理论模型进行动态模拟，把原来建立在静态分析基础上的区域经济理论向前推进了一步。交通运输在动态模拟中作为条件以参数形式给出，通过以运费的多少表示交通条件的优劣，即运费高则表示运输条件差，运费低则表示运输条件好。经过对若干个微分方程的动态模拟，得出各组不同的条件下，从初始状态经历若干时间单位后，区域内工业区、居民区、商业区等功能区的分布情况。研究表明新的经济中心、居民中心总是在靠近交通线的地方产生，城镇体系的演化也具有沿交通线两侧分布的特性。

高速铁路是都市圈旅游经济协调发展的重要推动力，是改变都市圈旅游区位格局的指挥棒，高速铁路通过对沿线区域旅游业的作用，实现了沿线旅游产品的重新配置，形成都市圈旅游发展的同城旅游及近城旅游效应。京津城际铁路使京津之间的通行时间缩短为30min，京津冀都市圈两个特大型城市形成了一体化联盟。图5-1为高速铁路的都市圈旅游区位空间研究过程。

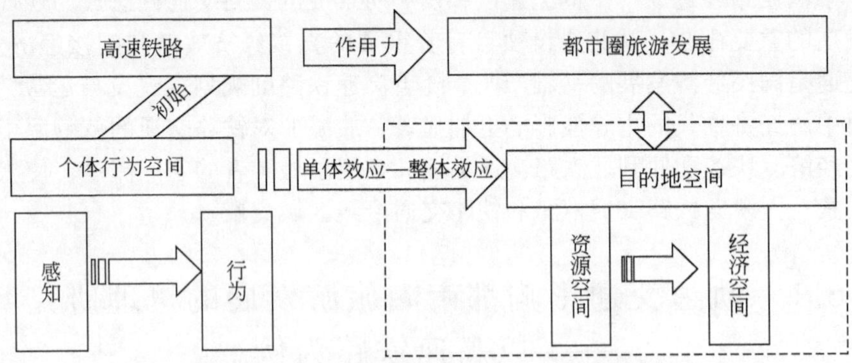

图5-1　高速铁路的都市圈旅游区位空间研究过程

(2) 产业集聚效应

产业集聚是区域产业组织形式，也是区域经济发展过程中的普遍空间现象，具体是指某一产业在某特定地理区域内出现集中，相关生产要素在空间范围内不断地在此区域内汇集的一个过程。同时，产业集聚在带动相关区域一体化发展的同时，也使得其与周边边缘地区或较落后地区的差距日益加大，使得经济发展的不均衡现象日益显现。

高速铁路作为一种高速的交通工具，其对经济的影响与传统的交通工具类似，即主要通过提高铁路沿线地区的通达性，克服地域分割，促进要素的流动来带动经济的发展。对都市圈旅游发展来说，高速铁路加速了都市圈旅游产业带的形成，从更大范围、较长时期来看，高速铁路导致的旅游产业规模扩大，又将逐渐引发都市圈旅游产业的升级和细分。图5-2为高速铁路的都市圈旅游产业效应研究过程。

(3) 旅游者效应

交通基础设施的改善会有效促进人口的大规模迁移。人口从农村向城镇的迁移是推动城镇化进程和经济发展的关键因素。交通基础设施是人口流动的载体，区域性交通条件改善将提高城市或区域的可达性，并大大降低人口迁移的物质成本、时间成本、心理成本，有效促进人口的大规模迁移。高速铁路的运营催化都市圈新的旅游业和旅游者需求，引发都市圈高速铁路旅游流现象。交通供给既是手段又是开发工具。高速铁路的大规模开发必然会带来一场基础设施建设效应。西方国家在20世纪80年代中期曾经通过制定相关区域政策以吸引外来投资者。高速铁路的发展对地区经济发展具有示范作用、样板效应和标志性作用，所以可通过高速铁路轨道旅游产品的开发设计，促进相应的轨道旅游经济效应产业。轨道交通的特质会影响旅游者为此付出行动、费用等。图5-3为高速铁路的都市圈旅游者效应研究过程。

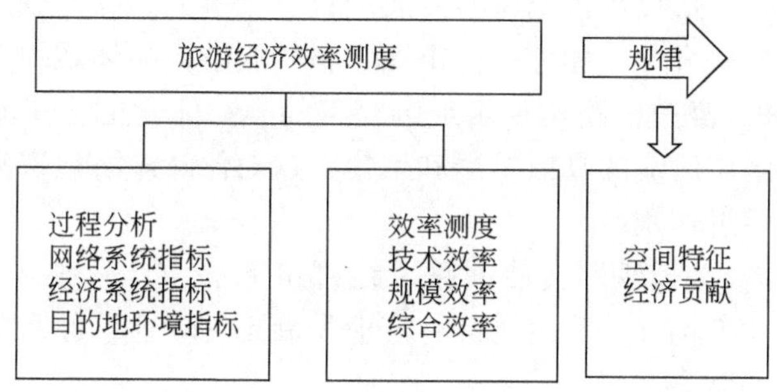

图5-2　高速铁路的都市圈旅游产业效应研究过程

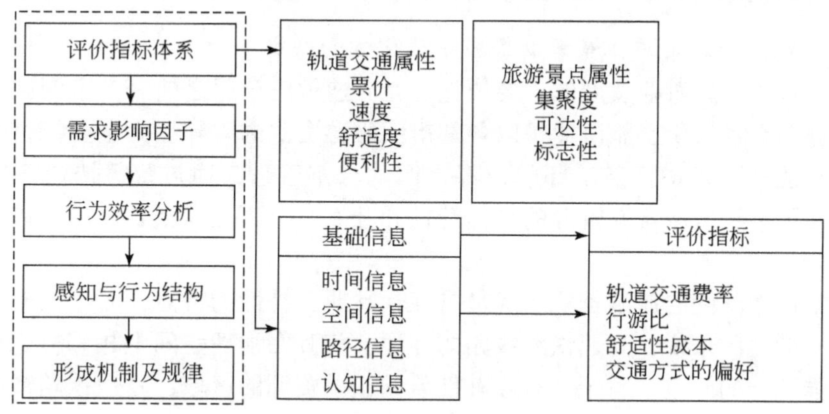

图5-3　高速铁路的都市圈旅游者效应研究过程

5.1.2　高速铁路对都市圈旅游影响的作用机制

高速铁路对都市圈旅游的影响是通过时间压缩、空间转换，以达到资源整合、交通对接和产业合作等发展条件和机遇（张岳军和张宁，2013）。

1）时间压缩。旅游出行距离影响旅游者行为，而出行距离与旅游出行时间直接相关。旅游者旅游出行规律包括出行时间在1 h左右的日常休闲圈、出行时间在3~4 h的周末旅游圈和出行时间在6~8 h的长途旅游圈。高速铁路通过时间的节省，改变了原有的时间和空间的比例关系，使人们在原来的同等时间内实现了更大的空间位移。

2）空间转换。高速铁路带来的新的交通条件使原有的按时间和出行费用统计的旅游成本计算过程发生变化，现有的成本计算与空间距离指标不再直接相关，旅游者出游方式发生改变，旅游空间发生转换。

3）资源优整。高速铁路使都市圈内外区域间旅游资源在数量、质量、结构和分布上产生互补，形成都市圈旅游发展的核心竞争力。高速铁路的开通增加了都市圈旅游资源的融合性，加速了都市圈完整的旅游产品体系的建立。

4）交通互联。高速铁路实现了地区完善的、一体化的多式联运交通体系的形成，有利于地区旅游流的高效扩展和聚集，这对保障旅游地资源开发和旅游地产业合作有重要促进作用。

5）产业合作。高速铁路会使铁路沿线都市圈旅游产业整体规模得以壮大，使都市圈旅游产业市场细分程度更高，产业发展更为专业，原有的旅游产业空间布局得到进一步调整。

5.1.3 高速铁路条件下都市圈旅游经济协调发展新特征

(1) 旅游资源由单体竞争向资源一体化方向转变

旅游资源是旅游业发展的主要依托。在高速铁路开通之前，都市圈旅游资源零散地分布在各省份，旅游业是以各都市圈旅游资源的差异性为主要特色的竞争业态。高速铁路线路打破了部门或都市圈的分割管理，通过统筹协调各方面力量，实现了沿线区域旅游资源的整体管理和开发，全面提高旅游资源保护和利用效率。

各都市圈不同的旅游资源一般具有互代性或互补性的特点，对于拥有互代性旅游资源的地区来说，高速铁路线路的连通，使其在地理空间上相邻，因而可以产生强强联合的效应；对于拥有互补性质的旅游资源的区域，高速铁路线路的联合更容易将两区域合二为一，区域范围内资源多样化因此得到加强。

高速铁路线路的统筹有利于沿线区域旅游资源进行综合分类，使旅游资源向有序开发、有效合作的方向发展，形成沿线旅游整体高效的发展局面。

(2) 旅游企业由服务于地方向服务于区域产业转变

旅游产业是一个关联性高，乘数效应明显，在特定条件下，高速铁路完善了都市圈旅游发展的条件，使旅游目的地形成服务旅游者的上中下游各项配套服务企业，企业群体围绕旅游吸引物自觉产生地理空间聚集的现象。

高速铁路的高速度、大运量，提高了都市圈可达性，节约了旅游交通成本，降低了旅游产业要素流动的成本。劳动力、资本、技术等一般性产业要素随着流动成本的降低，将向区位更优、存在规模递增收益的区位集聚；但传统旅游资源（景区）由于受其空间不可移动性的限制，仍停留在原有状态，高速铁路的出现改变了这些旅游资源的发展条件，在旅行时间极大缩短的有利条件下，高速铁路会被旅游者更多利用，从而实现居住地与旅游景区（点）之间的高效往返。因此，旅游企业的服务范围更广，交通条件的改进将增强旅游企业在发达区域的服务效果效应和服务范围。

（3）形成新的都市圈旅游产业联盟

都市圈旅游产业联盟是都市圈旅游企业之间结成的互相协作和资源整合的合作模式类型，通常为确保合作区域旅游各方的市场优势，各旅游企业会在都市圈内寻求新的规模、标准、机能或定位，以应对共同的竞争者或将业务推向新领域等。区域旅游产业联盟成员可以是某一行业内的企业，也可以是同一产业链的各个组成部分的跨行业企业。联盟成员间通常无资本关联，各联盟成员地位平等，运作独立。

高速铁路线路带来的时空优势，为旅游产业内的企业联合创造了条件，由于旅游企业的联合，旅游产业联盟能在某一领域或区域内形成较大的合力和影响力，由此为联盟成员企业带来更新、更多、更实际的客户、市场和信息，推动企业发展自身核心业务，开拓核心业务市场。与企业并购等模式不同，旅游产业联盟的优势在于能以较低的风险形成较大的范围的旅游资源调配，为旅游企业的优势互补、发展空间的扩展、旅游产业或行业竞争力的提高等实现超常规发展。图5-4为高速铁路的都市圈旅游经济协调原理。

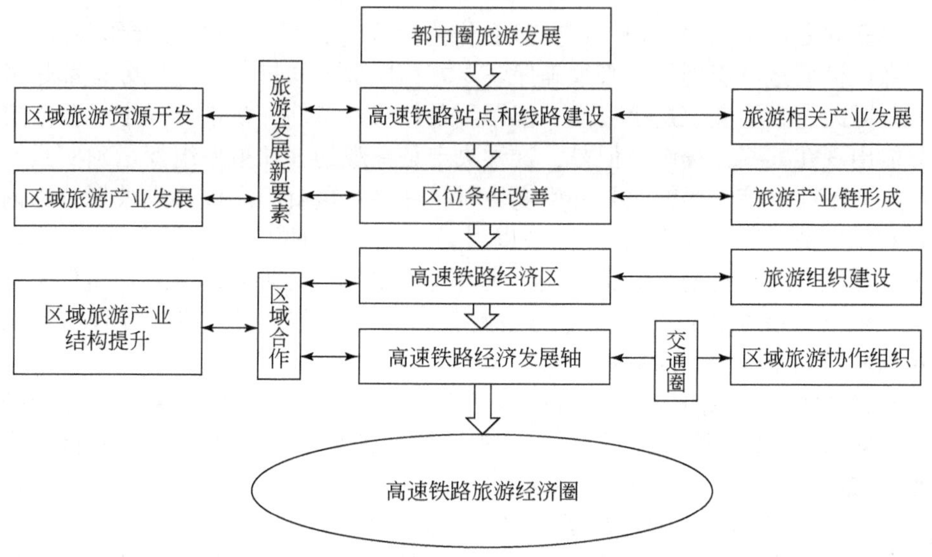

图5-4　高速铁路的都市圈旅游经济协调原理

高速铁路对都市圈旅游发展的作用过程，主要是借助在速度和效率方面的比较优势，以缩短时空距离、突破运输时效限制，提升高速铁路节点和沿线区域旅游人口、旅游要素的流动性和配置优势等为影响内容，形成高速铁路在旅游时间压缩、空间转换、资源整合、交通对接和产业合作等方面新的发展条件和机遇。

5.2 基于向量自回归的铁路交通与旅游发展动态关系实证分析

交通基础设施的完备性是衡量地方经济发展的重要标尺。交通成本和要素流动会导致空间经济结构形成和变化。新经济地理学理论认为区域集聚和扩散能力决定了经济的空间结构，而这两种竞争能力均受制于交通成本。交通是旅游目的地发展的基础性要素，直接影响旅游客源地和旅游目的地的空间结构，进而会影响区域旅游经营业绩。日本新干线的建设在短时间内使日本京滨、中京、阪神地区的经济联系得到加强，区域经济进入高速增长阶段；欧洲铁路网络的形成加强了欧洲国家间的交通联系和欧洲经济一体化进程。铁路网络功能分别通过各国特定的运输政策、人口分布、城市化进程、社会经济条件及各国自然条件、面积大小和疆域等发挥作用。

5.2.1 研究方法与指标数据

5.2.1.1 向量自回归模型

在联立方程模型中，把一些变量看作内生变量，另一些变量看作前定变量。为了保证模型是可识别的，必须确保联立方程模型中的每一个随机方程都是可识别的。因此，为了实现这个目的，依据阶条件或秩条件，常常要假定一些前定变量只能出现在某些方程中。但是，这种决定是主观的，如果一组变量确实具有相关性，但不能确信一些变量是外生变量时，这些变量就不应该事先被划分为内生变量和外生变量，而应该平等地加以对待。向量自回归（vector autoregression，VAR）模型，就是针对变量无法确定为外生变量时，一种新的多方程模型的分析方法。VAR 模型是指每个方程等号右侧有相同的变量，而这些在方程右侧的变量包括所有内生变量的滞后项。

VAR 模型可以用于分析和预测相互联系的多变量时间序列系统，分析随机干扰项对所探讨的经济系统的动态冲击，解释各种经济冲击对经济变量的影响（杜江，2015）。

(1) 简单的向量自回归模型

当我们对变量是否真是外生变量的情况不自信时，很自然的想法就是均等地对待每一个变量，把它们都看作内生变量。在两个变量的情况下，我们可以令 $\{Y_t\}$ 的时间路径受序列 $\{Z_t\}$ 的当期或过去的实际值的影响。考虑如下简单的双变量模型：

$$Y_t = b_{10} - b_{12}Z_t + \gamma_{11}Y_{t-1} + \gamma_{12}Z_{t-1} + \mu_{yt} \tag{5-1}$$

$$Z_t = b_{20} - b_{21}Y_t + \gamma_{21}Y_{t-1} + \gamma_{22}Z_{t-1} + \mu_{zt} \tag{5-2}$$

式中，假设：

a. Y_t和Z_t都是平稳的随机过程。

b. μ_{yt}和μ_{zt}为白噪声干扰项，即均值都为零，标准差分别为σ_y和σ_z。

c. 白噪声干扰项μ_{yt}和μ_{zt}不相关，$\text{Cov}(\mu_{yt}, \mu_{zt}) = 0$，即相互间的协方差为零。

因为最长的滞后长度为1，因此，方程（5-1）和方程（5-2）构成了一个1阶向量自回归模型，是一个最简单的向量自回归模型。这一简单的双变量1阶VAR模型，有利于阐述在后面所提到的多元高阶向量自回归模型。

由方程（5-1）和方程（5-2）构成的向量自回归模型，允许Y_t和Z_t相互影响，所以模型结构中结合了反馈因素。例如，b_{12}是1单位Z_t的变化对Y_t的影响，γ_{21}表示1单位Y_{t-1}的变化对Z_t的影响，μ_{yt}和μ_{zt}分别是Y_t和Z_t中的随机干扰项（或冲击，或脉冲）。因此，如果b_{21}不为零，则μ_{yt}通过影响Y_t的路径，对Z_t有一个间接的影响；如果b_{12}不为零，μ_{zt}同时对Y_t有一个间接的影响。

（2）结构式VAR模型和标准VAR模型

方程（5-1）和方程（5-2）并不是一个简约型方程。因为Y_t对Z_t有一个同时期的影响，而Z_t对Y_t也有一个同时期的影响，所以无法通过方程（5-1）或方程（5-2）导出简约型方程。但是，我们可以将由方程（5-1）和方程（5-2）构成的模型写成矩阵形式：

$$\begin{bmatrix} 1 & b_{12} \\ b_{21} & 1 \end{bmatrix} \begin{bmatrix} Y_t \\ Z_t \end{bmatrix} = \begin{bmatrix} b_{10} \\ b_{20} \end{bmatrix} + \begin{bmatrix} \gamma_{11} & \gamma_{12} \\ \gamma_{21} & \gamma_{22} \end{bmatrix} \begin{bmatrix} Y_{t-1} \\ Z_{t-1} \end{bmatrix} + \begin{bmatrix} \mu_{yt} \\ \mu_{zt} \end{bmatrix} \tag{5-3}$$

或

$$BX_t = \Gamma_0 + \Gamma_1 X_{t-1} + u_t \tag{5-4}$$

式中，

$$B = \begin{bmatrix} 1 & b_{12} \\ b_{21} & 1 \end{bmatrix};\ X_t = \begin{bmatrix} Y_t \\ Z_t \end{bmatrix};\ \Gamma_0 = \begin{bmatrix} b_{10} \\ b_{20} \end{bmatrix}$$

$$\Gamma_1 = \begin{bmatrix} \gamma_{11} & \gamma_{12} \\ \gamma_{21} & \gamma_{22} \end{bmatrix};\ u_t = \begin{bmatrix} \mu_{yt} \\ \mu_{zt} \end{bmatrix}$$

用B^{-1}左乘以方程（5-4），得到向量自回归模型的简约式。标准向量自回归模型如下：

$$X_t = A_0 + A_1 X_{t-1} + e_t \tag{5-5}$$

式中，$A_0=B^{-1}\Gamma_0$，$A_1=B^{-1}\Gamma_1$，$e_t=B^{-1}u_t$

我们定义a_{i0}为列向量A_0的第 i 个元素，a_{ij}为矩阵A_1中第 i 行第 j 列的元素，e_{it}为列向量e_t的第 i 个元素。于是，可以用等价形式把方程（5-5）改写为

$$Y_t=a_{10}+a_{11}Y_{t-1}+a_{12}Z_{t-1}+e_{1t} \tag{5-6}$$

$$Z_t=a_{20}+a_{21}Y_{t-1}+a_{22}Z_{t-1}+e_{2t} \tag{5-7}$$

由方程（5-1）和方程（5-2）所组成的模型同方程（5-6）和方程（5-7）所代表的模型的差异在于，前者被称为结构式向量自回归模型（SVAR）或原始系统，后者被称为标准型向量自回归模型或诱导系统。

一般的，我们可以在向量自回归模型中，包含很多变量，每个内生变量的滞后阶数扩展为高阶。假定有 k 个变量，滞后阶数为 p，则 p 阶结构向量自回归模型 SVAR(p) 为

$$BX_t=\Gamma_0+\Gamma_1X_{t-1}+\Gamma_2X_{t-2}+\cdots+\Gamma_pX_{t-p}+u_t \tag{5-8}$$

式中，

$$B=\begin{bmatrix} 1\ b_{12}\cdots b_{1k} \\ b_{21}\ 1\ \ldots b_{2k} \\ \vdots \\ b_{k1} \end{bmatrix};\ X_t=\begin{bmatrix} X_{1t} \\ X_{2t} \\ \vdots \\ X_{kt} \end{bmatrix};\ \Gamma_0=\begin{bmatrix} b_{10} \\ b_{20} \\ \vdots \\ b_{k0} \end{bmatrix}$$

$$\Gamma_i=\begin{bmatrix} \gamma_{11}^{(i)}\ \gamma_{12}^{(i)}\cdots\gamma_{1k}^{(i)} \\ \gamma_{21}^{(i)}\ \gamma_{22}^{(i)}\ \cdots\gamma_{2k}^{(i)} \\ \vdots\quad\vdots\quad\quad\vdots \\ \gamma_{k1}^{(i)}\ \gamma_{k2}^{(i)}\ \cdots\gamma_{k3}^{(i)} \end{bmatrix} i=1,\ 2,\ \cdots,\ p;\ u_t=\begin{bmatrix} \mu_{1t} \\ \mu_{2t} \\ \vdots \\ \mu_{zt} \end{bmatrix}$$

需要说明的是，Γ_i为内生变量向量X_t的滞后 i 期的前定内生变量向量X_{t-p}的系数矩阵。

用B^{-1}左乘以方程（5-8），得到 p 阶向量自回归模型的简约式。标准向量自回归模型如下：

$$X_t=A_0+A_1X_{t-1}+A_2X_{t-2}+\cdots+A_pX_{t-p}+e_t \tag{5-9}$$

式中，$A_0=B^{-1}\Gamma_0$；$A_p=B^{-1}\Gamma_i$，$i=1,\ 2,\ \cdots,\ p$；$e_t=B^{-1}u_t$。

事实上，模型（5-4）是结构向量自回归模型 SVAR（p）中的最简单形式。

5.2.1.2 协整检验

Engle 和 Granger（1987）指出，两个或多个非平稳时间序列的线性组合可能是平稳的。假如这样一种平稳的或 $I(O)$ 的线性组合存在，这些非平稳（有单位根）时间序列之间被认为是具有协整关系的。这种平稳的线性组合被称为协整方程，且可被解释为变量之间的长期均衡关系。

对于多个变量之间的协整关系，Johansen（1988）、Johansen 和 Juselius（1990）提出了一种极大似然法进行检验的方法，通常为 Johansen 检验。在进行 Johansen 检验时，需要对各个变量进行单位根检验。

5.2.1.3 脉冲响应函数

脉冲响应函数表达的是内生变量对自己或其他内生变量变化的反应。

乘数-加速度宏观经济计量模型是一个由 3 个方程构成的模型。

$$C_t = \alpha_0 + \alpha_1 Y_{t-1} + \mu_{ct} \tag{5-10}$$

$$I_t = \beta_0 + \beta_1 (Y_{t-1} - Y_{t-2}) + \mu_{it} \tag{5-11}$$

$$Y_t = C_t + I_t + G_t \tag{5-12}$$

现在，考察随机干扰项μ_{ct}和μ_{it}的变化对模型产生的影响。首先，根据方程（5-10），μ_{ct}的变化将立即影响消费，通过方程（5-12）也会影响收入，其结果就会通过方程（5-11）很快影响未来的投资。随着时间的推移，随机干扰项的最初影响在模型中逐步扩散，将会影响模型中其他内生变量，使之变化可能更大。同样的原理，μ_{it}的变化将立即直接影响投资，进而影响收入，最终在未来影响消费，也影响投资。

脉冲响应就是试图描述随机干扰项对内生变量的影响轨迹。如果可以的话，我们很想分辨各内生变量的扰动，从而使我们能够准确确定一个变量的意外变化是如何影响模型中其他内生变量的。如果模型是线性的，并且不同随机方程中的随机行为是相互独立的，这一点是可以做到的。

为了便于阐述，继续采用双变量 1 阶 VAR 模型：

$$Y_t = a_{10} + a_{11} Y_{t-1} + a_{12} Z_{t-1} + e_{1t} \tag{5-13}$$

$$Z_t = a_{20} + a_{21} Y_{t-1} + a_{22} Z_{t-1} + e_{2t} \tag{5-14}$$

把双变量 VAR 模型写成矩阵的形式为

$$\begin{bmatrix} Y_t \\ Z_t \end{bmatrix} = \begin{bmatrix} a_{10} \\ a_{20} \end{bmatrix} + \begin{bmatrix} a_{11} & a_{12} \\ a_{21} & a_{22} \end{bmatrix} \begin{bmatrix} Y_{t-1} \\ Z_{t-1} \end{bmatrix} + \begin{bmatrix} e_{1t} \\ e_{2t} \end{bmatrix} \tag{5-15}$$

应用 1 阶 VAR 模型稳定时的特解，我们可得到：

$$\begin{bmatrix} Y_t \\ Z_t \end{bmatrix} = \begin{bmatrix} \bar{Y} \\ \bar{Z} \end{bmatrix} + \sum_{i=0}^{\infty} \begin{bmatrix} a_{11} & a_{12} \\ a_{21} & a_{22} \end{bmatrix} \begin{bmatrix} e_{1t-i} \\ e_{2t-i} \end{bmatrix} \tag{5-16}$$

方程（5-16）是用序列 $\{e_{1t}\}$ 和 $\{e_{2t}\}$ 来表示内生量Y_t和Z_t的，由于误差向量为

$$\begin{bmatrix} e_{1t} \\ e_{2t} \end{bmatrix} = \frac{1}{1 - b_{12} b_{21}} \begin{bmatrix} 1 & -b_{12} \\ -b_{21} & 1 \end{bmatrix} \begin{bmatrix} \mu_{yt} \\ \mu_{zt} \end{bmatrix} \tag{5-17}$$

结合方程（5-16）和方程（5-17），用序列 $\{\mu_{yt}\}$ 和 $\{\mu_{zt}\}$ 把方程（5-17）再次

改写为

$$\begin{bmatrix} Y_t \\ Z_t \end{bmatrix} = \begin{bmatrix} \bar{Y} \\ \bar{Z} \end{bmatrix} + \frac{1}{1 - b_{12} b_{21}} \sum_{i=0}^{\infty} \begin{bmatrix} a_{11} & a_{12} \\ a_{21} & a_{22} \end{bmatrix} \begin{bmatrix} 1 & -b_{12} \\ -b_{21} & 1 \end{bmatrix} \begin{bmatrix} \mu_{yt-i} \\ \mu_{zt-i} \end{bmatrix} \tag{5-18}$$

显然方程（5-18）是一个移动平均表达式，是有深刻见解的。

为了使用更为方便，定义 2×2 的矩阵Φ_i对其简化，矩阵的元素表示为$\Phi_{jk}(i)$,的定义为

$$\Phi_{jk(i)} = \frac{A_1^i}{1-b_{12}b_{21}} \begin{bmatrix} 1 & -b_{12} \\ -b_{21} & 1 \end{bmatrix} \tag{5-19}$$

因此，方程（5-18）的移动平均表达式可用序列 $\{\mu_{yt}\}$ 和 $\{\mu_{zt}\}$ 描述：

$$\begin{bmatrix} Y_t \\ Z_t \end{bmatrix} = \begin{bmatrix} \bar{Y} \\ \bar{Z} \end{bmatrix} + \sum_{i=0}^{\infty} \begin{bmatrix} {}_{11}(i) & {}_{12}(i) \\ {}_{21}(i) & {}_{22}(i) \end{bmatrix} \begin{bmatrix} \mu_{yt-i} \\ \mu_{zt-i} \end{bmatrix} \tag{5-20}$$

或更紧凑的形式为

$$X_t = \mu + \sum_{i=0}^{\infty} \mu_{t-i} \tag{5-21}$$

移动平均表达式是一种解释序列 $\{Y_t\}$ 与 $\{Z_t\}$ 相互作用的极其有用的工具，Φ_i的系数能够被用于构造μ_{yt}和μ_{zt}脉冲对序列 $\{Y_t\}$ 与 $\{Z_t\}$ 的整个时间路径所产生的影响。

事实上，式（5-21）是式（5-20）的矩阵形式。在式（5-19）中$\Phi_{jk}(i)$(j=1，2；k=1，2;i=0，1，…，∞）是效应乘数。例如，系数$\Phi_{12}(0)$ 是指 1 单位μ_{yt}的变化对Y_t产生的当期影响。同样，$\Phi_{11}(1)$ 和$\Phi_{12}(1)$ 是 1 单位μ_{yt-1}和μ_{zt-1}的变化使得Y_t在 1 个时期后的响应。修正 1 期为$\Phi_{11}(1)$ 和$\Phi_{12}(1)$，也表示了μ_{yt}和μ_{zt}的 1 个单位变化对Y_{t+1}产生的影响。

μ_{yt}和（或）μ_{zt}的单位脉冲的累积效果，是通过对脉冲响应函数的系数的恰当加总获取的。例如，在 n 期后，μ_{zt}对Y_{t+n}的值的影响是$\Phi_{12}(n)$。因此，在 n 期后，μ_{zt}对序列 $\{Y_t\}$ 影响的累积和为

$$\sum_{i=0}^{\infty} \Phi_{12}(i) \tag{5-22}$$

令 n 趋于无穷大，得到长期乘数。因为假定序列 $\{Y_t\}$ 与 $\{Z_t\}$ 是平稳的，所以，对于所有的 j 和 k，满足

$$\sum_{i=0}^{\infty} \Phi_{jk}(i) \text{ 是有限的} j,\ k = 1,\ 2 \tag{5-23}$$

系数$\Phi_{11}(i)$、$\Phi_{12}(i)$、$\Phi_{21}(i)$ 和$\Phi_{22}(i)$ 被称为脉冲响应函数。对脉冲响应函数进行描图［即描绘出不同 i 的$\Phi_{kj}(i)$ 的系数］是展现 $\{Y_t\}$与$\{Z_t\}$对各种冲击的响应行为的实际方法。

如果随机干扰项恰好相关，则脉冲响应将取决于模型中方程的先后次序。不管怎样，脉冲响应显示出任何一个内生变量的变动是如何通过模型影响所有其他内生变量，最终又反馈到最初的那个变量自己身上来的。

脉冲响应函数（impulse response function）是考察系统内每个变量对其他变量的冲击反应，它计算了在初期给某一变量一个冲击时，系统内所有内生变量的当前值和未来值对这一冲击的反应度。

任何一个 VAR 模型都可以表示成为一个无限阶的向量 MA（∞）过程。

$$y_{t+s} = U_{t+s} + \Psi_1 U_{t+s-1} + \Psi_2 U_{t+s-2} + \cdots \tag{5-24}$$

$$\Psi_s = \frac{\partial Y_{t+s}}{\partial U_t} \tag{5-25}$$

Ψ_s 中第 i 行第 j 列元素表示的是令其他误差项任何时期都不变的条件下，当第 j 个变量 y_{jt} 对应的误差项 u_{jt} 在 t 期受到一个单位的冲击后，对第 i 个内生变量 y_{jt} 在 $t+s$ 期造成的影响。把 Ψ_s 中第 i 行第 j 列元素看做是滞后期 s 的函数

$$\frac{\partial y_{i,t+s}}{\partial u_{j,t}},\ s=1,\ 2,\ 3\cdots \tag{5-26}$$

式（5-26）称作脉冲响应函数，描述了其他变量在 t 期以及以前各期保持不变的前提下，$y_{i,t+s}$ 以 $u_{j,t}$ 时一次冲击的响应过程。

5.2.1.4 方差分析

脉冲响应函数能够捕捉到一个变量的冲击因素对另一个变量的动态影响路径，而方差分解可以将 VAR 系统中的一个变量的方差分解到各个扰动项上。因此方差分解提供了关于每个扰动因素影响 VAR 模型内各个变量的相对程度。

5.2.2 研究概况

铁路交通对经济尤其是旅游发展的冲击效应一直以来都是地理学者、经济学者等研究和评价的热点问题。现阶段中国高速铁路线路建设全面铺开，铁路建设对区域经济、旅游发展的影响更需要准确评价。Demurger（2001）用两阶段最小二乘估计方法验证了交通基础设施对经济增长的影响。胡鞍钢和刘生龙（2009）、武旭等（2005）、任民（2009）等采用数据 DEA、对数生产函数模型验证了交通运输对中国经济发展的外部溢出效应问题、铁路运输与社会经济的协调发展问题、铁路建设的经济效益问题。金凤君等（2003）用拓扑网络分析法描述了铁路客运提速的空间经济效果。但对铁路与旅游经济发展关系的研

究目前学者仍多采用定性描述和部分定量分析为主。吴康等（2013）分析了京津城际高铁影响下的跨城流动空间特征；郭吉安（2012）研究了武广高速铁路的旅游经济影响问题等。已有这些研究缺乏对铁路建设与旅游经济发展关系的动态分析与测度。

本书尝试利用协整理论分析铁路投入与旅游总收入之间关系的平稳性，通过脉冲响应函数 VAR 模型和预测方法研究中国铁路交通投入与旅游业经济指标之间的关系变化，在此背景下理出高速铁路条件下我国旅游业各要素的发展趋势和两者相互促进的重要政策导向。VAR 模型将系统中每一个内生变量作为系统中所有内生变量滞后值的函数来构造模型，从而形成多元时间序列变量组成的向量自回归模型，VAR 模型常不预先设定变量间的因果关系，因而不带有任何事先约束条件，体现了“一视同仁”的思想，在分析多个相关经济指标上具有独特优势，常被用于评估联合内生变量的动态关系。

本书期望利用 1996 ~ 2013 年铁路发展指标和旅游业发展指标数据，研究如下问题：①铁路建设与旅游业发展的相互影响关系；②铁路建设与旅游业发展的互动程度；③两者有益互促的政策建议。

5.2.3 指标选择与数据来源

在进行铁路运输与经济协调发展关系评价中，铁路运输系统的评价指标应当是一套能够评价铁路运输系统发展状况和特征的指标群体。

结合铁路的经济效应和研究需要，选择铁路交通影响旅游业的主要技术指标：①柯布–道格拉斯生产函数表明劳动力和生产投资是经济发展最不可缺少的两大要素，选择描述铁路基础设施未来前景的铁路建设投资（railway construction investment，RCI）指标；②选择描述铁路交通可达程度的铁路运营里程（railway operating mileage，ROM）指标；③金凤君等（2003）认为铁路客运系统的优化迅速改善了中国城市间的联系，是经济快速发展主要表象，直观效果是时间花费的减少，因而选择描述铁路基础设施服务质量的列车旅行时速（train travel speed，TTS）指标；④交通基础设施对经济发展的直接影响是经济发展效益的提升，因此旅游业发展指标选择从整体上反映旅游业发展状况的旅游总收入（total income of tourism，TIT）指标。

本章研究数据来源于《中国交通年鉴》（1997 ~ 2014 年）、《中国旅游统计年鉴》（1997 ~ 2013 年）、《全国铁路统计年鉴》（2007 年）。

在实际分析时采用各变量的对数值，以保证数据的平稳性。对数据进行对数化处理不会改变时序数据的特征。

5.3　研究结果分析

5.3.1　协整检验

由各指标的线性图可看出各指标数据有一定的时间趋势和季节波动，说明铁路建设投资额、铁路营运里程、旅客列车平均时速、旅游业收入等数据有可能是非平稳的，需要首先对其进行单位根检验。本节采用 ADF（augmented dickey fuller test）方法确定变量的平稳性，结果见表 5-1。

表 5-1　序列的 ADF 检验结果

变量	检验类型	ADF 值	10% 临界值	结论
LNTIT	(c，t，0)	-1.811	-3.298	不平稳
LNRCI	(c，t，0)	-2.049	-3.310	不平稳
LNROM	(c，t，0)	-2.363	-3.298	不平稳
LNTTS	(c，t，0)	-3.144	-3.298	不平稳
ΔLNTIT	(c，t，1)	-5.982***	-3.310	平稳
ΔLNRCI	(c，0，1)	-2.979*	-2.673	平稳
ΔLNROM	(c，t，1)	-3.677*	-3.310	平稳
ΔLNTTS	(c，t，1)	-4.231**	-3.325	平稳

注：检验类型（c，t，k）分别表示单位根检验中是否含有常数项 c、时间趋势项 t 及滞后除数 k，其中，滞后阶数按 AIC 及 SC 准则确定。* 表示通过 10% 的显著水平，** 表示通过 5% 的显著水平，*** 表示通过 1% 的显著水平。

由表 5-1 可知变量 TIT、RCI、ROM、TTS 序列都是非平稳的，经过一阶差分后均变成了平稳序列，即都是 $I(1)$ 的序列。

在此基础上进行协整检验。为了分析旅游总收入 TIT 与铁路建设投资 RCI、铁路运营里程 ROM、列车旅行时速 TTS 之间是否存在长期均衡关系，对变量进行回归 OLS 估计，旅游总收入 TIT 为被解释变量，铁路建设投资 RCI、铁路运营里程 ROM、列车旅行时速 TTS 为解释变量，估计方程如下：

$$\mathrm{LNTIT}=0.244\ \mathrm{LNRCI}+1.829\ \mathrm{LNROM}+1.167\ \mathrm{LNTTS}-18.127$$

$R^2=0.964$，调整后的 $R^2=0.956$，$F=123.641$，Prob. $=0.000$。

对估计残差进行单位根检验，检验类型为无常数项和时间趋势项，根据 SIC 准则确定滞后阶数，其残差序列的单位根检验结果如表 5-2 所示。

表 5-2 残差序列的单位根检验

		T 统计量	P 值检验
增广迪基-福勒检验（augmented Dickey-Fuller test，ADF）		-4. 681	0. 0023
检验关键值	1%	-3. 920	
	5%	-3. 066	
	10%	-2. 673	

根据 Johansen 协整检验法，检验结果为 ADF 值为-4. 681，小于 1% 显著水平上的临界值-3. 920，表明 TIT 和 RCI、ROM、TTS 在 1% 的显著性水平上拒绝了原假设，残差不存在单位根，是平稳序列，旅游总收入 TIT 和铁路建设投资 RCI、铁路运营里程 ROM、列车旅行时速 TTS 具有长期的协整关系。

5. 3. 2 脉冲响应函数分析

模型的时间序列变量均通过平稳性检验，旅游总收入与 4 个铁路经济指标之间存在着长期的均衡关系，运用脉冲响应函数作进一步解释。

5. 3. 2. 1 铁路基础设施对旅游业发展的脉冲响应

表 5-3 是铁路基础设施指标对旅游总收入的脉冲结果。图 5-5 ~ 图 5-7 是基于 VAR 模型和渐近解析法模拟，由乔利斯基转换的脉冲响应函数曲线。冲击响应期默认为 10 期。横轴代表响应函数的追踪期数（年），纵轴表示因变量（旅游总收入）对解释变量（经济指标）的响应程度（增长率）。

表 5-3 铁路基础设施指标对旅游总收入的脉冲结果

冲击反应期	ΔLNRCI to ΔLNTIT	ΔLNROM to ΔLNTIT	ΔLNTTS to ΔLNTIT
1	0. 000	0. 000	0. 000
2	-0. 005	0. 022	-0. 053
3	-0. 014	-0. 030	-0. 014
4	0. 044	0. 014	0. 041
5	0. 003	-0. 029	-0. 028
6	-0. 037	-0. 040	0. 004
7	0. 001	0. 011	0. 010
8	0. 005	0. 017	-0. 008

续表

冲击反应期	ΔLNRCI to ΔLNTIT	ΔLNROM to ΔLNTIT	ΔLNTTS to ΔLNTIT
9	0. 009	0. 021	0. 006
10	0. 004	0. 008	-0. 002
累积	0. 010	-0. 006	-0. 044

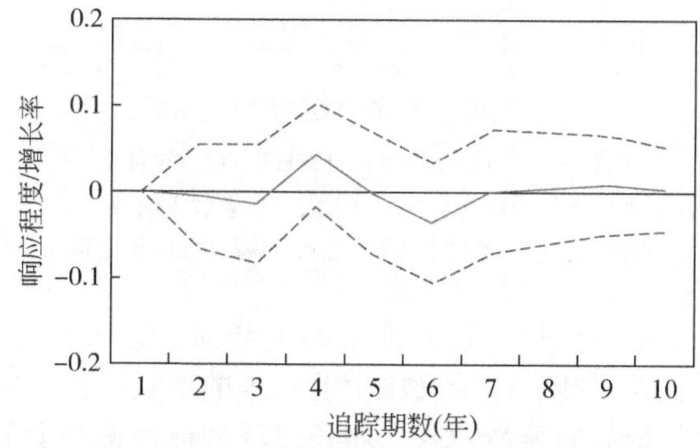

图 5-5 ΔLNTIT 对 ΔLNRCI 的脉冲响应

注：图中实线表示铁路建设投资对旅游总收入的冲击反应，
虚线为响应函数增长率加或减 2 倍标准差的置信带。

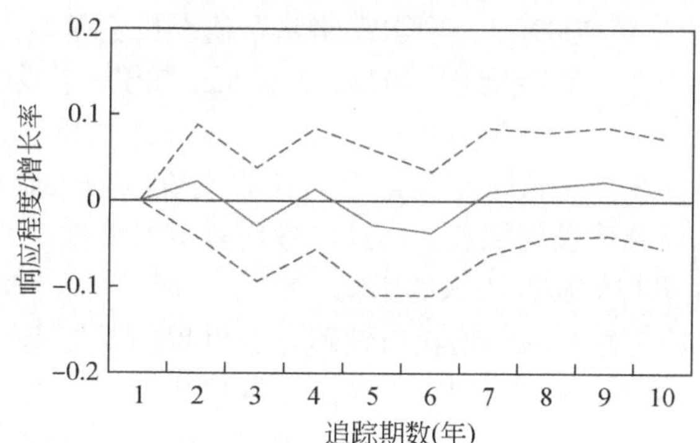

图 5-6 ΔLNTIT 对 ΔLNROM 的脉冲响应

注：图中实线表示铁路营业里程对旅游总收入的冲击反应，
虚线为响应函数增长率加或减 2 倍标准差的置信带。

（1）铁路建设投资对旅游业总收入的影响

图 5-5 反映了旅游总收入的增长对铁路建设投资的增长率冲击的响应。响应图整体呈现波浪式变动趋势，首期冲击为负，但从第 4 期、第 5 期形成正响应，虽然第 6 期为负响应，但后期旅游总收入的增长对铁路建设投资的增长率冲击一

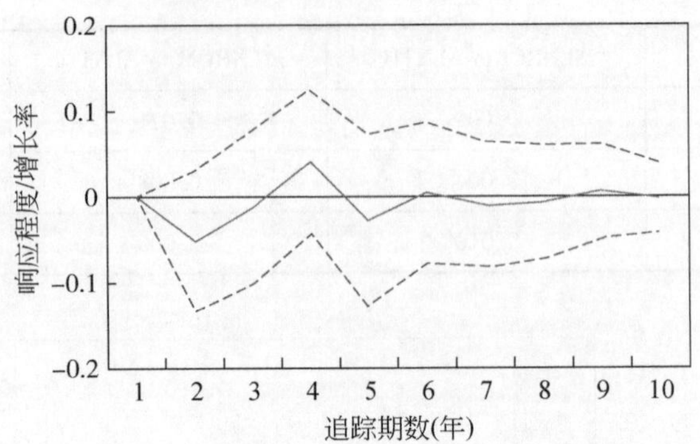

图 5-7　ΔLNTTS 对 ΔLNTIT 的脉冲响应

注：图中实线表示列车旅行速度对旅游总收入的冲击反应，
虚线为响应函数增长率加或减 2 倍标准差的置信带。

直保持幅度较小的正响应。第 4 期为冲击的高峰期。这一特征的经济意义表明，铁路建设投资的增长并不能持续推动旅游业收入的增长，到一定程度，旅游铁路建设投资的增长率的提高对旅游总收入增长过程的促进速度会放缓，但总体是起推动作用。这一趋势同时说明，交通投资量的效用价值是有限度的，作为资本投入的交通投资与其他生产性投资会因为存在此消彼长的关系而使其对经济增长的促进速度放缓。2005 年我国铁路基本建设投资为 880. 18 亿元，2006 年投资增长了近 2 倍，从 2007 年至 2009 年，中国铁路基本建设投资基本上保持近一倍的年增长率，到 2010 年这一数字已达 7074. 59 亿元。2012 年投资有所减缓，为 5215. 46亿元，2013 年又增长到 6638 亿元。“十一五”期间相比与“十五”时期，投资额增长了 6. 3 倍，铁路基本建设的膨胀期难以带来旅游业的同步繁荣，同时由于铁路基础设施建设周期长，其经济效应具有时滞性。

（2）铁路营业里程对旅游收入的影响

图 5-6 反映了旅游总收入的增长对铁路营业里程的增加率冲击的响应。响应图整体呈现阶段性的增长特征。第 1 期至第 6 期以负响应为主，偶尔保持较弱的正响应。但从第 7 期开始以正响应为主，且冲击力强度连续增强。这一响应值在第 8 期和第 9 期最为明显，幅度分别为 1. 7% 和 2. 1% 。这一特征说明，前 6 期铁路营业里程的增加率未形成旅游收入增长的正响应，但从第 7 期开始，旅游总收入的增长对铁路营业里程的增加率冲击的响应越来越明显。

（3）铁路客运时速对旅游收入的影响

图 5-7 反映了旅游总收入的增长对铁路客运时速的增加率冲击的响应。响应图前 4 期保持增长趋势，但从第 5 期开始，旅游总收入的响应开始下降，但第 5 期到第 7 期仍然呈现增长趋势。从整体来看，旅游总收入的增长对铁路客运时速

的增加率冲击的响应峰值出现在第 4 期，为 4.1%。旅游总收入的增长对铁路客运时速的增加率冲击响应水平不太明显，说明旅游总收入的增长率因为铁路客运时速的增加率的提高而保持同步甚至略高的增加优势。自 1997 年以来，中国铁路经历了 6 次大提速。旅客列车运行时速的提高是铁路基础设施服务质量提高的重要标志之一。列车时速的提升促进了区域经济增长，提速的时间价值尤其显著体现在旅游业上，有研究表明 1997 ~ 2005 年，京广线和京沪线的提速使沿途站点城市人均 GDP 增长率提高了约 3.7%。1995 年与 2002 年的客运网络连通性比较评价表明铁路客运提速直接产生“空间”收敛，压缩了 1/5 的“空间”。

5.3.2.2　旅游业发展对铁路建设的脉冲响应

旅游总收入对铁路交通指标的脉冲结果如表 5-4 所示。图 5-8 ~ 图 5-10 反映了旅游总收入对铁路基础设施指标的脉冲。图 5-8 表明旅游总收入增长率对铁路建设投资增长率的脉冲是正负向脉冲交替出现的，其中第 4 期为正向脉冲的峰值期，为 12.4%。图 5-9 表明铁路旅游总收入的增加对运营里程增长的脉冲情况，第 2 期到第 8 期以正影响为主，第 9 期和第 10 期，正负向影响程度均较小。图 5-10 表明旅游总收入的增加对列车运行时速增加的脉冲情况，整体趋势呈现“S 型”变化，在第 3 期时达到最高变化值 0.008，第 4 期时达到最低变化值 -0.010，到第 6 期时两指标逐渐趋于稳定一致的变化趋势，说明过去二十年来中国迅猛扩展的国际和国内旅游流虽然对旅游交通产生极大的需求和压力，但传统铁路的投资、建设并未产生配套的回应。

表 5-4　旅游总收入对铁路交通指标的脉冲

冲击反应期	ΔLNTIT to ΔLNRCI	ΔLNTIT to ΔLNROM	ΔLNTIT to ΔLNTTS
1	-0.048	-0.031	-0.011
2	0.102	0.009	-0.004
3	0.063	0.008	0.008
4	0.124	-0.013	-0.010
5	-0.073	0.001	0.001
6	-0.062	0.005	0.000
7	-0.006	0.006	-0.001
8	-0.020	0.001	0.002
9	0.017	-0.004	-0.001
10	0.021	-0.002	0.001
累积	0.118	-0.020	-0.015

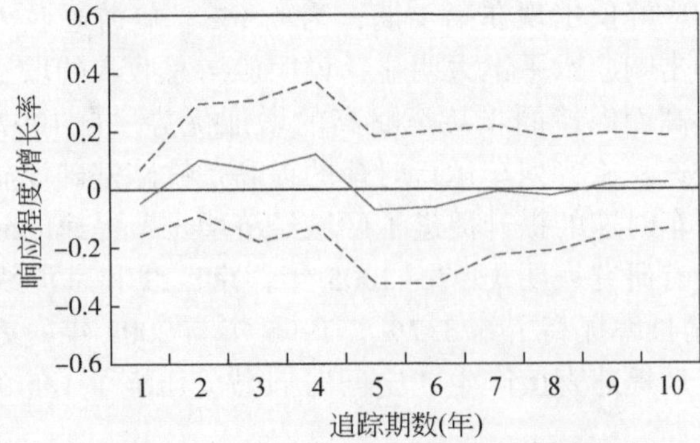

图 5-8　ΔLNRCI 对 ΔLNTIT 的脉冲响应

注：图中实线表示旅游总收入对铁路建设投资的冲击反应，虚线为响应函数增长率加或减 2 倍标准差的置信带。

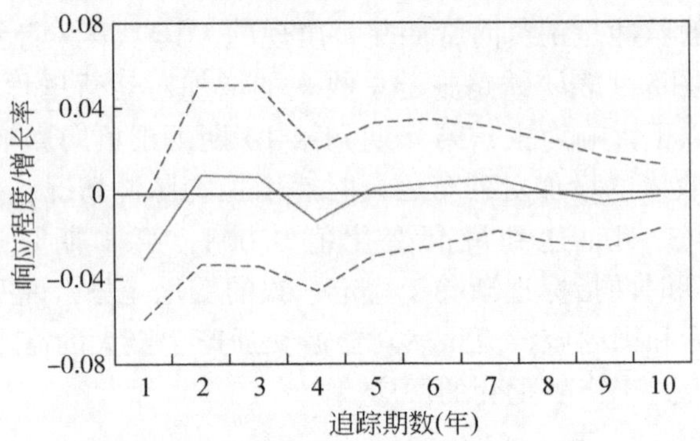

图 5-9　ΔLNROM 对 ΔLNTIT 的脉冲响应

注：图中实线表示旅游总收入对铁路营业里程的冲击反应，虚线为响应函数增长率加或减 2 倍标准差的置信带。

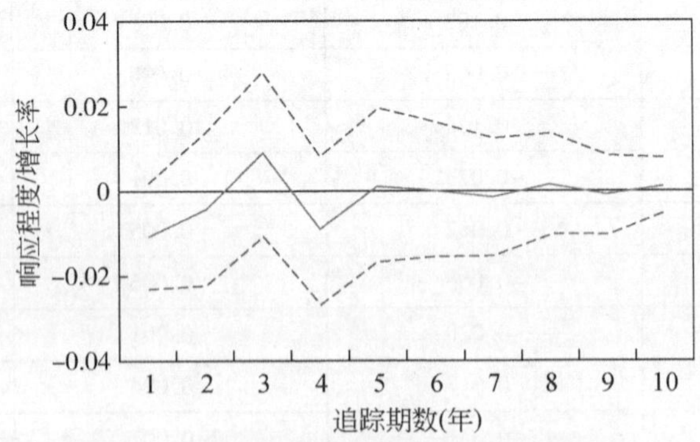

图 5-10　ΔLNTTS 对 ΔLNTIT 的脉冲响应

注：图中实线表示旅游总收入对列车旅行速度的冲击反应，虚线为响应函数增长率加或减 2 倍标准差的置信带。

5.4 方差分解

脉冲响应函数解释了各变量对特定的冲击响应的符号及响应的幅度，方差分解能够比较不同冲击对某一特定变量的响应程度。为此，利用方差分解技术进行分解，以确定每个变量冲击的相对重要性（表5-5）。

表5-5 ΔLNTIT的方差分解

周期	误差的标准差（S. E.）	ΔLNTIT	ΔLNROM	ΔLNRCI	ΔLNTTS
1	0.104	100.000	0.000	0.000	0.000
2	0.121	77.342	3.352	0.171	19.136
3	0.139	76.169	7.223	1.218	15.391
4	0.160	67.198	6.146	8.474	18.182
5	0.167	63.894	8.763	7.844	19.499
6	0.179	59.296	12.547	11.095	17.062
7	0.180	59.192	12.713	10.940	17.154
8	0.181	58.496	13.479	10.900	17.126
9	0.183	57.642	14.567	10.908	16.882
10	0.183	57.494	14.732	10.927	16.848

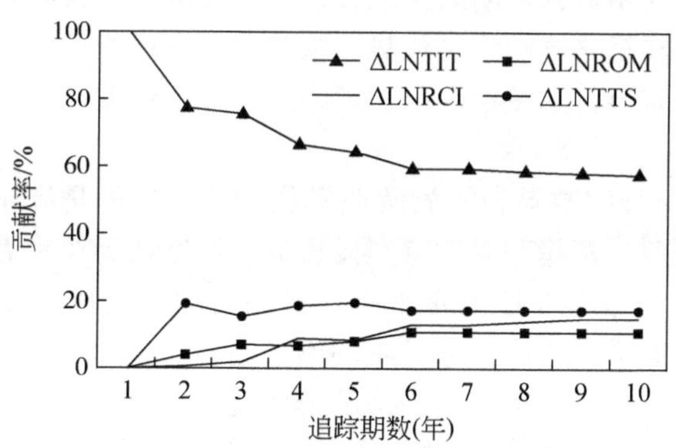

图5-11 铁路交通变量指标增长对旅游总收入增长的贡献率

图5-11反映了3个变量增长率的冲击对旅游总收入TIT增长的动态影响路径。由输出结果可知，LNTIT的预测误差初期来自于自身贡献，到第2阶段除自身贡献以外，列车运行时速（TTS）的影响最大，贡献率为19.14%。从第2期开始，铁路运营里程（ROM）和铁路建设投资（RCI）的贡献率都一直保持在较

低且较为稳定的增长。铁路运营里程（ROM）指标在第10期为峰值期，贡献率为14.732%。

由输出结果分析可知：①“铁路运营里程”指标对“旅游收益”的增长具有显著且持续的促进作用；②“铁路建设投资”可能改善旅游者出行的硬环境和软环境，为铁路交通吸引更多的旅游者客源，从而促进旅游业收益的提高，但这一指标影响的滞后性和饱和度可能会限制其对旅游产业的进一步推动；③在列车运行时速较低，且提速幅度较小的条件下，列车运行时速对旅游经济发展的促进作用也较为有限。

5.5 结论与讨论

5.5.1 结论

1）中国铁路交通发展特征指标与旅游业发展指标之间存在较为稳定的长期动态关系。旅游总收入的增长对铁路建设投资的增长率冲击的响应具有波动性，由于基础设施建设投资具有时滞性，多数冲击期铁路建设投资的增长并不能带来同比例的旅游收益增长。旅游总收入的增长对铁路营业里程的增加率冲击的响应整体保持以增长为主，偶尔下降的趋势，说明铁路营业里程要素对旅游业发展有促进作用。而旅游业发展指标对铁路发展指标中的列车运行时速较为稳定的正响应，但响应水平不太明显，说明旅游总收入的增长率因为铁路客运时速的增加率的提高而保持同步甚至略高的增加优势。铁路建设发展指标对旅游业发展指标冲击的响应分析表明旅游业的发展会引起铁路建设过程的波动性，但影响效应具有不确定性。

2）进一步方差分解结果表明旅游业发展的动力首先是源于自身，其次源于列车运行时速、铁路运营里程和铁路建设投资，可以认为对现有旅游产品进行结构调整和创新，提升旅游业服务水平是促进旅游业发展的主要方向，在此基础上，旅游业发展需要借助铁路交通设施的不断完善，包括铁路交通的信息化等来实现更快速发展。同时，铁路交通网络的全面覆盖、铁路网络的延伸和拓展是地方旅游产业提升和区域旅游合作的重要条件。列车运行时速指标的分析表明自1997年第一次列车大提速以来，列车运行时速对旅游业发展的影响一直保持较为平稳的正向影响，但影响程度小，这与几十年来列车提速的幅度较小有关，但随着我国高速铁路建设日新月异，在铁路建设后期，随着路网效应、信息化效应、时空效应等的逐渐形成，旅游业发展将会从中获取更多的发展机遇。

5.5.2 讨论

1）铁路建设与旅游业发展之间关系是动态且均衡的，也是相互促进的。交通运输既是区域发展的结果，也是区域发展的原因。结合分析过程，政策性建议如下：一方面，近几年来，中国铁路投资进行跨越式增长阶段，高铁建设日新月异，在铁路建设后期，随着路网效应、信息化效应、时空效应等的逐渐形成，旅游业发展应积极进行产品升级和产业提升，以从高铁快速发展得获取更多发展机遇；第二，随着旅游业成为国家支柱性战略发展产业，铁路规划和建设应积极与经济发展中的优势产业结合，实现规划和发展从实质到内容的一体化，铁路交通规划的基础要充分反映规划区域内交通运输与旅游经济发展状况的拟合程度，以实现铁路资源和设施在有限区域空间结构范围内的合理配置。

2）铁路交通设施发展要素从可达性、及时性和可持续性等方面直接影响着旅游者、旅游行业，从而影响到旅游收益。前期铁路交通对旅游经济发展具有影响力，但其促进作用非常有限，未来高速铁路交通将对旅游业的发展产生全面影响。高速铁路对旅游业发展的空间特征、经济效益等的影响需要有待更精确和更全面的方法进行测度和评价。

从铁路运营里程的增长来看，2011 年中国铁路运营里程达到 9.76 万 km，人均 0.73 km/万人，相比 1980 年增长了 50%，但与世界发达国家同期相比，仍然差距较大，2011 年美国铁路网密度为 7.38 km/万人，俄罗斯为 6.01 km/万人。

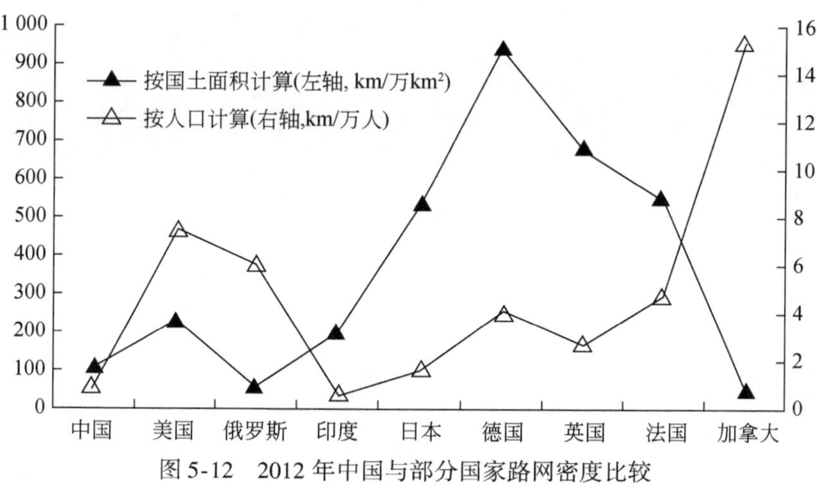

图 5-12　2012 年中国与部分国家路网密度比较

从列车运行时速来看，虽然从1997年以来中国铁路进行了6次大提速，但每次提速的幅度较小，1997年首次提速由1993年的时速48.1 km，提高到时速54.9 km，到2012年时速提高到70.8 km，相比于铁路建设投资额每年成倍增长的势头，列车运行时速17年来仅提速47.2%，因此对旅游业的影响程度不显著。

6 都市圈铁路交通网络空间结构评价研究——以京津冀都市圈为例

本章在京津冀区域现有铁路网和出行列车状况的基础上，借助城市规划的空间句法模型和社会网络结构分析法，对京津冀区域铁路交通网络的空间结构和社会网络特征进行分析，最终总结其在实践运行中存在的问题，为区域经济发展与交通规划的有效整合提供科学参考。

6.1 引　　言

交通设施作为都市圈经济发展的先行和基础，为区域合作、区域要素集聚提供便利条件。加快构筑现代化的区域综合交通网络体系，尽快形成联系区域内主要城市间的快速交通大通道主骨架，是经济一体化最重要的基础。轨道交通具有经济、环保等优点，是人们城际出行的重要选择。受首都区位的影响，京津冀区域交通客流量占全国交通客流总量的比重相对较高，2005 年为 5.1%，2006 年为 4.81%，2007 年为 5.02%。其中京津冀区域公路、铁路和水路 3 类旅客交通出行方式中，铁路出行方式被选择的比重较高且相对稳定。

国家“十一五”规划中的主体功能区规划将京津冀地区列入优化开发区域，并从国家战略角度将其定位为提升国家竞争力的重要区域、全国重要的人口和经济密集区、带动全国经济社会发展的龙头。京津冀都市圈的核心内容是促进京津冀区域城市的和谐发展，谋求建立在一个较大区域范围内 13 个城市和谐对话的机制。京津冀都市圈区域范围包括：北京、天津两直辖市和秦皇岛市、唐山市、廊坊市、保定市、石家庄市、沧州市、张家口市、承德市。基于区域研究内容的完整性和协调性，本书将研究范围扩展到北京市、天津市和河北省所辖的 11 个地级市，即增加了衡水市、邯郸市和邢台市。京津冀区域近十年来一直是学者们研究的重要区域，国内学者从区域战略及规划、区域发展现状、区域空间结构、区域产业合作、旅游发展定位等多方面对其进行过全面深入的研究，但从空间结构和社会网络结构对区域铁路交通条件进行评价的成果较少。

本章以京津冀都市圈为案例地，通过空间句法模型指标，以城市节点间铁路距离里程为主要数据，评价京津冀都市圈铁路网络规划的合理性，并比较高速铁路开通后京津冀都市圈铁路网络特征变化；借助社会网络分析法通过城际间列车联结次数，比较评价高速铁路开通后13个城市节点间联系的密切度及其变化。

6.2 研究方法分析

6.2.1 指标选择

已有的空间句法模型主要应用于城市内部。从空间整体上把握京津冀城市群，研究此区域13个城市节点特征，对实现区域一体化和区域可持续发展具有重要意义。本章以京津冀都市圈为背景，在京津冀区域一体化基础上选择连接值、控制值、平均深度值、集成度等指标，假设区域铁路线为轴线，城市为节点，对京津冀区域铁路网络空间特征进行评价。

据图论的基本原理，对轴线或特征点各自的空间可达性进行拓扑分析，最终产生一系列的空间连接逻辑分析变量：

（1）连接度（C）

$C_i=k$（k为与节点i直接联系的节点个数），表示与一个空间单元直接相连的空间数目。

（2）控制值（Ctrl）

$$\mathrm{Ctrl}_i=\sum_{j=1}^{k}\frac{1}{c_i} \tag{6-1}$$

表示一个空间对与之相交空间的控制程度。

（3）平均深度值（MD）

$$\mathrm{MD}_i=\sum_{j=1}^{n}\mathrm{d}_{ij}/(n-1) \tag{6-2}$$

表示某一节点距其他所有节点的最短距离，n为关系图解中所有点的个数。深度值规定两个邻接节点间的距离为一步，则从一节点到另一节点的最短路程（即最少步数）就是这两个节点间的深度值。深度值是空间句法中最重要的概念之一，一般表达空间转换的次数，而不是指实际距离。根据空间句法在本部分的应用，以距离来统一认定，将某节点距离其他所有节点远表示为节点深度较深，否则为浅；平均深度值表示某一节点距其他所有节点的最短距离之和的平均值。

（4）集成度（integration，RA）

整体集成度：

$$\mathrm{RA}_i=\frac{2(\mathrm{MD}_i-1)}{n-2} \tag{6-3}$$

局部集成度：

$$\mathrm{RRA}_i=\frac{\mathrm{RA}_i}{D_n}$$

式中，$D_n=\dfrac{2(n\{\log_2[(n+2)/3]-1\}+1)}{(n-1)(n-2)}$。

集成度是深度指标（倒数）的标准化指标，表征一个空间与局部空间或整体空间的关系，反映一个单元空间与系统中所有其他空间的集聚或离散程度。当集成度值越大，表示某空间在整体空间中的便捷程度较大、较便捷，反之则不便捷。其中，整体集成度表示一个空间与其他所有空间的关系，局部集成度表示一个空间与其他空间（即最短距离）的空间关系，非所有节点都在计算考虑之内（陈明星等，2005；刘承良等，2009）。

6.2.2 社会网络分析法及其指标选择

社会网络分析法能够较好地通过网络结构的构成，研究网络结构的社会结构和社会关系。面对旅游现象个体在网络中的独立性，社会网络分析以其独特的理念，弥补了传统旅游研究的个体主义视角，有效地进行了网络视角下个体间结构关系的分析（刘法建等，2009；杨兴柱等，2007）。社会网络分析不仅是一种分析工具或研究方法，更是一种研究社会结构的新思想和新范式（林聚任，2008）。刘宏盈等（2012）借助社会网络分析，基于旅游线路视角分析了泛北部湾区域的旅游流网络空间结构特征；方叶林等（2013）通过修正后的引力模型构建旅游经济联系网络，运用社会网络分析方法对网络进行定量分析；汪德根等（2012）利用社会网络分析比较了湖北高速铁路和非高速铁路旅游流网络结构的差异；吴潘等（2016）借助社会网络分析法中的度数中心度、中间中心度和平均最短路径长度 3 个指标度量目的地内部各节点之间的动态通达性，包括点对点便利度、中转便利度和全网直达便利度。

本章从网络节点效能（ES）、节点中间度（C）和网络节点约束性（CT）3 个方面比较研究京津冀都市圈铁路空间联系特征及其变化。表 6-1 为社会网络分析指标及意义。

表 6-1 社会网络分析指标及意义

指标	表达式	内涵
网络节点效能（ES）	$\mathrm{ES}=\sum_j(1-\sum_q P_{iq}m_{jq})$，$q\neq i, j$ $P_{iq}=\dfrac{(Z_{iq}+Z_{qi})}{\sum_j(Z_{ij}+Z_{ji})}$，$i\neq j$；$m_{jq}=\dfrac{(Z_{iq}+Z_{qi})}{\max(Z_{jk}+Z_{kj})}$，$j\neq k$ P_{iq}为旅游节点 i 与 q 之间的比例关系，是节点 i 与 q 之间的连接数除以节点 i 与j 的所有连接数之和；m_{jq}为节点j 与 q 之间的边际强度，是节点 j 与 q 连接数除以节点j 与其他节点中的最大连接数；Z_{ij}为矩阵 **Z** 的矩阵单元，矩阵 **Z** 为二分矩阵。当节点 i 和j 之间不存在连接时，$Z_{ij}=0$，相反，则 $Z_{ij}=1$	衡量网络与其他所有网络节点连接的非冗余性部分

续表

指标	表达式	内涵
网络节点约束性（CT）	$CT_i = \sum_j (P_{ij} + \sum_q P_{iq}P_{qj})^2$, $q \neq i, j$ P_{ij}为节点i与节点j之间的比例连接；P_{iq}为节点i与节点q之间的比例连接；P_{qj}为节点q与节点j之间的比例连接	反映节点直接和间接依赖其他网络节点的程度
节点中间度（C）	$C_B(n_i) = \sum_j^1 \sum_k^1 \frac{g_{jk}(n_i)}{g_{ij}}$, $j \neq k \neq i$ g_{jk}为旅游者从旅游节点j达到旅游节点k的捷径数；g_{jk}（n_i）为旅游者从旅游节点j到达旅游节点k经过旅游节点i的捷径数	衡量网络节点扮演中介者或守门人的角色潜力。一个具有较高中间度的特殊网络节点意味着在其他“网络节点派对”之间起到关键的联络中介作用。若某节点处于其他许多“节点派对”捷径上，则该节点具有较高的中间度
社会网络密度（D）	$D = 2\sum_{i=1}^k d_i(n_i)/k(k-1)$；其中，$d_i(n_i) = \sum_{j=1}^k d_i(n_i, n_j)$ k为网络节点数量；d_i（n_i，n_j）表示节点i与节点j之间的连线，如果节点i与节点j有直接联系，则其值取1，反之为0	指网络中实际拥有的连线数与最多可能拥有的之比。该值测度的取值范围为［0，1］，结构完备网络图的密度为1，网络密度越高，说明网络中节点联结越多，节点间存在的连接路线就多，网络性就越好

6.3 京津冀都市圈铁路网络空间结构评价

以京津冀区域为背景，将京津冀区域13城市抽象为空间节点，以城市间的铁路联结作为轴线，规定两个邻接节点（这里表示轴线）间的距离为一步，城市距离里程通过网络查询与GIS空间量算近似处理，分别计算得出2010年和2016年相应的空间句法指标值，比较结果如图6-1所示。

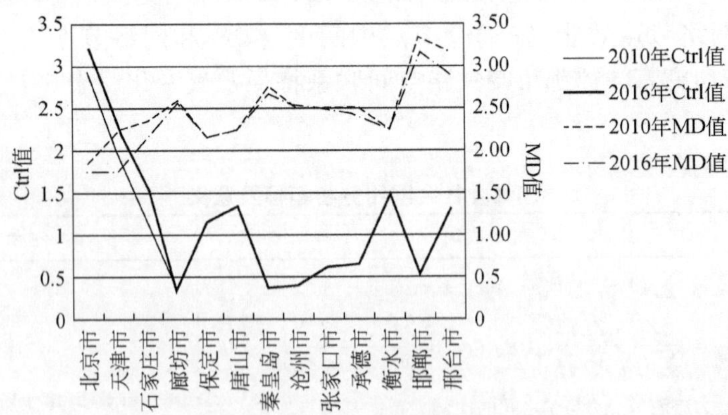

图6-1　2010年和2016年京津冀都市圈铁路网络MD值及Ctrl值比较

2010年的数据分析表明，京津冀都市圈铁路网连接度平均水平为3，控制值均值为1.1，平均深度值高于50的城市节点占85%，说明铁路交通轴线具备较强控制力和联动性。其中平均深度值较大的城市节点包括秦皇岛市、承德市、邯郸市、邢台市等，这些节点的平均深度值大，表示从这些城市节点到其他所有城市节点需要转换的次数多，便捷程度差；北京市、天津市、廊坊市、保定市等城市节点平均深度值相对较小，表示这些节点到其他所有节点需要转换的次数少，则便捷程度相对较好。整体呈现以北京市、天津市为核心（$C \geqslant 5$，$\mathrm{Ctrl} \geqslant 1.8$，$\mathrm{MD} \leqslant 55$），其他节点为外圈层的空间特征。

至2016年底，随着高速铁路网络的普及，京津冀都市圈铁路网连接度平均水平增加到3.38，主要是北京市、石家庄市、天津市等节点与其他节点的连接度和控制值发生了变化。核心圈层的地位越来越稳固。图6-2为2010年和2016年京津冀都市圈铁路网络RA值及RRA值比较。

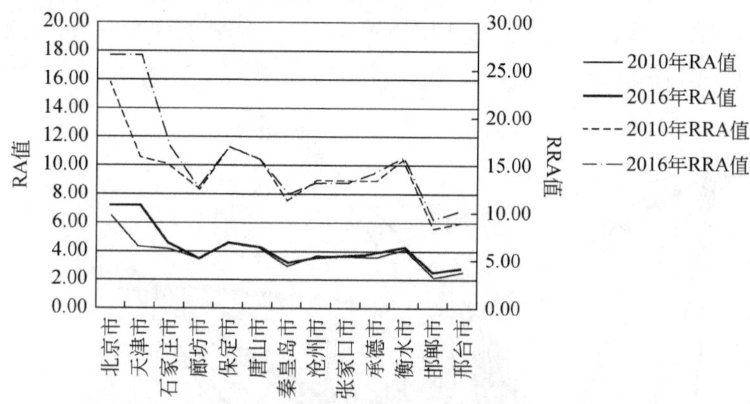

图6-2 2010年和2016年京津冀都市圈铁路网络RA值及RRA值比较

2010年的RA值和RRA值说明，北京市、天津市、石家庄市与京津冀都市圈铁路网络中的其他节点联系最为紧密，且局部集成度也较高；其次是唐山市、秦皇岛市等节点与都市圈内其他节点联系也较为紧密。从2010年和2016年京津冀都市圈铁路网络RA值来看，随着高速铁路对交通网络连接的丰富，天津市、石家庄市、北京市等节点在整体网络中依然占据主导位置，与周边节点的联系程度更加稳固和紧密，周边节点秦皇岛市、承德市等在核心圈层高铁网络的推动下，便捷性也大为提高；从RRA值的结果来看，天津市、石家庄市、北京市等节点仍然是京津冀高速铁路网络的核心圈层，节点间的联系日益紧密。

6.4 京津冀区域铁路网络社会结构特征分析

6.4.1 社会网络分析法及其指标选择

社会网络分析从关系的角度研究各节点之间的联系，研究采用UCINET6软件来分析数据，使用网络节点效能、网络节点约束性、节点中间度三个结构洞指标和网络密度来对区域游客铁路出行网络结构进行评价。

社会网络结构评价指标通常包括网络中心性、结构洞、整体网络的规模、密度、网络中心势、直径和核心边缘模型等。本章选择网络节点中心性、网络节点结构洞、社会网络密度三大指标对其特征进行分析。

6.4.2 京津冀区域铁路出行网络结构评价及比较

本章以铁路出行网络为背景，以铁路出行的各区际与城际轨道交通线路班次数据为研究对象，构筑京津冀区域旅客铁路出行网络结构，数据来源于铁道部列车时刻表和中国铁路网（http：//www. tielu. org）。由此构筑铁路出行的区际与城际轨道交通线路矩阵，并通过 NEWDRAW 软件，绘制京津冀区域铁路出行联系网络结构图（图 6-3）。

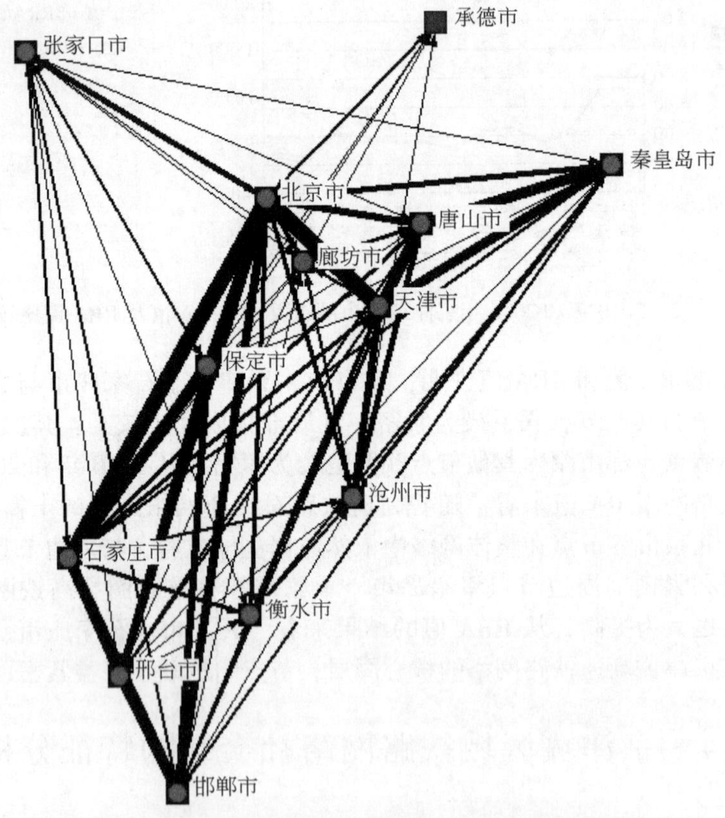

图 6-3 2010 年京津冀区域铁路出行联系网络结构图

统计京津冀各网络节点网络节点效能、网络节点约束性、节点中间度三大指标，见表6-2。

表6-2 2010年京津冀区域铁路出行网络评价指标

网络节点	ES	CT	*C*
北京市	2.870	0.304	2.042
天津市	1.818	0.316	0.458
石家庄市	2.917	0.302	2.042
廊坊市	2.545	0.304	1.472
保定市	2.300	0.304	1.250
唐山市	1.818	0.316	0.458
秦皇岛市	1.818	0.316	0.458
沧州市	2.500	0.300	1.444
张家口市	1.500	0.320	0.236
承德市	1.400	0.354	0.111
衡水市	1.333	0.323	0.111
邯郸市	1.818	0.316	0.458
邢台市	1.762	0.319	0.458

注：列车班次数据通过中国铁路网 http：//www.tielu.org 查询，下表同。

京津冀区域铁路出行网络总体联系密度为0.673，说明京津冀区域各节点铁路出行线路联系比较密切。节点中间度指标显示，在京津冀铁路出行网络中，北京市、石家庄市有较高中间度的特殊网络节点，与大部分节点均有连结，具有较强的中介作用和辐射作用，承德市与衡水市的中间度较小，在铁路出行网络中相对孤立，建议增加列车班次来平衡其联系网络。在网络节点效能指标中，石家庄市的网络结构效能最高，说明其在铁路列车出行网络中，与周边的连结优于北京市。北京市、廊坊市、保定市网络节点约束性值为0.304、石家庄市为0.302，相对较小，说明这些节点在选择铁路线路出行时，对周边节点的依赖性小；承德市为0.354，相对较大，表明其对周边节点的依赖性大。

UCINET6软件核心边缘模型分析显示，京津冀区域铁路出行网络中，北京市、天津市、石家庄市为核心区，廊坊市、保定市、唐山市、秦皇岛市、沧州市、张家口市、衡水市、邯郸市、邢台市、承德市为边缘区节点，其中承德市在铁路出行网络中等级最低。

仅从河北省内铁路出行网络来看，网络总体联系密度为0.570，其中石家庄市、保定市、邯郸市、邢台市为核心区，其他为边缘区。表6-3为2014年京津冀旅游铁路出行网络特征。

表6-3 2014年京津冀旅游铁路出行网络特征

网络节点	网络节点效能（ES）	网络节点约束性（CT）	节点中间度（C）
北京市	6.50	0.28	17.32
天津市	4.00	0.33	3.23
石家庄市	4.20	0.33	4.37
唐山市	2.89	0.35	1.48
秦皇岛市	1.46	0.39	0.37
邯郸市	2.33	0.37	1.25
邢台市	1.85	0.38	0.75
保定市	1.00	0.46	0.00
张家口市	1.43	0.43	0.17
承德市	1.00	1.00	0.00
沧州市	2.07	0.38	0.78
廊坊市	1.80	0.40	0.75
衡水市	1.80	0.38	0.53

2010年的分析结果表明北京市、天津市、石家庄市、唐山市的交通网络节点效能较强，与其他节点的连接程度较高。网络节点约束性反映了一旅游交通节点对其他节点的直接和间接依赖性。分析结果表明承德市、廊坊市、保定市等对其他节点的依赖性较高。节点中间度反映网络中某一交通节点可能需要承载的流量。分析结果表明承德市、张家口市和秦皇岛市在交通网络中承载量总体较小，而节点中间度较大的北京市、石家庄市和天津市在交通网络中承载量总体较高。据UCINET6软件的核心边缘模块分析认为，目前京津冀区域铁路交通网络已形成以北京市、天津市、石家庄市、唐山市、秦皇岛市、邯郸市、邢台市、沧州市为核心圈层，以保定市、张家口市、承德市、廊坊市、衡水市为外围圈层的格局态势。

2010～2014年京津冀区域铁路线网络布局的主要变化为高速铁路运营车辆和车次的增加，以及相应的普快和特快铁路运行车辆的减少，因此将2010～2014

年铁路网络节点效能的变化对应于高速铁路网络节点效能的变化是合理的。

分析结果表明2010年北京市、石家庄市、廊坊市、沧州市的铁路网络结构交通较强，说明这些城市与其他节点的铁路连接程度较好；2014年，北京市、天津市、石家庄市、唐山市的交通网络效能较强，与其他节点的连接程度较高。比较京津冀区域高速铁路节点城市，可以发现天津市、唐山市、邯郸市随着开通高速铁路线路的增加，其在区域中的重要性也日益提升，而张家口市、承德市和衡水市由于缺乏高速铁路的推动，在区域中的交通区位未得到明显提升。

6.5 结论与讨论

使用空间句法模型和社会网络分析法对京津冀区域铁路交通网络结构进行评价，有利于从整体上了解区域铁路交通网络的空间特征及其与社会发展之间的关系。在区域一体化背景下，将城市空间分析法应用于区域，对了解区域中各重要节点铁路交通特征，加强区域间合作和区域铁路交通规划有着重要的参考价值。

6.5.1 结论

1）空间句法模型指标借助城市节点间铁路距离里程，评价京津冀区域铁路网络规划的合理性；空间句法分析结果表明2010年京津冀都市圈铁路网连接度平均水平为3，控制值均值为1.1，平均深度值高于50的城市节点占85%，说明铁路交通轴线具备较强控制力和联动性。其中，平均深度值较大的城市节点包括秦皇岛市、承德市、邯郸市、邢台市等，这些节点的平均深度值大。至2016年底，随着高速铁路网络的普及，京津冀都市圈铁路网连接度平均水平增加到3.38，主要是北京市、石家庄市、天津市等节点与其他节点的连接度和控制值发生了变化。核心圈层的地位越来越稳固。天津市、石家庄市、北京市等节点仍然是京津冀高速铁路网络的核心圈层，节点间的联系日益紧密。随着高速铁路对交通网络连接的丰富，天津市、石家庄市、北京市等节点在整体网络中依然占据主导位置，与周边节点的联系程度更加稳固和紧密。

2）社会网络分析法通过城际间列车联结次数，评价了城市节点间联系的密切度。社会网络分析法分析结果表明，2010年，北京市、石家庄市、廊坊市、沧州市的铁路网络结构交通较强，说明这些城市与其他节点的铁路连接程度较好；2014年，北京市、天津市、石家庄市、唐山市的交通网络效能较强，与其他节点的连接程度较高。比较京津冀区域高速铁路节点城市可以发现，天津市、唐山市、邯郸市随着高速铁路线路的增加，其在区域中的重要性也日益提升，而张家口市、承德市和衡水市由于缺乏高速铁路的推动，在区域中的交通区位未得到明显提升。

6.5.2 讨论

1）目前京津冀都市圈铁路交通网络的不均衡现象较为严重，承德市、张家口市、衡水市、邯郸市、邢台市等节点由于缺乏高速铁路的连通，在区域内的通达度受到影响。铁路网络规划与增设铁路线及班车的过程中，可优先考虑都市圈内各城市产业特征和合作条件，其中承德市作为连接京津冀辽蒙的区域性中心城市和河北省重要的旅游城市，目前铁路出行质量较差，建议增加与省会石家庄以及其他河北省城市的联结班次，并通过与其他交通方式的结合，进一步改善其区域连通性。

2）本章选择的空间句法和社会网络分析法借鉴了城市内部空间分析和社会网络分析的做法，以铁路网络中的连接作为节点间的联系，在应用过程中存在部分经验判断过程，因此在结果的准确性上有待进一步验证和补充。

7 高速铁路对都市圈旅游空间影响比较研究

高速铁路已经成为推动我国区域经济发展的重要动力。对于区域旅游发展而言，高速铁路以其重要的时间效应和空间效应，从根本上改变了区域旅游区位格局，成为区域旅游经济协调发展的新推力要素。

高速铁路作为新型交通运输工具，最直接的效率体现在给旅游业创造的"时空"效应，由此逐渐形成对旅游业发展的后续影响，包括对旅游景区区位条件的优化和空间格局的调整、对区域旅游优势资源的组合配置、对旅游者旅行成本的有效控制等。高速铁路对旅游业发展的直接作用表现为对旅游流的空间引导过程（张莉和姚雨辰，2013）。旅游流的存在是旅游业发展的基础，旅游流也是诠释区域旅游形态和空间结构的重要方面。交通对旅游流具有重要的导向作用，交通导引下的旅游流的流速、流向、流量构建了旅游区域结构的基本格局和合作基础。旅游流创造的规模结构效应、规模经济效应是旅游业发展的重要标志。

7.1 高速铁路条件下旅游经济发展的总体空间特征和效率分析

高速铁路对经济的贡献主要以缩短时间距离为其表现形式，而时间距离的缩短对旅游流的产生、流向、规模和旅游环境有着直接的影响。旅游流集中呈现了铁路交通对旅游业发展的影响，以及高速铁路开通以来旅游经济发展的总体变化趋势。

7.1.1 研究说明

旅游流的流向、流量是旅游经济发展总体态势的主要体现。旅游收入的高低是旅游经济发展成效高低的重要结果。

国内游客的区域偏移增长变化表明其对国内旅游目的地的选择，而国内旅游者的旅游地选择通常受当地交通系统的影响。对南京市国内游客的调查表明，乘坐高速铁路出行的游客占游客总数的29%，其余依次为动车、飞机、大巴、自驾。高速铁路增加了游客出行次数和旅游半径（张文新等，2013）。

本研究选择我国22个已经有高速铁路运营线路的省市2008～2012年国内旅

游人数与旅游收入数据，研究高速铁路条件下我国旅游者流动的总体变化形势和高速铁路对国内旅游收入及人均旅游花费的影响。数据来源于 2008 ~ 2012 年《中国旅游统计年鉴》《中国区域经济统计年鉴》和旅游抽样调查资料，以及《中国铁道年鉴》《中国交通年鉴》和相关铁路局年鉴。

旅游流空间格局演化和旅游收入省际比较采用偏移-分享法进行分析。目前偏移-分享法主要被应用于区域经济增长研究，通过此方法可以揭示各省份旅游发展间的互动关系（王旭科，2010）。

按照偏移-分享法，一定时期内区域内的旅游者人数（旅游收入）增长可以分解成“分享”和“偏移”两个部分。分享增长是指某一地区以整个区域游客（区域旅游收入）增长率增长时所获得的增长量；偏移增长是指某一地区游客（区域旅游收入）增长对分享增长量的偏差数额。值为正，表示该区域旅游者（旅游收入）增长速度快，反之表示游客（旅游收入状态）呈现向外围扩散态势。为消除各区域总量差异对分析结果的影响，以年旅游者（旅游收入）增长率代替游客增长量，选择 22 个省市国内旅游与旅游收入为研究数据进行分析。偏移增长量计算公式为

$$PY = JD - FX \tag{7-1}$$

式中，PY、JD、FX 分别为某地在某时间的偏移增长量、绝对增长量、分享增长量。

7.1.2 国内旅游者数据的空间变化分析

(1) 旅游者人数的偏移分析

交通、通信技术和经济的繁荣，使得空间结构得到拓展，节点间相互作用日益增强，流是节点空间相互作用的结果，在系统内部不断流动、交织，流决定了节点的功能和角色。西班牙马德里—塞利维亚高速铁路线路的开通前后，旅游者对此线路选择率由 11.1% 增至 15.2%；而马德里—巴塞罗那高速铁路线路的开通则吸引了此线路 42.1% 的旅游者选择乘坐。法国巴黎—里昂线 1981 年开通后，商务出行增长了 56%，服务性旅行增长到原来的 112%，地价上涨了 35%，房地产交易量上涨了 22%；法国里尔，来自伦敦和比利时的休闲游客比原来分别增长了 35% 和 30%。我国 2009 ~ 2012 年部分省市国内旅游人数增长率偏移变化如图 7-1 所示。

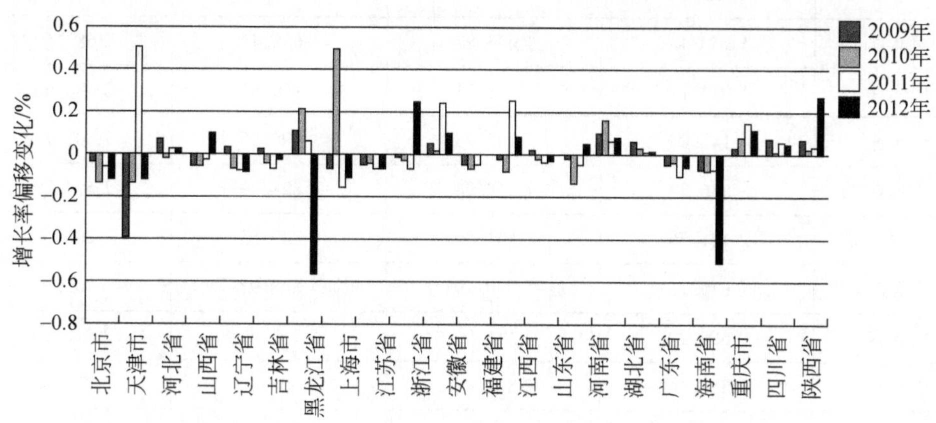

图 7-1 2009~2012 年部分省市国内旅游人数增长率偏移变化图

从图 7-1 可以看出，2009 年国内旅游人数波动较为明显的省市包括天津市、河北省、黑龙江省、湖北省、四川省等；2010 年国内旅游人数波动较为明显的省市包括北京市、天津市、黑龙江省、上海市、河南省、湖北省等；2011 年国内旅游人数波动较为明显的省市包括天津市、上海市、安徽省、江西省、重庆市等；2012 年国内旅游人数波动较为明显的省市包括北京市、山西省、黑龙江省、浙江省、海南省、陕西省、重庆市等。

(2)“有–无”高速铁路状态下旅游流数据比较

高速铁路会带来区域旅游者人数的偏移变化，为此以高速铁路开通前的 2004~2007 年旅游者人数统计值为基础数据，通过灰色预测法预测分析在传统铁路运营状态下 2009~2012 年的可能值，并与实际值进行比较，以判断高速铁路对区域旅游者移动的影响。

由于历年国内旅游人数一直呈现持续的曲线增长趋势，采用三次平滑预测模型，对 22 个省市的国内旅游人数进行分析并预测。2009~2012 年部分省市旅游者人数预测值与实际值的差值见表 7-1。

表 7-1 2009~2012 年部分省市国内旅游者人数预测值与实际值的差值

（单位：万人次）

省市	2009 年	2010 年	2011 年	2012 年
北京市	3 955.59	5 150.59	5 182.37	6 625.92
天津市	2 463.74	2 881.25	−541.86	−788.59

续表

省市	2009 年	2010 年	2011 年	2012 年
河北省	1 750. 43	1 035. 87	-635. 41	-2 683. 50
山西省	1 074. 77	858. 33	166. 82	-2 388. 96
辽宁省	-142. 08	105. 75	498. 55	1 807. 71
吉林省	-836. 74	-1 358. 94	-1 828. 89	-2 514. 59
黑龙江省	-2 121. 76	-5 641. 44	-8 729. 53	208. 15
上海市	1 915. 21	-5 270. 19	-4 848. 97	-4 705. 82
江苏省	3 594. 29	3 115. 97	3 163. 41	3 919. 80
浙江省	3 236. 44	2 801. 43	3 005. 66	-6 777. 56
安徽省	-1 113. 66	-2 222. 41	-7 261. 05	-11 633. 27
福建省	1 785. 24	2 002. 12	1 913. 62	1 549. 77
江西省	89. 55	41. 15	-3 653. 51	-6 591. 13
山东省	244. 42	-1 105. 67	-2 713. 56	-4 318. 84
河南省	1 371. 07	3 332. 99	3 438. 83	1 295. 59
湖北省	-1 185. 99	-5 013. 82	-9 025. 94	-13 906. 56
湖南省	-660. 68	-2430. 49	-4 624. 82	-6 916. 08
广东省	1 574. 34	195. 16	-372. 88	-1 262. 20
海南省	-705. 23	-1 086. 63	-1 543. 55	-673. 10
重庆市	-1 414. 96	-3674. 78	-7 956. 53	-12 925. 32
四川省	4 843. 47	4 029. 76	915. 55	-2 519. 32
陕西省	-891. 82	-2 304. 38	-4445. 27	-11 174. 60

图 7-1 的国内旅游者人数增长率偏移状态和表 7-1 的旅游者人数预测比较分析一致表明，2008 年高速铁路开通以来，国内旅游变化最为明显的是以黑龙江省为代表的东北区域，以安徽省为典型的华东区域等。其中，黑龙江省、安徽省、上海市、湖北省、湖南省等的差值为负值，实际值明显高于预测值，表明高速铁路开通以来，这些区域旅游流有明显的聚焦现象；而北京市、天津市、浙江省、福建省等基本为正值，预测值高于实际值，表明高速铁路开通以来，这些区域旅游流具有明显的扩散现象。

旅游者人数偏移和空间流动变化的特征表明高速铁路线路的开通对区域旅游流有重要的导向作用，高速铁路的开通一方面有可能使某区域对近程游客的吸引力增强；另一方面，也可能使区域内其他城市高速铁路站点的服务能力增强，吸引和分散本区域部分旅游者客源。高速铁路在区域通达时间节省和区位空间极化等方面对旅游者产生吸引力，但旅游者对路线和乘车方式的选择通常也取决于旅行距离、时间价值、出发时间及票价、服务特点和旅游产品（如重大节日）等。

7.1.3 国内旅游收入的省际变化分析与评价

高速铁路提高了旅游目的地的可达性和可进入性，使旅游目的地能够吸引更远程的旅游市场，如高速铁路站点位置比非高速铁路站点位置会形成更高的人口密度和人口增长趋势。包括中间站和终点站，也会使旅游地食宿业增长显著，从而促进地区旅游经济的发展和旅游收入的提高。

2009～2012 年部分省市国内旅游收入增长率偏移变化如图 7-2 所示。

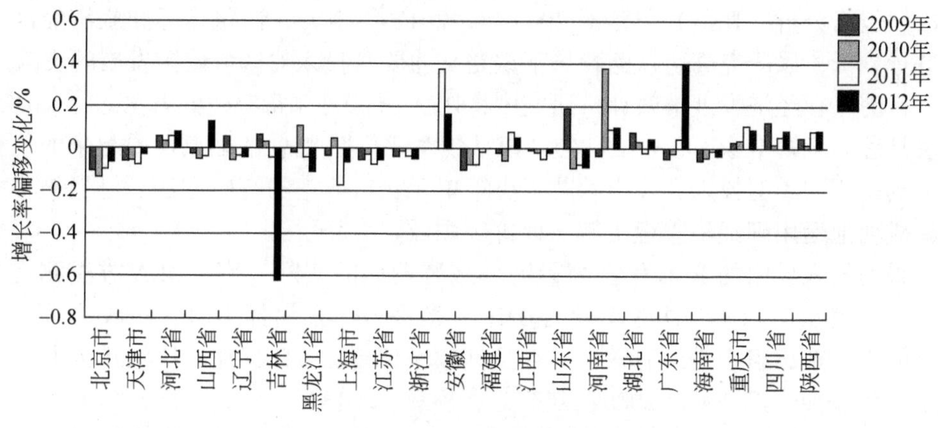

图 7-2　2009～2012 年部分省市国内旅游收入增长率偏移变化

由图 7-2 可以看出，2009 年以来旅游收入偏移率增长较为明显的区域包括安徽省、河南省、湖南省、湖北省、广东省和海南省等，而旅游收入增长率偏移变化呈现递减状态较为明显的区域包括北京市、天津市、吉林省和上海市等。

高速铁路的开通带动了高速铁路沿线旅游目的地旅游经济的发展和旅游收入的增加，但是高速铁路也可能引致高速铁路站点城市“一日游”的高发生率而导致过夜游客人数锐减，从而影响当地人均旅游花费。

采用灰色关联分析方法对 2012 年 22 个省市的铁路运营里程增长率指标与国内旅游收入增长率指标和人均旅游收入增长率指标进行灰色关联分析。设定 2012 年铁路运营里程增长率指标为系统特征母序列，记为 X_0；国内旅游收入增长率指标、人均旅游收入增长率指标作为相关因素序列，分别记为 X_1、X_2，利用 DPS 软件进行灰色关联分析，在分析过程中对数据进行初值化变换，分辨系数取 0.1，参数 Δ_{min} 取值为 0，计算结果如下：

关联系数为：$G(1, 1)=0.525\ 61$，$G(1, 2)=0.484\ 63$。

关联序为：$X_1>X_2$。

由此说明铁路运营里程增长率与国内旅游收入增长率关联度强，铁路运营里程增长率与人均旅游收入增长率的关联度相对较小。

7.1.4 铁路交通要素投入的区域旅游发展效率分析

2009～2012 年我国速度 120～250 km/h 及以上的铁路运营里程增长率为 15.7%，速度 160 km/h 以上铁路占新增铁路运营里程的 24.9% 左右。2009 年速度 200 km/h 以上铁路占到 160 km/h 以上铁路总里程的比重为 11.7%，2011 年比重为 10%，2012 年比重为 11%。高速铁路已逐渐成为新的铁路客运工具。采用数据包络分析（DEA）方法对 2009 年、2012 年相关的铁路指标和旅游经济指标进行分析，以研究高速铁路背景下铁路交通要素投入对区域旅游发展的贡献。

目前，在经济发展绩效评价研究中，DEA 方法是非常有效的方法之一。DEA 方法是著名运筹学家 Charnes 等在“相对效率评价”概念基础上发展起来的一种评价具有相同类型投入和产出的若干决策单元相对效率的有效方法，已经被很多学者成功地运用到经济管理决策与评价等领域。

采用投入导向的 BCC 模型衡量区域旅游发展的实际效率。DEA 方法测定的相对效率值在 0～1，当决策单元（DMU）落在效率前沿面上时，DEA 方面认为此时的投入产出组合是最有效率的，且其效率值定为 1，其他的决策单元则以有效单元为基准（魏权龄，2006；刘改芳和杨威，2013）。

DEA 模型中，投入和产出评价指标的合理与否，直接影响评价结果的客观性。结合 2008 年以来高速铁路运营特征，借鉴有关交通要素投入与生产率问题的研究，同时考虑 DEA 方法对指标和决策单元的相对关系要求，选取铁路路网密度为投入指标。路网密度指标综合考虑了铁路要素对区域旅游服务的程度，是铁路交通对旅游业最直接的贡献。通常情况下，铁路路网密度越大，旅游服务面越广，服务的旅游点越全面。这一指标同时排除了各省市面积差异对铁路投入指标的影响。区域旅游业的产出直接体现在旅游人数和人均旅游收入的高低程度上，因此选择国内旅游人数和人均旅游收入两个指标来反映各省市旅游业的产出程度（高宏伟和刘延平，2006）。

根据《中国城市统计年鉴》《中国区域经济统计年鉴》《中国铁道年鉴》整理相关数据资料，建立了 22 个省市 2009 年、2012 年区域旅游发展效率评价指标的数据库，分别计算2009年和2012年各省市旅游发展静态效率值，结果见表7-2。

表7-2 2009年和2012年各省市旅游发展静态效率值

省市	2009年				2012年			
	总效率	技术效率	规模效率	规模收益	总效率	技术效率	规模效率	规模收益
北京市	0.108	0.182	0.595	递增	0.131	0.166	0.787	递减
天津市	0.139	0.142	0.979	递减	0.345	0.374	0.922	递减
河北省	0.165	0.251	0.657	递增	0.086	0.133	0.646	递增
山西省	0.780	0.800	0.975	递减	0.106	0.325	0.325	递减
辽宁省	0.010	0.078	0.133	递增	0.008	0.074	0.111	递增
吉林省	0.081	0.145	0.555	递增	0.069	0.076	0.913	递增
黑龙江省	0.360	0.366	0.983	递减	0.088	0.144	0.607	递减
上海市	0.131	0.266	0.495	递增	0.020	0.040	0.512	递增
江苏省	0.192	0.279	0.687	递增	0.110	0.167	0.660	递减
浙江省	0.202	0.278	0.727	递增	0.111	0.147	0.754	递减
安徽省	0.047	0.120	0.388	递增	0.013	0.037	0.353	递增
福建省	0.928	0.963	0.963	递减	0.138	0.372	0.372	递减
江西省	0.081	0.179	0.451	递增	0.108	0.133	0.811	递增
山东省	0.337	0.344	0.980	递减	0.085	0.135	0.630	递减
河南省	0.305	0.439	0.696	递减	0.110	0.211	0.519	递减
湖北省	0.101	0.170	0.596	递增	0.074	0.096	0.774	递增
湖南省	0.104	0.200	0.520	递增	0.109	0.121	0.902	递减
广东省	0.165	0.167	0.984	递减	1.000	1.000	1.000	不变
海南省	1.000	1.000	1.000	不变	0.126	0.228	0.554	递减
重庆市	0.040	0.062	0.654	递增	0.142	0.276	0.515	递增
四川省	0.651	0.668	0.974	递减	0.266	0.516	0.516	递减
陕西省	0.130	0.233	0.556	递增	0.296	0.368	0.803	递减

技术效率是指在地区规模报酬不变的假设下，铁路投入要素转化为对省市旅游发展产生促进作用的因素的实际能力与理想能力的比例，结果表明现有投入水平是否充分发挥且对地区旅游业发展的影响实现效率最优。规模效率是指铁路投入要素在产生积极影响的过程中，铁路要素的投入规模是否达到最优，通常情况下，投入要素的规模效率未达到1，说明投入要素未达到最优规模。

从表7-2可以看出，2009年59%的省市旅游发展的规模收益呈现递增趋势，说明这些区域铁路要素总体投入有一定的产出效果，但同时也需要缩减投入或增加产出。从技术效率分析结果来看，海南省、四川省、福建省、山西省、河南省等的技术效率相对较高，说明其旅游产出效率相对较高。绝大多数省市的技术效率明显小于1，说明在既定规模投入的前提下，大部分省市旅游产出严重不足；规模效率分析结果显示仅有海南省为1，表明其投入与产出值相对匹配度较高，其他省市投入与产出的规模总体不匹配。

从表7-2中2012年的数据分析可以看出，2012年41%的省市处在规模报酬递增或不变的阶段，说明这些区域铁路要素有一定的产出效果，但是需要缩减投入或增加产出。绝大多数省市的技术效率值小于1，说明在既定规模投入的前提下，大部分省市旅游产出严重不足；规模效率分析结果显示仅有广东省为1，表明其投入与产出值相对匹配度较高，其他省市投入与产出的规模总体不匹配。

2009年和2012年数据比较表明，高速铁路开通以来各省市总体效率值普遍较低，高速铁路交通要素的投入在旅游业发展中未得到较高产出，资源没有得到充分利用。从总体效率的具体数值看出，与2009年比较，2012年各省市总体效率值并未呈现增长趋势，说明高速铁路对旅游发展的贡献程度有待提高，高速铁路的旅游业服务功能需要不断加以强化。对于大多数省市来说合理利用高速铁路优势，增加高速铁路资源的利用效率是未来旅游发展的重点，尤其需要利用高速铁路带来的客源优势，吸引游客长时间逗留，并前往旅游景区游览、购物等。

7.2 高速铁路背景下京津冀都市圈旅游空间格局演变

7.2.1 高速铁路开通前后旅游经济空间格局演变——基于旅游经济区位熵的分析

区位熵，又称专门化率，是由哈盖特首次提出并运用于人文地理区位分析之中，是经济学中分析区域优势产业状况的常用指标之一。区位熵可以衡量某一产业的某一方面在某一区域的空间分布情况及其在更高一级区域的地位与作用，能够反映某一部门的专业化程度与集中度。通常熵值越大，集中度越高，专业化水平越高，产业优势越强（乌铁红等，2009；朱付彪等，2012）。计算公式如下：

$$\mathrm{LQ} = \frac{e_i}{\sum_{i=1}^{n} e_i} \Bigg/ \frac{E_i}{\sum_{i=1}^{n} E_i} \tag{7-2}$$

式中，e_i为某市旅游总收入；E_i为某市 GDP 值；LQ 为某区域的旅游经济区位熵。如果 LQ<1，表明该区域旅游经济集聚程度低于所在都市圈的平均水平；如果 LQ>1，表明该区域旅游经济集聚程度高于所在都市圈的平均水平；如果 LQ>1.5，表明该市旅游经济在所在都市圈具有明显的集中优势。LQ 值的大小反映了区域旅游业空间的集中度和专业化的变化。

旅游经济区位熵结果表明（表 7-3），京津冀旅游经济空间格局呈现明显的阶段性特征，2002～2004 年，呈现由高向低的变化趋势，这一时期，受“非典”的影响，我国旅游业普遍受重创，出现萧条局面，包括京津冀区域；2005～2008 年，呈现逐步增长的趋势，这一时期，受“非典”影响的旅游经济逐步升温，同时北京奥运会的前兆效应也开始产生作用，至 2008 年奥运会召开，这一增长趋势达到峰值点；2009～2012 年，尽管奥运会的后续效应仍然存在，但随着时间推移，效应作用程度开始弱化。

表 7-3 京津冀都市圈各区域旅游经济区位熵

地区	第 1 阶段						第 2 阶段				
	2002 年	2003 年	2004 年	2005 年	2006 年	2007 年	2008 年	2009 年	2010 年	2011 年	2012 年
北京市	1.119	2.131	2.185	1.857	1.855	1.846	2.48	2.284	2.305	2.281	2.093
天津市	2.255	1.56	1.562	1.263	1.21	1.209	0.919	1.001	0.993	1.063	1.255
石家庄市	0.641	0.329	0.333	0.329	0.355	0.37	0.076	0.092	0.083	0.083	0.1
唐山市	1.135	0.109	0.104	0.094	0.105	0.105	0.027	0.036	0.037	0.043	0.052
秦皇岛市	1.699	0.679	0.694	1.61	1.6	1.472	0.733	0.943	0.834	0.882	1.242
邯郸市	1.002	0.211	0.206	0.211	0.227	0.221	0.012	0.015	0.015	0.02	0.034
邢台市	0.102	0.111	0.108	0.154	0.199	0.22	0.025	0.03	0.03	0.032	0.036
保定市	1.73	0.418	0.417	0.646	0.682	0.564	0.082	0.103	0.089	0.109	0.117
张家口市	0.193	0.346	0.331	0.395	0.456	0.477	0.043	0.061	0.064	0.104	0.123
承德市	0.517	0.761	0.714	0.744	0.763	0.826	0.438	0.421	0.572	0.687	0.725
沧州市	0.217	0.07	0.069	0.056	0.073	0.081	0.007	0.014	0.076	0.018	0.022
廊坊市	0.077	0.061	0.064	0.406	0.405	0.394	0.141	0.129	0.024	0.152	0.13
衡水市	0.054	0.074	0.075	0.062	0.078	0.101	0.016	0.02	0.021	0.024	0.026

7.2.2 旅游者流动空间格局分析——基于旅游者人数的位序-规模回归分析

位序-规模分布是城市地理学研究城市规模分布与城市体系空间发展结构的重要理论方法。本书将其用于研究 2002～2012 年旅游城市的空间演变格局，以揭示京津冀都市圈旅游城市的空间结构及其演变趋势。

位序-规模法则是以城市规模和城市规模位序的关系来考察一个区域内城市体系的规模分布。

$$P_iR_i^q=K \text{ 或 } P_i=KR_i^{-q} \tag{7-3}$$

进行自然对数回归变形为

$$\lg P_i=\lg K-q\lg R_i \tag{7-4}$$

式中，P 为城市旅游总人次；R 为旅游总人次的规模位序；K、q 为常数（朱付彪等，2012）。

位序-规模的回归分析表明：

1）2002~2012 年回归拟合都通过了显著检验，且回归判定系数都较高，反映了都市圈城市群位序-规模的空间分布非常典型。

2）$|q|$ 呈现逐渐减小的趋势，说明核心城市集中优势在减弱，区域旅游经济发展的均衡化程度在不断加强，但 $|q|$ 一直大于 1，说明京津冀旅游都市圈，北京市和天津市的核心城市地位仍然较为明显，极化发展现象短时间内难以消失。

3）从首位城市北京市历年的实际旅游经济与回归理想值比较结果来看，2002~2012 年，两者相差不多，且差距越来越小，说明京津冀区域城市群的空间格局向均衡化、一体化方向发展的进程在不断加快（表 7-4）。

表 7-4　京津冀都市圈位序-规模

年份	回归方程	首位实际值	K	$\lvert q \rvert$	判定系数 R^2（调整后）	F 值	Sig. 值
2002	$P_i=15\,205.48\ R_i^{-1.916}$	11 810.4	15 205.48	1.916	0.944	201.510	0.000
2003	$P_i=11\,246.05\ R_i^{-1.857}$	8 922.1	11 246.05	1.857	0.966	341.863	0.000
2004	$P_i=13\,899.53\ R_i^{-1.693}$	12 315.5	13 899.53	1.693	0.963	310.977	0.000
2005	$P_i=14\,288.94\ R_i^{-1.634}$	12 862.9	14 288.94	1.634	0.961	296.694	0.000
2006	$P_i=14\,723.13\ R_i^{-1.576}$	13 590.3	14 723.13	1.576	0.954	249.799	0.000
2007	$P_i=15\,381.55\ R_i^{-1.528}$	14 715.5	15 381.55	1.528	0.957	270.917	0.000
2008	$P_i=15\,031.42R_i^{1.505}$	14 560.0	15 031.42	1.505	0.953	246.782	0.000
2009	$P_i=14\,689.26\ R_i^{-1.375}$	16 669.5	14 689.26	1.375	0.966	338.120	0.000
2010	$P_i=16\,443.72\ R_i^{-1.332}$	18 390.1	16 443.72	1.332	0.962	307.036	0.000
2011	$P_i=22\,029.26\ R_i^{-1.362}$	21 404.4	22 029.26	1.362	0.956	262.273	0.000
2012	$P_i=24\,378.11\ R_i^{-1.309}$	23 139.2	24 378.11	1.309	0.951	232.219	0.000

7.2.3　高速铁路背景下京津冀都市圈旅游经济协调特征分析——基于 ESDA

7.2.3.1　空间自相关分析检验方法

空间自相关（spatial Autocorrelation）是用来检验临近位置属性、属性值、现象的相关程度的一种空间统计学研究方法。根据空间自相关的性质，它可以分为空间正自相关、空间负自相关和无空间自相关。空间正相关表示位置临近的事物同一属性值呈正相关，而负相关则属性值呈现负相关。许多地理现象由于在地域分布上具有连续性，因此在空间上具有相关性，而且通常距离越临近相关性越大（张新峰，2009）。

在空间数据分析中，判断地区之间是否存在空间自相关性，首先要进行探索性空间数据分析。ESDA 是一系列空间数据分析方法和技术的集合，其核心是以空间关联性测度为核心，研究与地理位置相关的数据间的空间依赖和空间自异质性，其主要分析工具有：空间权重矩阵、全局空间自相关和局部空间自相关，以及 Moran 散点图等（Anselin，1995）。

（1）空间权重矩阵

空间自相关的一个重要反映就是空间邻近性，也就是所谓的空间联系，一般可以通过定义一个空间权重矩阵（即空间邻接矩阵）来衡量。通常空间权重矩阵是区分空间统计分析和经典统计分析的一个重要标准，而且由于空间权重矩阵确定并描述了事物的空间关系，它更是进行 ESDA 分析的前提和基础。

通过定义一个 $n \times n$ 的二元对称空间权重矩阵 $\boldsymbol{W}$，来考察 n 个位置的空间区域的邻近关系。假设研究区域内有 n 个多边形，任意两个多边形之间都存在着空间关系，其一般形式如下：

$$\boldsymbol{W}=\begin{bmatrix} W_{11} & W_{12} & \cdots & W_{1n} \\ W_{21} & W_{22} & \cdots & W_{2n} \\ \vdots & \vdots & & \vdots \\ W_{n1} & W_{n2} & \cdots & W_{nn} \end{bmatrix}$$

空间权重矩阵有各种不同的形式，目前较为常用的确定空间权重矩阵的规则有以下几种：

1）基于邻接概念的空间权重矩阵。根据相邻标准：当区域 i 和 j 相邻，$W_{ij}=1$；当区域 i 和 j 不相邻（包括 $i=j$），$W_{ij}=0$。即

$$W_{ij}=\begin{cases} 1 & \text{区域 } i \text{ 和区域 } j \text{ 相邻} \\ 0 & \text{区域 } i \text{ 和区域 } j \text{ 不相邻} \end{cases}$$

式中，$i=1, 2, \cdots, n$；$j=1, 2, \cdots, n$；n 为截面观测对象的个数。基于邻接概

念的空间权重矩阵以 Rook 和 Queen 为代表（刘聪粉和张瑞荣，2009）。前者仅研究共同边界的邻接，即仅以上下左右定义邻接关系，而后者则在共同边界的基础上再加上对角线，也就是说 Queen 除了研究共同边界的邻接外，研究拥有共同定点的邻接关系（吴玉鸣，2007）。

2）基于距离的空间权重矩阵。基于距离的空间权重矩阵主要是假定空间的相互作用取决于临界距离。即给定临界距离 d，当区域 i 和 j 之间的距离小于临界距离 d，$W_{ij}(d)=1$；当区域 i 和 j 之间的距离大于或等于临界距离 d，$W_{ij}(d)=0$。即

$$W_{ij}=\begin{cases}1 & \text{区域 } i \text{ 和区域 } j \text{ 之间的距离小于 } d\\ 0 & \text{区域 } i \text{ 和区域 } j \text{ 之间的距离大于等于 } d\end{cases}$$

临界距离 d 一定不能小于两个区域之间的最短距离，否则就会使得某些区域周围发生没有邻接的状况。通常，临界距离 d 可以通过质心的经纬度坐标计算（顾江和侯祥鹏，2005）。

3）K 值最邻近空间权重矩阵。然而，上述两种方法定义出来的矩阵，会出现诸如区域面积较大却邻接点较少，而区域面积较小的却可能周围邻接点较多。而 K 值最邻近法却可以有效避免这个问题的出现，K 值最邻近权重矩阵的确定一般是在给定空间单位周围选择最邻近的 4 个到 6 个单元来计算（吴玉鸣，2007）。

（2）全局空间自相关

全局空间自相关是对整个区域空间特征属性的描述，可以判断某种地理位置或某一属性值在整个研究区域内是否存在空间集聚性。

通常要描述这种特征一般可以采用两种方法，一是变异系数（coefficient of variation，CV）对区域内空间属性值的相对差异进行测度，分析在现有的空间结构下，整个区域属性值的相对差异变化，变异系数 CV 侧重反映数据之间的离散程度，而并未描述它们之间的空间关系（武剑和杨爱婷，2010）。其具体计算公式如下：

$$\mathrm{CV}=\frac{1}{\bar{y}}\left[\frac{1}{n}\sum_{i=1}^{n}(y_i-\bar{x})^2\right]^{\frac{1}{2}} \tag{7-5}$$

然而，由于变异系数 CV 能反映的仅是一种总的发展差异规律，忽略了每个产业或者经济体之间的空间联系作用，因此描述往往是粗略的、较不精准的。

此外，我们也常用 Moran's I 指数与 Geary's C 系数两个全局指标来度量空间自相关和衡量空间要素中间的相互关系。其中 Moran's I 指数反映的是空间邻近或空间邻接的区域单元属性值的相似程度，是通过使用一个单一的值反映一定范围内的自相关，从而来验证整个研究区域的空间模式。而且 Geary's C 系数和 Moran's I 指数存在负相关关系。在实际的空间自相关分析与应用研究中，Moran's

I 指数与 Geary's C 系数的作用大致相同，但大部分研究一般采用的是 Moran's I 指数。

因而我们考虑用 Moran's I 指数统计量，将空间因素考虑其中，分析经济或产业差异在空间上的布局。其最大的特色就是引入空间权重矩阵的概念，从而充分考虑每个经济单元所在的地理位置对自身发展的影响。

Moran 于 1950 年最早提出度量空间自相关的统计量，因此后来人们就用他的名字来命名该指数。Moran's I 指数的定义为

$$I=\frac{\sum_{i=1}^{n}\sum_{j=1}^{n}W_{ij}(Y_i-\bar{Y})(Y_j-\bar{Y})}{S^2\sum_{i=1}^{n}\sum_{j=1}^{n}W_{ij}} \tag{7-6}$$

式中，$S^2=\frac{1}{n}\sum_{i=1}^{n}(Y_i-\bar{Y})^2$；$\bar{Y}=\frac{1}{n}\sum_{i=1}^{n}Y_i$；$Y_i$ 为第 i 个地区的观测值；n 为地区总数；W_{ij} 表示空间权重矩阵，其中，$i=1, 2, \cdots, n$，$j=1, 2, \cdots, n$，n 为截面观测单位个数。W_{ij} 通常采用邻接标准或距离来计算。根据邻近标准的不同，W_{ij} 的计算方法不同。

Moran's I 指数主要反映空间邻接或空间邻近的区域单元属性值的相似程度。其取值范围在 $[-1, 1]$，若 Moran's I 指数值大于 0，则表示该区域内各地区间空间呈现正相关；若 Moran's I 指数值小于 0，则表示该区域内各地区空间呈现负相关。也就是说，若某个产业发展水平在空间位置上相似，即相邻区域具有相似属性值，空间总体上会显示出正相关；当空间位置上相邻区域具有不同属性值时，空间模式则表现出负相关；若相邻区域间属性值表现出随机独立的样子，那么空间相关性为零。一般而言，Moran's I 指数值越接近 1，整个区域空间差异越小，而越接近 −1，整个区域空间差异越大。当且仅当 Moran's I 指数值接近 $-1/(n-1)$ 时，观测值之间相互独立，不存在空间相关性，在空间上呈现随机分布。

一般，我们用标准化 Z 值来对空间自相关性进行显著性检验，具体公式为：

$$Z=\frac{I-E(I)}{\sqrt{\mathrm{Var}(I)}} \tag{7-7}$$

在正态分布的前提下，期待值 $E(I)$ 和方差 $\mathrm{Var}(I)$ 的计算公式为：

$$E(I)=\frac{-1}{n-1},\mathrm{Var}(I)=\frac{n^2W_1-nW_2+3(W_0)^2}{(W_0)^2(n^2-1)}E^2(I) \tag{7-8}$$

式中，$W_0=\sum_{i=1}^{n}\sum_{j=1}^{n}W_{ij}^2$，$W_1=\frac{1}{2\sum_{i=1}^{n}\sum_{j=1}^{n}(W_{ij}+W_{ji})^2}$，$W_2=\sum_{i=1}^{n}\left(\sum_{j=1}^{n}W_{ij}+\sum_{j=1}^{n}W_{ji}\right)^2$。

可根据式（7-7）和式（7-8）计算得到检验统计量 Z，并求 Z 值的 P 值，然

后将 P 值与显著性水平 α（一般取 $\alpha=0.05$）作比较，来判断是否存在空间自相关关系。如果 Moran's I 指数统计量在给定的显著水平下显著，这说明 n 个区域单元的属性值之间存在空间自相关性。否则，说明不存在空间自相关性。

(3) *局部空间自相关*

全局空间自相关是对属性值在整个区域的空间模式进行描述，而且全局自相关一般假定空间是同质的，即整个研究区域内只存在一种趋势。在这种情况下，全局空间自相关分析有可能忽略了空间过程的潜在不稳定问题。当全局空间自相关性显著时，可能存在完全随机分布的样本子集；而当全局空间自相关性不显著时，有些样本子集却有可能是显著的局部相关的。

实际上，研究区域内部各自区域的空间自相关很少完全一致，常常是存在着不同水平与性质的空间自相关，通常称为空间异质性（spatial heterogeneity）。空间异质性非常普遍，局部空间自相关就是通过分析一个区域单元的某种地理现象或某一属性值与邻近单元同一地理现象或属性值的相关程度，从而更加准确地把握空间自相关的空间异质性。局部空间自相关可以进一步考察和分析属性值是否存在局部空间集聚性，哪个区域单元对全局空间自相关的贡献更大以及全局空间自相关分析在多大程度上掩盖了局部不稳定性。

考察属性值的局部空间自相关性一般采用空间联系的局部指标（local indicators of spatial association，LISA）。LISA 是一组统计指标的总成，包括局部 Moran's I 指数统计量、局部 Geary's C 系数统计量、局部 Getis's G 系数统计量等。而且，LISA 满足下列两个条件：①每个区域内的空间单元 LISA 主要是描述了围绕该空间单元、与其属性值相同或相似的区域单元之间空间集聚程度的指标；②区域内所有空间单元 LISA 的总和与整个区域的全局空间联系指标成比例。

在全局 Moran's I 指数的基础上，Anselin（1995）提出局部 Moran's I 指数的定义。从本质上看，局部 Moran's I 指数是将基于全局自相关分析的 Moran's I 指数统计量分解到了各局部空间上。对于某个局部空间 I_i：

$$I_i = \frac{(Y_i - \bar{Y})}{S^2}\sum_{j=1}^{n} W_{ij}(Y_j - \bar{Y}) \tag{7-9}$$

式（7-9）中相关系数的解释，参考全局 Moran's I 指数统计量。

接下来，用 $Z(I_i)$ 来检验某个区域 i 是否存在局部空间自相关性。$Z(I_i)$ 统计量的计算公式为：

$$Z(I_i) = \frac{I_i - E(I_i)}{\sqrt{\mathrm{Var}(I_i)}} \tag{7-10}$$

式（7-10）中 $E(I_i)$ 和 $\sqrt{\mathrm{Var}(I_i)}$ 的计算方法参考式（7-8），检验方法与全局 Moran's I 指数统计量的显著性检验是类似的。

与全局 Moran's I 指数的含义一样，I_i 值为正表示该区域单元周围相似值（高值或低值）的空间集聚，I_i 值为负则表示相似值的空间集聚不存在，并且全局统计指标 I 和局部统计指标 I_i 之间存在以下关系：$\sum_{i=1}^{n} I_i = I$。

7.2.3.2 都市圈旅游经济协调指标变化

尽管京津冀都市圈在旅游者空间流动、旅游经济发展水平和旅游交通服务水平等方面仍存在严重的空间结构失衡现象，但京津冀都市圈自 1986 年环渤海地区市长联席会的建立开始，已历经三十多年之久，区域旅游在客源互换、资源共享、开放市场、产品开发、共同营销、管理协调、交通基础设施共建、信息交流、人员交流培训等方面已建立了重要的合作基础。本章选择区域协调指数和 ESDA 方法以判断近 10 年来区域旅游经济协调的空间演变特征。

协调度是指系统之间或系统要素之间在发展过程中彼此和谐一致的程度。区域旅游经济协调在一定程度上反映了一区域和周边区域之间的旅游发展差距变化。由此本部分引入区域协调发展的“边界效应”，通过一区域与边界区域的旅游收入关系变化来衡量区域旅游协调程度（陈晓，2008；陈弢，2014）。

区域旅游经济发展程度通过一区域“旅游总收入”指标来反映。区域旅游经济协调程度通过一区域同相邻区域旅游总收入平均值之差的绝对值来反映。具体公式如下：

$$M_i = \mathrm{ABS}\left[s_i - \left(\sum_{j=1}^{n} s_j\right)\Big/ n\right] \quad (i = 1, 2, \cdots, n;\ j = 1, 2, \cdots, n) \tag{7-11}$$

式中，M_i为 i 区域旅游经济协调程度；s_i为某区域旅游总收入指标值；s_j为相邻区域旅游总收入指标值。M_i值越大，说明区域旅游经济协调程度越低。

7.2.3.3 高速铁路开通前后京津冀都市圈旅游经济全局空间自相关分析及结果

借用 ESDA 方法对 2003 ~ 2012 年高速铁路开通前后京津冀区域旅游经济与邻近区域的旅游经济发展的相关程度进行分析。ESDA 在功能上分为两大类，一类为全域空间自相关分析（global spatial autocorrelation），一般用 Moran's I 指数，用来分析空间数据在整个系统内表现出的分布特征；另一类为局域空间自相关（local spatial autocorrelation），用来分析局部子系统所表现出的分布特征，具体包括空间集聚区、非典型的局部区域、异常值或空间政区，可用 Moran 散点图和 LISA 显著性水平图来表示（武剑和杨爱婷，2010）。

全域自相关性是对属性值在整个区域空间分布情况的总体特征描述。Moran's I 指数的计算公式如下：

$$I = \frac{\sum_{i=1}^{n}\sum_{j=1}^{n} W_{ij}(x_{it} - \bar{x})(x_{jt} - \bar{x})}{\left[\sum_{i=1}^{n}\sum_{j=1}^{n} W_{ij}\right]\sum_{i=1}^{n}(x_{it} - \bar{x})^2} \tag{7-12}$$

式中，n 为区域数目；x 为各区域人均旅游收入值；x_{it} 和 x_{jt} 分别为京津冀区域第 i 和 j 区域第 t 年的人均旅游收入值；W_{ij} 为空间权重矩阵 W 中的元素。

(1) 2003 年以来区域旅游经济协调变化

某一年份区域旅游经济协调变化率越大，说明与前一年份相比，其区域旅游经济协调变化程度较低，反之越高。从统计结果来看，北京市 2003 年的区域旅游经济协调度较之前一年变化最为明显，区域旅游经济协调性最差，自 2008 年高速铁路开通后区域旅游经济协调程度逐渐变化，2008 年最高；天津市 2008 年的区域旅游经济协调度较之前一年变化最为明显，区域旅游经济协调性最差，2003 年的区域旅游经济协调程度最高；石家庄市 2011 年的区域旅游经济协调度较之前一年变化最为明显，区域旅游经济协调性最差，2008 年的区域旅游经济协调程度最高。唐山市、秦皇岛市、邯郸市、邢台市、保定市、张家口市、承德市、沧州市、廊坊市、衡水市的区域旅游经济协调程度存在起伏不定的波动。

(2) 区域旅游经济协调发展的空间特征

为使京津冀区域旅游经济协调发展的分析更加直观，选择 GEODA 软件揭示高速铁路开通前后京津冀区域的旅游经济协调空间结构状况。

由图 7-3 可知，京津冀都市圈 2003 ~ 2012 年区域人均旅游收入的 Moran's I 总体为正，表明京津冀都市圈旅游经济总体相关性为正，说明区域与其周边地区的旅游经济发展水平具有明显的空间差异。2003 年区域旅游协调的空间差异性最高，2008 年空间差异性最低，说明高速铁路的开通加强了区域资源和要素的流通，使旅游经济的空间差异性减小。

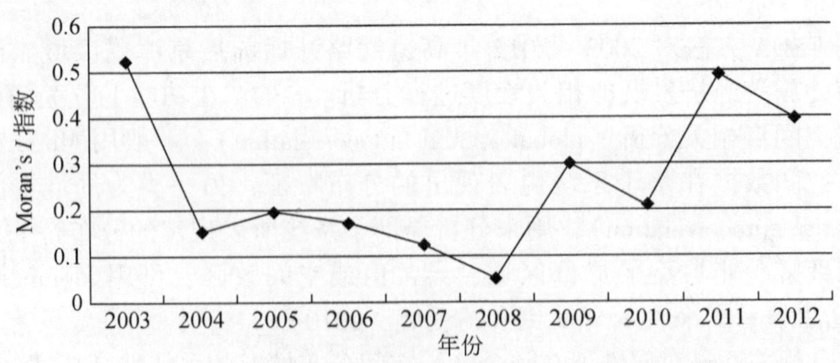

图 7-3　京津冀都市圈 2003 ~ 2012 年区域人均旅游收入的全局 Moran's I 的变化趋势

对2003~2012年区域人均旅游收入的Moran's I值进行显著性检验，其中2003年、2005年、2011年和2012年的Moran's I值均通过了显著性水平为5%的检验，说明以上4年京津冀区域旅游经济协调性存在显著的空间自相关特征。2004年受“非典”后续效应影响，京津冀各区域旅游均处于紧张的恢复调整期，2008年以后京津冀各区域旅游发展形势较好。

7.3 高速铁路背景下京津冀都市圈旅游发展演变过程和趋势

7.3.1 京津冀都市圈旅游合作的基础和阶段性特征

尽管京津冀都市圈旅游空间差异化明显，但京津冀都市圈旅游合作一直是京津冀都市圈区域经济一体化的重要议题。重要的区位条件、优越的地理环境和资源条件是都市区集聚与形成发展的区域经济背景及发展基础（姚士媒等，2006）。

1）区位条件。京津冀都市圈以北京、天津两市为核心，包括河北省的石家庄市、保定市、唐山市、秦皇岛市、廊坊市、沧州市、张家口市、承德市，是我国的政治、文化中心和人口、经济密集区（陈洁和陆锋，2008）。京津冀都市圈作为我国经济发展第三增长极的核心引擎，担负着我国未来大规模推进国际化的重任。其中北京市有独特的政治优势和信息优势，天津市是区域经济发展的工业、金融、商业和贸易中心和战略点，且区域有较为雄厚的经济基础和重工业基础。

2）旅游资源互补。北京市作为首都和全国旅游中心城市，自然、人文、历史等景观在京津冀三地旅游经济发展规模最高；河北省地形地貌品类的旅游资源最为齐全，包括江河湖海、山林草原、广袤平原等；天津市作为中国近代历史的缩影，有罕见的万国建筑博物馆，构成了天津市独特的历史文化旅游资源。整体而言，京津冀区域客源市场大，资源类型多，可进入性强，是发展较为成熟的都市圈旅游目的地。

京津冀都市圈旅游经济区位熵统计和旅游者“位序–规模”分析表明京津冀都市圈旅游呈现阶段性特征，包括2004年之前、2004~2008年，2008年以来共3个阶段，这与京津冀都市圈旅游区域合作的实际进程也较为对应，这一阶段性特征从理念、介质和机制等方面奠定了京津冀都市圈旅游进一步合作发展的基础。

（1）意识形成阶段

京津冀是国内最早提出区域旅游合作的地区，早在1985年就成立了京东旅游区，致力于京东地区两市一省旅游资源的开发和景区的合作，在景区联合开发、联合营销方面略有进展，但未能推广。至2003年，三省市的旅游学会和旅游局等又相继召开一系列研讨会、交易会等，但京津冀都市圈旅游合作始终停留在形式单一、规模有限、参与不足和随意性强的较低层次。

（2）重点突破阶段

自2004年开始，国家发展和改革委员会牵头出台一系列京津冀区域经济发展协议与规划，使京津冀区域经济合作有了一定的理论依据。这一时期《区域旅游合作廊坊共识》等协议也为京津冀都市圈旅游合作奠定重要的基础。期间京津冀旅游“一卡通”和旅游年票的发行积极地推动了都市圈旅游经济一体化发展的进程。但这一时期都市圈旅游合作较多是旅游企业自发的行为，是出于本身业务和利益的考虑而进行的，规模小，层次低，随意性强。

（3）协同发展阶段

以高速铁路的开通为重要节点。2008年以来，京津城际铁路的开通是京津冀都市圈旅游形成了空间一体化的重要基础；北京奥运会的成功举办，也促使京津冀都市圈在“重大事件”的压力下，天然成为旅游接待的统一体。在良好的合作基础上，2014年习近平提出的“京津冀协同发展”战略为都市圈合作指明了新的思路，旅游业作为区域经济发展的先导产业必将迎来新的发展契机。

7.3.2 城际高速铁路对京津冀都市圈旅游的推动方向

《河北省国民经济和社会发展第十一个五年规划》中提出今后河北省城市化发展的方向是：把发展城市群作为推进城市化的主体形态，构筑以京津唐、京津保为骨架的环京津城市群和以石家庄市为核心的环省会城市群，加快培育沿海城市带。

以“都市交通圈”带动“都市旅游圈”发展是京津冀都市圈旅游发展的新契机，随着京津冀区域经济的快速发展及交通网络的建设，京津冀都市圈时空距离越变越“小”，“都市交通圈”正在带动“都市旅游圈”的快速发展。目前京津城际铁路、京广高速铁路、京沪高速铁路的相继开通运营，以北京市为起点，途经天津市和河北省廊坊市、沧州市等城市的高速铁路运营里程已达1000km；轨道交通网规划基本建成以北京市为中心，以京津为主轴，以石家庄市、秦皇岛市为两翼的城际轨道交通网络，覆盖京津冀地区的主要城市，形成以北京市、天津市为中心的“2h交通圈”，奠定了都市圈旅游一体化基础。

规划远景年度，京津冀区域应根据客流增长情况择机建设天津市至唐山市、石家庄市至邯郸市城际、滨海新区至渤海新区城际铁路，在河北省境内覆盖除衡水市外的所有设区市，形成以石家庄市、唐山市为中心，连接京津两大直辖市和省内大部分城市的较为完善的城际铁路网，形成“500km3h交通圈”。

从区位上考虑到沿海港口建设和临港工业区发展对京津冀都市圈经济社会发展的重大影响，在城际铁路的线位选择时应尽量靠近临港地区，以满足临港地区经济发展对优质旅客运输的需求。

7.4 结　　论

1）高速铁路背景下，旅游业发展呈现出新的特征。高速铁路作为旅游者活动的重要工具和吸引物，对旅游者的空间流动具有导向作用。对全国22个省市2009~2012年国内旅游人数和国内旅游收入指标的分析表明，2008年高速铁路开通以来，国内旅游变化最为明显的包括2009年四川省、河北省、河南省、湖北省，以及以黑龙江省为代表的东北区域，以安徽省为典型的华东区域等；旅游收入偏移增长较为明显的区域包括安徽省、河南省、湖南省、湖北省、广东省和海南省等。2009年、2012年22个省市的DEA分析同时表明高速铁路交通要素的投入对旅游业发展有一定的产出效果，但是资源没有得到充分利用。2009~2012年，各省市总体效率值并未呈现增长趋势，说明高速铁路对旅游发展的贡献程度有待提高，高速铁路的旅游业服务功能需要不断加以强化。

2）铁路对旅游业发展的促进作用明显，但是其实际投入和旅游产出匹配度不高。这一方面是由于近几年来高速铁路建设投入规模过大，同时也说明高速铁路“旅游产出”效率的产生过程是渐进的，高速铁路投资的经济效益有滞后性。从未来较长时期来看，随着高速铁路建设和运营进入稳定发展阶段，高速铁路经济投入与旅游产出会逐渐走向均衡状态。

值得讨论的是，旅游业的快速发展并不能仅依据高速铁路单一要素的推动，但是高速铁路应成为旅游业发展的重要契机。高速铁路与其他旅游要素之间如何相互作用，影响旅游者的行为选择，是值得进一步研究的课题。

3）京津冀区域在区位条件、旅游资源禀赋、旅游发展基础等方面各不相同，但都具有各自的比较优势，且内部的旅游经济联系已经较为紧密。伴随着京津冀都市圈轨道交通网络的逐步完善，京津冀旅游协同发展程度将越来越高。

随着京津冀协同发展战略的进一步推行，行政驱动对区域旅游空间关系影响的弱化，在高速铁路的推动下，随之而来的区域间文化共生性和影响力，会促进京津冀都市圈旅游空间更加协调一致。

8　都市圈旅游者高速铁路出行选择及特征的结构关系分析

近几年来，随着旅游业的发展及其对铁路交通需求的提升，中国铁路运营网络的全面覆盖非常必要，目前方兴未艾的高速铁路建设未来将成为旅游者出行的重要选择。随着高速铁路时代的来临，高速铁路“四纵四横”线路的逐步延伸和扩展，时速为 300 km/h 及以上的高速铁路列车将更多地投入客运线路，列车运行时速必然会得到大大提升，这将给旅游业带来较明显的促进和推动作用。高速铁路的快速便捷催生了越来越多的旅游消费需求，高速铁路的空间布局影响着旅游者出行的空间选择。高速铁路的发展应更多关注旅游者的选择特征和出行规律。

8.1　高速铁路出行者交通方式比较选择

由于高速铁路具备运力、速度、安全等性能，越来越多的旅客将高速铁路作为出行方式的主要选择。高速铁路的开通，改变了人们的出行理念，构建了人们新的出行空间范围和空间半径。

针对高速铁路对旅客影响的研究，王晖军（2014）认为高速铁路的投入运营使我国旅客运输市场的竞争格局发生变化；陈雷雷等（2015）构建了高速铁路列车服务旅客满意度评价指标体系，从高速铁路服务细节评价了影响旅客满意度的因素；曹灿明和陈建军（2012）构建高速铁路旅客满意度结构模型，以判断高速铁路客运服务质量、旅客满意度和旅客忠诚度之间的关系。

已有研究较多地研究了高速铁路对我国旅客出行和旅客满意度的影响，但对出行特征的总结较少，且基于多种运输方式服务过程的比较研究缺乏。为此本章基于消费者行为学的相关理论，构建高速铁路旅游的影响要素体系，并通过问卷调查总结旅客出行方式和特征，在此基础上，通过层次分析法，构建基于主体和客体、多种交通方式选择的层次结构体系，以判断旅客出行决策特征和影响过程。

8.1.1　高速铁路旅客出行基本意向特征调研

8.1.1.1　问卷设计与调研——基于消费者行为学视角

消费者行为学相关理论认为，消费者行为是人们为满足需要和欲望而寻找、选择、购买、使用、评价及处置产品和服务时介入的活动和行为。四因素理论认为社会因素、文化因素、心理因素和个人因素构成影响消费者行为的四个层面。社会因素中包括家庭角色、地位与参照群体。文化因素中包括社会阶级、亚文化、文化。心理因素包括学习、激励、直觉、信念与态度。个人因素包括生活方式、职业经济环境、年龄与生命周期阶段及个性与自我概念。影响消费者行为决策的内容包括消费心理、行为目的和行为过程等。

基于消费者行为学的相关原理和高速铁路旅客的个性化特征，问卷体系包含了旅客的基本条件、心理认知信息、行为选择信息等。层次结构体系构建内容包括考虑旅客主体的内因和考虑交通方式客体的外因两部分内容：一是针对高速铁路开通后游客出行行为的变化调查，包括出行方式、出行频率、出行需求、出行时空分布、出行空间感知等；二是影响旅客选择交通工具的因素调查。本次问卷主要借助问卷星网站发放，问卷共收回 210 份，其中有效问卷为 206 份，有效率达 98.1%。

8.1.1.2 调查问卷分析

（1）被调查人口主体特征值

对被调查者的出行目的调查表明，约 54.34% 的旅客通常选择高速铁路作为访学和探亲访友的出行选择，45.63% 的旅客以高速铁路作为旅游的出行首选，20.39% 旅客将高铁作为公务出行的首要选择（表 8-1）。

表 8-1 被调查者的人口统计学特征

特征	特征值	样本量/人	比例/%
年龄	30 周岁以下	119	57.77
	30～45 周岁	58	28.15
	45～60 周岁	29	14.08
	60 周岁以上	0	0
学历	初中及初中以下	11	5.34
	高中（中专）	29	14.08
	本科（大专）	154	74.76
	硕士及硕士以上	12	5.82
职业	学生	96	46.6
	公司企业员工	51	24.76
	公务员	7	3.4
	个体户	21	10.19
	其他	31	15.05

续表

特征	特征值	样本量/人	比例/%
平均月收入	2 000 元以下	108	52.43
	2 000～5 000 元	63	30.58
	5 000～10 000 元	27	13.11
	10 000 元以上	8	3.88
出行目的（此项为多选项）	访学、探亲	112	54.34
	旅行	94	45.63
	公差	42	20.39

（2）高速铁路对旅客出行的影响

高速铁路开通后对人们的生活造成了一定程度的影响，导致旅客出游行为发生一系列的变化。根据前人的研究，结合本次问卷调查数据，得出以下关于高速铁路开通后乘客出行的交通方式、出行频率、出行的需求、出行的时空分布以及出行感知等几个方面的数据（表 8-2）。

表 8-2　高速铁路与旅客选择的相关性

特征	特征值	样本量/人	比例/%
有高速铁路开通的线路出门优先选择交通方式	高速铁路	142	68.93
	普通火车	50	24.27
	汽车	8	3.88
	飞机	3	1.46
	其他	3	1.46
乘坐高速铁路时长	1h 以内	26	12.62
	1～2h	62	29.61
	2～5h	94	45.63
	5～10h	25	12.14
	10h 以上	0	0
节假日出行空间范围	50km 以内	75	36.41
	50～100km	50	24.27
	100～200km	36	17.48
	200～500km	30	14.56
	500km 以上	15	7.28

1）出行方式。如图 8-1 所示，问卷结果表明，各职业的旅客在有高速铁路选择的出行线路，都已将高作为优先选择的交通方式；其次为普通火车、汽车、飞机及其他交通方式。并且约 26.21% 的旅客已将高速铁路作为常态出行的主要交通工具，但也有约 13.11% 的旅客考虑到其他因素而认为乘坐高速铁路出行是应该慎重的选择。

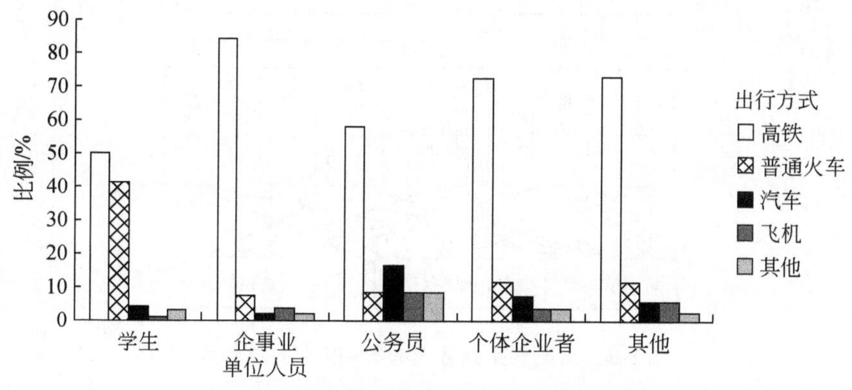

图 8-1　不同职业者的出行方式选择

2）乘坐高速铁路时长及出行距离。空间距离和时速是体现高速铁路优势的主要指标。旅客调查表明，目前选择的高速铁路线路在途时间还是以 2～5h 为主，此类旅客所占比重约为被调查者的 45.63%，以高速铁路最低速度 200km/h 估计，旅客的出行半径在 400～1000km；而通常乘坐时长为 1～2h 的约占被调查总人数的 29.61%；乘坐时长在 1h 以内的，约为 12.62%；时长在 5～10h 的人数约为 12.14%；10h 以上高速铁路线路，旅客选择相对较少。由此也可表明高速铁路与公路、航空等主要交通方式的竞争优势主要集中于 400～1000km 的出行半径上。

8.1.2　基于层次分析法的高速铁路旅客出行选择的影响因素评判

为判断旅客出行选择的影响因素，将旅客对出行方式的选择、影响旅客决策的内外因素划分为最高层、中间层和最低层，形成高速铁路旅客多交通方式选择的层次结构图（图 8-2）。在确定各交通方式各层次各因素之间的权重比较时，综合考虑专家观点和旅客调查结果完成权重比较值的确定。

8.1.2.1　构建层次模型

高速铁路旅客选择影响因素层次模型如图 8-2 所示。

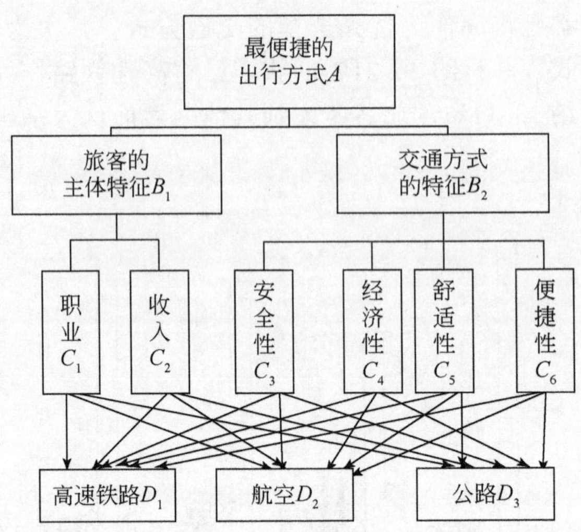

图 8-2　高速铁路旅客选择影响因素层次模型

8.1.2.2　构造成对比较矩阵

设要比较各准则层 C_1，C_2，…，C_n 对目标 A 的重要性：

$$C_i:C_j \Rightarrow a_{ij};\ A=(a_{ij})_{n\times n},\ a_{ij}>0,\ a_{ij}=\frac{1}{a_{ij}} \tag{8-1}$$

$$A=\begin{bmatrix} 1 & 3 & 7 & 5 & 1 & 1 \\ \frac{1}{3} & 1 & 4 & 1 & 1 & 1 \\ \frac{1}{7} & \frac{1}{4} & 1 & \frac{1}{7} & \frac{1}{5} & \frac{1}{4} \\ \frac{1}{5} & 1 & 7 & 1 & \frac{1}{4} & \frac{1}{4} \\ 1 & 1 & 5 & 4 & 1 & 3 \\ 1 & 1 & 4 & 3 & \frac{1}{3} & 1 \end{bmatrix}$$

根据此计算出 C_1、C_2，…，C_6 的重要性为：$C_1=0.228$，$C_2=0.16$，$C_3=0.029$，$C_4=0.263$，$C_5=0.263$，$C_6=0.167$。

8.1.2.3 层次单排序及其一致性检验

定理1：n 阶一致阵的唯一非零特征根为 n。

定理2：n 阶正互反阵 A 的最大特征根 $\lambda \geqslant n$，当且仅当 $\lambda = n$ 时 A 为一致阵。

由于 λ 连续的依赖于 a_{ij}，则 λ 比 n 大的越多，A 的不一致性越严重。用最大特征值对应的特征向量作为被比较因素对上层某因素影响程度的权向量，其不一致程度越大，引起的判断误差越大。因而可以用 $\lambda - n$ 数值的大小来衡量 A 的不一致程度，检验步骤如下。

(1) 计算一致性指标 CI

定义一致性指标公式：

$$\mathrm{CI} = \frac{\lambda - n}{n-1} \tag{8-2}$$

根据以上矩阵，计算 CI。CI = 0，有完全的一致性；CI 接近于 0，有满意的一致性；CI 越大，不一致越严重。

(2) 查表确定相应的平均随机一致性指标 RI

为衡量 CI 的大小，引入随机一致性指标 RI。据判断矩阵不同阶数查表 8-3，得到随机一致性指标 RI。

表 8-3 随机一致性指标 RI

n	1	2	3	4	5	6	7	8	9	10	11
RI	0	0	0.58	0.90	1.12	1.24	1.32	1.41	1.45	1.49	1.51

RI = 1.24，故 CR = CI/RI = 0.0998 < 0.10。

(3) 计算一致性比例 CR，并进行判断

$$\mathrm{CR} = \frac{\mathrm{CI}}{\mathrm{RI}} \tag{8-3}$$

当 CR < 0.1 时，认为判断矩阵的一致性是可以接受的；当 CR > 0.1 时，认为判断矩阵不符合一致性要求，需要对该判断矩阵进行重新修正（表 8-4 ~ 表 8-9）。

表 8-4 旅客职业对三种交通方式选择的影响程度

职业特征	高速铁路 D_1	航空 D_2	公路 D_3	排列顺序
高速铁路 D_1	1	7	3	0.672
航空 D_2	1/7	1	1/5	0.063
公路 D_3	1/3	5	1	0.265

对于此矩阵，计算可得 $\lambda_1 = 3.026$，CI = 0.013，RI = 0.58，CR = CI/RI = 0.025 < 0.10。

表 8-5　旅客收入对三种交通方式选择的影响程度

收入水平	高速铁路 D_1	航空 D_2	公路 D_3	排列顺序
高速铁路 D_1	1	7	4	0.705
航空 D_2	1/7	1	1/3	0.084
公路 D_3	1/4	3	1	0.211

计算可得 $\lambda_1=3.029$，CI=0.015，RI=0.58，CR=0.028<0.10。

表 8-6　交通方式安全性对三种交通方式选择的影响程度

安全性考虑	高速铁路 D_1	航空 D_2	公路 D_3	排列顺序
高速铁路 D_1	1	4	6	0.672
航空 D_2	1/4	1	2	0.063
公路 D_3	1/6	1/2	1	0.265

计算可得 $\lambda_1=3.003$，CI=0.001，RI=0.58，CR=0.008<0.10。

表 8-7　交通方式经济性对三种交通方式选择的影响程度

经济性考虑	高速铁路 D_1	航空 D_2	公路 D_3	排列顺序
高速铁路 D_1	1	6	3	0.667
航空 D_2	1/6	1	1/2	0.111
公路 D_3	1/3	2	1	0.222

计算可得 $\lambda_1=3$，CI=0，RI=0.58，CR=0<0.10。

表 8-8　交通方式舒适度对三种交通方式选择的影响程度

舒适度影响	高速铁路 D_1	航空 D_2	公路 D_3	排列顺序
高速铁路 D_1	1	1/3	4	0.06
航空 D_2	3	1	5	0.709
公路 D_3	1/4	1/5	1	0.231

计算可得 $\lambda_1=3.071$，CI=0.036，RI=0.58，CR=0.068<0.10。

表 8-9　交通方式便捷性对三种交通方式选择的影响程度

便捷性影响	高速铁路 D_1	航空 D_2	公路 D_3	排列顺序
高速铁路 D_1	1	4	1/3	0.088
航空 D_2	1/4	1	3	0.669
公路 D_3	3	1/3	1	0.248

计算可得 $\lambda_1=3.00$，$CI=0.003$，$RI=0.58$，$CR=0.006<0.10$。

根据上述计算方法及评定结果，计算最便捷的出行方式。

最终综合评价值见表 8-10。

表 8-10　出行方式综合评价值

评价指标	C_1	C_2	C_3	C_4	C_5	C_6	综合评价
权重系数	0.288	0.16	0.029	0.093	0.263	0.167	
高速铁路 D_1	0.672	0.705	0.11	0.667	0.6	0.088	0.402
航空 D_2	0.063	0.084	0.581	0.111	0.709	0.669	0.357
公路 D_3	0.265	0.211	0.309	0.222	0.231	0.243	0.241

由表 8-10 可知，评价指标权重系数从小到大排名为 C_3、C_4、C_2、C_6、C_5、C_1，可见旅客的职业对交通方式的选择影响最重要。根据综合评价可知，公路的综合评价为 0.241，航空的综合评价为 0.357，高速铁路的综合评价为 0.402。高速铁路的综合评价最高，高于航空与公路，所以高速铁路是最便捷出行方式。

8.1.2.4　结果分析

调查表明，已开通高速铁路的出行线路，高速铁路是旅客的优先出行方式。分析认为，运行速度快、在途时间短、安全快捷准时、环境设施先进、乘坐环境舒适等是旅客选择高速铁路出行的主要因素。高速铁路这些优势对旅客出行选择的正向导引远远大于高票价和低收入带来的反向阻抗。

从影响因素间的相关性判断，高速铁路的开通，缩短了旅客对出行目的地间的空间感知距离，吸引更多旅客选择高速铁路，也吸引旅客频繁出行、远距离出行。

8.2　基于结构方程模型的高速铁路旅游者特征研究

借助结构方程模型，进一步对旅游者高速铁路出行的交通方式选择行为进行结构关系分析。从旅游者行为学的角度分析旅游者交通方式选择过程的结构特征。

8.2.1　基于消费者行为学理论的旅游者行为分析

在消费者行为研究领域，信息被看做是人们在做决策时，能够导致个人改变其期待或评估的刺激。这说明了信息与个人决策有关，为了决策，人们才去转换数据，使之变成信息，若无决策，则不会有信息。由此，可以这样来定义信息的特性：①信息概念应包括人的决策活动在内，若无决策活动，人类无须使用信息；②不确定性是度量信息的基础。从决策行为来看信息，必须清楚地认识到，决策过程中对信息使用的“不知”或“不确定”现象。人类的认知能力有限，面对一个决策问题，对相关问题的了解，必然存在不可知的成分。图 8-3 为消费者信息来源分类。

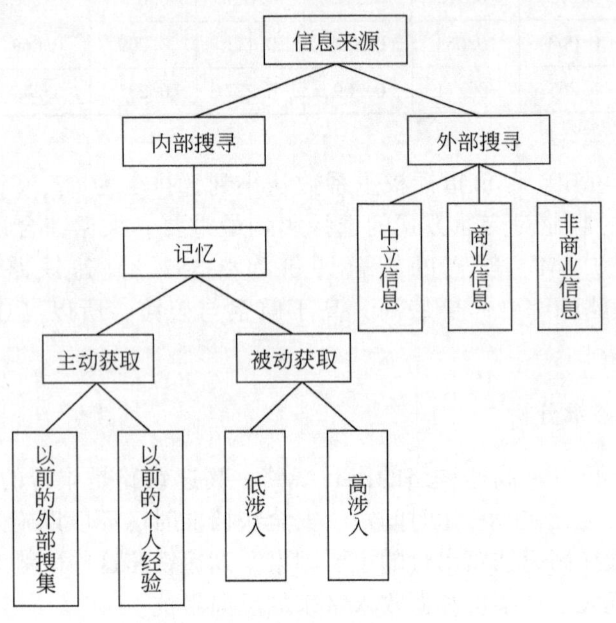

图 8-3　消费者信息来源分类

资料来源：Bekman and Gilson，1986

旅游者选择行为依据如下：

1）空间。反映搜寻活动的所在，可分成“内在的”（记忆）或是“外部的”（从外部环境获得信息）两个主要来源。内在信息搜寻指从记忆知识的获取，如过去的消费经验；相对的，外部信息搜寻是旅游者寻求个人经验以外的信息。空间的策略并不是旅游者信息搜寻的唯一方式，搜寻策略也可能会受到时间因素或操作因素的影响。

2）时间。人们搜寻旅游信息的活动可能会随时进行，其主要目的是为了增进未来购买决策时的知识基础。此外，信息搜寻活动也可能是针对当前问题所作出的反应。旅游者的信息搜寻不一定是为了特定旅游目的，在旅游前进行信息的搜寻其主要动机是为了做出较佳的旅游选择（如更好的旅游行程、节省成本）；

而以持续进行的方式搜寻信息，可能是渴望作为未来决策制订的知识基础，这并非是为了即刻达到某一旅游决策的目的。

3）操作。反映信息搜寻行为，且聚焦于特定信息资源的使用、相关问题的解决，以及决策的相对有效性。福德奈斯和莫里按照操作特性，将信息来源区分成决定性及辅助性两大类。其中，决定性信息来源包括个人经验、朋友或亲戚、汽车俱乐部及旅行社；辅助性信息来源包括小册子、旅行指南、公路旅游者中心、当地旅游办公室、官方国家旅游指南、报纸及杂志。

福德奈斯和莫里将旅游信息搜寻策略看作是一个动态过程，以条件因素、信息搜寻策略、旅游者特质、搜寻结果四个维度来分析旅游者如何使用不同的信息来源来规划度假的选择，进而发展出一个“旅游者信息搜寻及行为模式”，界定了消费者在信息搜寻策略中相关变项之间的相互关系（图 8-4）（白凯，2013）。

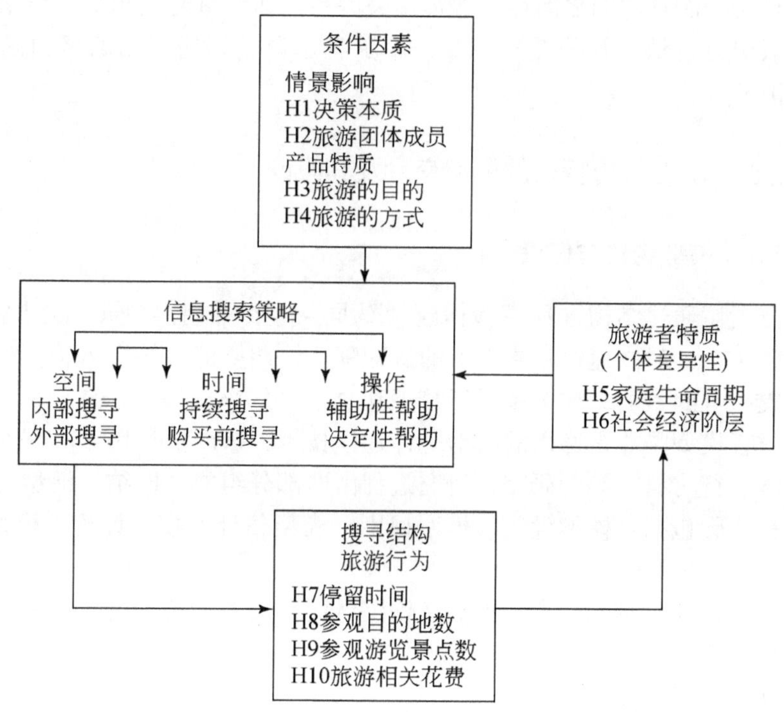

图 8-4　旅游者信息搜寻及行为模式

1）旅游者出行选择随着出游前计划时间的长短、旅游团体的构成、旅游目的和旅游模式的改变而改变。常规决策与持续的、内部或外部使用的决策资源显著相关。人们在作常规决策时，通常会运用来自亲朋好友的信息来计划他们的旅行；而对于其他的信息来源途径则使用的很少。该研究区分了携子家庭、年轻无子家庭和退休无子家庭的信息搜寻战略。带着休闲目的的旅游者，在信息搜寻的各种途径上都很重视，而探亲访友型在亲友这一途径上所得分数明显高于其他途径。

2）旅游者个性特征对出行选择的影响。假设旅游者个性特征从旅游者家庭生活周期所处的阶段和收入加以反映。不管旅游者处在哪个阶段（携子、无子和退休），对其信息搜寻都没有显著区别。而对收入的分析显示，低收入者趋向于依赖其朋友或亲戚，高收入者趋向于使用某种政府型旅游信息，如接待中心、地方旅游机构及专业导游。这可能因为低收入者没有足够的资金支持他们的决策，高收入者更能承担不满意的旅行的风险和旅游消费。

3）预期结果影响旅游者选择。滞留时间、住宿天数、景点吸引力和娱乐花费的关系显著，而且它们之间存在着正相关关系，即滞留时间越短、住宿天数越少、景点吸引力越低、娱乐花费越少，旅游者选择过程所付出的努力随之越少（白凯，2013）。

8.2.2 基于旅游者行为特征的模型变量及其假设

8.2.2.1 模型构建与假设

本部分尝试通过结构方程模型构建"认同-期望-体验-满意度-支持度"5者间的路径关系，对高速铁路旅游者的认知程度、期望值、行为体验、整体满意度和发展支持等因素的结构关系进行梳理和总结（杨兴柱等，2005）。

结构方程模型是非常通用的线形统计建模技术，被广泛运用于心理学、经济学、社会学、行为科学等的研究。研究过程由两部分组成，即结构模型与测量模型。其分析步骤包括：模型设定、模型识别、模型估计、模型评价、模型修正5个步骤（Bojanic，1996）。

本书共设计5个结构变量，即高速铁路认同、服务期待、行为体验、整体满意度、发展支持。

（1）变量定义与衡量

1）高速铁路认同。消费心理学认为，对某一品牌的认同，会强化消费者的购买行为，减少心理距离，坚定对品牌的态度（Choi and Winterich，2013）。高速铁路对社会和经济发展的推动作用已得到社会的普遍认可，但在旅游者选择交通方式的过程中，对高速铁路地位的认可程度是否影响到旅游者的选择行为及其体验值得研究。表8-11为高速铁路认同的观测变量。

表 8-11 高速铁路认同的观测变量

序号	观测变量	说明
VP1	变革认同	高速铁路是我国旅行方式的重大改革
VP2	技术认同	为我国高速铁路技术感到骄傲和自豪
VP3	旅游促进认同	高速铁路是社会旅游交通效率的重要提升
VP4	服务性认同	高速铁路应该是服务于社会各个阶层和领域
VP5	效率认同	高速铁路对旅游业的支撑优于其他交通方式
VP6	安全性认同	高速铁路旅行的安全性应该高于其他交通方式
VP7	可持续性认同	高速铁路的环保和节能等特点符合旅游业要求

2）服务期待。期望理论（expectancy theory）认为，对服务质量和期望值之间的差异函数的实际感知是满意度测评的主要内容，顾客对服务质量的感知是基于服务体验与期望值的比较（Churchill and Suprenant，1982）。旅游出行交通期望是对出游目标实现的心理预期。结合初期预调研结果，设计观测变量为服务范围期望、服务便捷期望、服务价格期望、可持续能力期望、城市联通性期望和整体效率期望。表 8-12 为服务期待的观测变量。

表 8-12 服务期待的观测变量

序号	观测变量	说明
SE1	服务范围期望	期望服务网络普及范围更广
SE2	服务便捷期望	期望高速铁路站点更方便到达旅游景区
SE3	服务价格期望	期望服务价格更合理
SE4	可持续能力期望	期望高速铁路环境保护能力和水平更高
SE5	城市联通性期望	期望高速铁路加强城市交往的功能更强
SE6	整体效率期望	期望高速铁路更加能提升个人交通效率

3）行为体验。体验是指当人们的情绪、身体、智能，甚至是精神层面上达到某一水准的时候，在人们的意识中所产生的一种美好的感觉（Pine and Gilmore，1998）。追求速度不应是铁路企业的核心，更高层次的出行需求需要被铁路企业重视。深入分析高速铁路乘客在乘车出行过程中的服务体验是准确把握乘客出行需求的关键（许璐等，2016）。目前高速铁路带给出行者的不仅是速度上的体验、与其他交通方式比较，还有高速铁路带来的全新的出行理论和出行方式。本章选取节省时间、价格适宜、配套服务好、环境舒适、车次合理、准时准点、线路合理、信息服务便捷和换乘方便作为观测变量（表 8-13）。

表 8-13　行为体验的观测变量

序号	观测变量	说明
TE1	节省时间	高速铁路有效节省了我的在途时间
TE2	价格适宜	高速铁路的高票价对我是比较适宜的
TE3	配套服务好	高速铁路车站环境和服务标志非常清楚
TE4	环境舒适	高速铁路车厢环境和服务档次较高
TE5	车次合理	高速铁路的车次安排较为合理
TE6	准时准点	高速铁路的准时准点服务比较好
TE7	线路合理	高速铁路的线路和站点布局比较合理
TE8	信息服务便捷	高速铁路的信息服务（网络购票）比较方便
TE9	换乘方便	高速铁路与其他交通方式的衔接较好

4）整体满意度。顾客满意是一种整体性购后评价与综合性的现象（Anderson et al.，1994）。观测变量包括出行频率、城际出行、长途出行、旅行时间、旅行景点和旅游质量（表 8-14）。

表 8-14　整体满意度的观测变量

序号	观测变量	说明
SA1	出行频率	高速铁路增加了我周边城市旅游次数
SA2	城际出行	高速铁路增加了我短期城际出行的可能性
SA3	长途出行	高速铁路增加了我区域外围旅游目的地选择的可能性
SA4	旅行时间	高速铁路增加了我在外游玩停留的天数
SA5	旅行景点	高速铁路增加了我单次旅游选择景点的个数
SA6	旅游质量	高速铁路提升了我外出旅游体验质量

5）发展支持。发展支持反映出行者对高速铁路出行价值的认同以及对高速铁路出行体验的认可，也可将发展支持认定为是旅游者对高速铁路出行方式的忠诚度的表现。奥利弗认为忠诚度应包括认知性忠诚、情感性忠诚、意向性忠诚和行为性忠诚 4 种（Oliver，1999）。本章设计 6 个问题对此进行测度，包括品牌定位支持、规划支持、推广支持、忠诚度支持、沟通支持和预算储备（表 8-15）。

表 8-15　发展支持的观测变量

序号	观测变量	说明
DS1	品牌定位支持	支持对高速铁路的宣传和推广
DS2	规划支持	主动参与高速铁路服务旅游的线路规划建议

续表

序号	观测变量	说明
DS3	推广支持	积极推荐亲友外出乘坐
DS4	忠诚度支持	外出会考虑乘坐并将此作为外出的唯一选择
DS5	沟通支持	会主动与高速铁路车站和管理部门沟通，并提出服务质量建议
DS6	预算储备	会增加出游预算，安排更多的出行计划

(2) 概念模型与研究假设

基于消费者行为学的相关理论及旅游者信息搜寻和行为决策的基本原理，通过以上变量，建立概念模型，并假设如下：

H1：高速铁路认同与行为体验之间存在正相关关系；

H2：高速铁路认同与整体满意度之间存在正相关关系；

H3：高速铁路认同与发展支持存在正相关性；

H4：服务期待与整体满意度存在正相关关系

H5：服务期待与行为体验存在正相关性；

H6：服务期待与发展支持存在负相关性；

H7：行为体验与整体满意度存在正相关关系；

H8：行为体验对发展支持具有正向影响；

H9：整体满意度对旅游者是否愿意进一步支持高速铁路发展具有正向影响。

高速铁路旅游出行感知与行为的概念模型如图 8-5 所示。

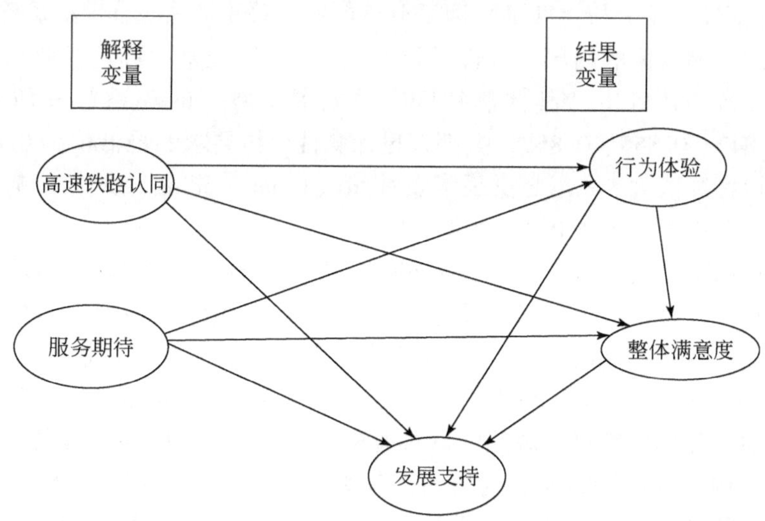

图 8-5　高速铁路旅游出行感知与行为的概念模型

8.2.2.2 调查与分析

(1) 问卷设计

问卷内容包括六大问题，依次为：高速铁路认同、服务期待、行为体验、整体满意度、发展支持、基本信息。为使调查结果的统计分析更加科学规范，且具有可比性，问卷采用李克特 5 分值量表：1 表示根本不同意，5 表示非常同意。其中“高速铁路认同”的测量题项有 7 项，“服务期待”的测量题项有 5 项，“行为体验”的测量题项有 9 项，“整体满意度”的测量题项有 6 项，“发展支持”的测量题项有 6 项，基本信息部分包括性别、年龄、文化程度、职业、收入、旅游支出、出行频率、出行区间等基本信息，最终形成“关于游客乘坐高速铁路出行的调查量表”（附录 3）。

(2) 调研过程和问卷发放

本次调研历时 4 个月，考虑到高速铁路网络的普及性，调研对象涉及京津冀、珠三角、长三角三大都市圈，问卷发放采用人工发放和网络调研两种形式，共发放问卷 628 份，回收问卷 628 份，剔除缺失值问卷、重复个案等，其中有效问卷为 612 份，有效率为 97.5%。

(3) 数据分析

1）被调查者的人口和社会学特征。人口和社会学统计变量主要选取了年龄、性别、个人月收入、文化程度、全年旅游支出比例、平均每年乘坐高速铁路次数、所处都市圈等问题。基本信息统计见表 8-16。

2）验证性因子分析。验证性因子分析前期，采用 Cronbach's α 系数对模型 5 个潜变量的观测变量的内部一致性进行检验。5 个潜变量“高速铁路认同”“服务期待”“行为体验”“整体满意度”“发展支持”的 α 系数分别为 0.931、0.943、0.842、0.858、0.852，全部超过探测性分析要求的最低值为 0.6。由此，因素筛选以特征值大于 1，变量因素负荷量（factor-loading）大于 0.5 为选取标准，变量负荷由于均大于 0.4，均得以保留。

验证性因子分析通过统计软件 LISREL8.70 进行相关统计分析与验证。分析目的主要在于在整体模型的考量下，通过 CFA 方法验证模型中观察变量是否正确测量其潜在变项；同时检验是否有负荷在不同因素的复杂测量变量（complex measurement item），即检定模型的收敛效度（convergent validity）。在整体测量模型分析之前，分别检验每个观测变量对潜在变量的贡献，确定收集的数据是否符合指定的结构变量指标。要求检验后的模型基本达到了结构方程模型分析的要求。评估收敛效度以“标准化负荷值”“组合信度值”“平均方差提取值”为 3 项标准。

表 8-16 被调查样本构成及比例

特征项		人数	比例/%	特征项		人数	比例/%
年龄	16 岁以下	13	2.1	个人月收入	2000 元及以下	153	25.0
	17～24 岁	207	33.8		2001～2999 元	147	24.02
	25～45 岁	351	57.4		3000～4999 元	119	19.44
	46～64 岁	37	6.0		5000～7999 元	93	15.2
	65 岁及以上	4	0.7		8000 元及以上	100	16.34
性别	男	383	62.6	全年旅游支出比例	5% 以下	299	48.9
	女	229	37.4		6%～10%	199	32.5
文化程度	小学以下	17	2.78		11%～15%	78	12.7
	小学	32	5.23		16%～20%	23	3.8
	初中	72	11.76		21% 及以上	13	2.1
	大学（含大专）及以上	491	80.23	所处都市圈	京津冀都市圈	325	53.1
平均每年乘坐高速铁路次数	1 次及以下	132	21.6		长三角都市圈	109	17.8
	2～5 次	272	44.4		珠三角都市圈	12	2
	6～10 次	115	18.8		成渝大都市圈	21	3.4
	11～20 次	50	8.2		其他	145	23.7
	21 次及以上	43	7.0				

表 8-17 为验证性因子的分析结果，标准化因子负荷值均大于 0.50，且是显著的（t 检定的 p 值小于 0.01 或 0.05），表明观察变量对各潜在变项的解释能力强。平均变异数抽取量（AVE）大于 0.6，组合信度值（CR）和潜在变量的组合信度数值基本上大于 0.9，说明变量之具有较好的内部一致性特征。个体测量变量信度值（SMC）大部分都大于 0.55，说明整体测量指标基本具有良好信度，观察变量具有测量上的稳定性特征，符合 Fornell 和 Larcker（1981）的建议值。CFA 测量模型拟合度指标为可接受的范围，如卡方检验（χ^2/df）= 4.2（$p<0.05$），拟合优度指数（GFI）= 0.71，近似误差的均方根（RMSEA）= 0.00，调整的拟合优度指数（AGFI）= 0.67，增值指数（IFI）= 0.97，不规范拟合指数（NNFI）= 0.96。研究表示测量模型的各观测变量基本上可以被潜在变量所解释，也就是说各观测变量收敛该潜在变项，因此判断基本上具有良好的信度及收敛效度。

表 8-17　验证性因子分析结果

潜在变量与观测变量	因子负荷量（修正后）	SMC	残差方差	T 值	AVE	CR
高速铁路认同					0.71	0.94
变革认同 VP1	0.89	0.79	0.21	27.88		
技术认同 VP2	0.89	0.80	0.20	28.28		
旅游促进认同 VP3	0.86	0.75	0.25	26.69		
服务性认同 VP4	0.79	0.62	0.38	23.11		
效率认同 VP5	0.78	0.60	0.40	22.61		
安全性认同 VP6	0.81	0.65	0.35	23.91		
可持续性认同 VP7	0.85	0.72	0.28	26.02		
服务期待					0.78	0.96
服务范围期望 SE1	0.91	0.83	0.17	29.28		
服务便捷期望 SE2	0.86	0.73	0.27	26.37		
服务价格期望 SE3	0.86	0.74	0.26	26.65		
可持续能力期望 SE4	0.89	0.79	0.21	28.01		
城市连通性期望 SE5	0.89	0.80	0.20	28.24		
整体效率期望 SE6	0.90	0.80	0.20	28.35		
行为体验					0.62	0.93
节省时间 TE1	0.78	0.61	0.39	22.77		
价格适宜 TE2	—		—	—		
配套服务好 TE3	0.76	0.57	0.43	21.68		
环境舒适 TE4	0.80	0.63	0.37	23.33		
车次合理 TE5	0.76	0.57	0.43	21.75		
准时准点 TE6	0.84	0.70	0.30	25.20		
线路合理 TE7	0.78	0.60	0.40	22.57		
信息服务便捷 TE8	0.81	0.66	0.34	24.20		
换乘方便 TE9	0.76	0.58	0.42	22.02		
整体满意度					0.70	0.93
出行频率 SA1	0.78	0.60	0.40	22.58		
城际出行 SA2	0.84	0.70	0.30	25.37		
长途出行 SA3	0.85	0.73	0.27	26.01		
旅行时间 SA4	0.84	0.71	0.29	25.48		
旅行景点 SA5	0.85	0.72	0.28	25.71		

续表

潜在变量与观测变量	因子负荷量（修正后）	SMC	残差方差	*T* 值	AVE	CR
旅游体验质量 SA6	0.84	0.71	0.29	25.46		
发展支持					0.61	0.90
品牌定位支持 DS1	0.81	0.66	0.34	24.05		
规划支持 DS2	0.82	0.68	0.32	24.42		
推广支持 DS3	0.84	0.70	0.30	24.99		
忠诚度支持 DS4	0.66	0.43	0.57	17.80		
沟通支持 DS5	0.76	0.57	0.43	21.55		
预算储备 DS6	0.79	0.62	0.38	22.97		

注：卡方检验（χ^2/df）= 7.7，p=0.0，拟合优度指数（GFI）= 0.71；调整后的拟合优度指数（AGFI）= 0.67，近似误差的均方根（RMSEM）= 0.099；增值指数（IFI）= 0.97，不规范拟合指数（NNFI）= 0.96。

8.2.3 结构方程模型检验

结构模型是检验模型结果与提出的概念模型之间一致性的途径，由此判断本章提出的变量间的假设关系是否成立。采用极大似然估计法和协方差矩阵对结构模型的拟合性和路径系数进行检验。将“高速铁路认同”“服务期待”设为外生潜变量，“行为体验”“整体满意度”“发展支持”设为内生潜变量。其中，结构方程模型基于探索性因子分析的结果，剔除了“行为体验”变量中观测变量因子负荷值为0.43的“价格适宜”因子。

由表8-18可知，各假设路径系数基本在0.2以上，除H2路径值较低外，基本路径关系基本成立。CFA测量模型拟合度指标基本上为可接受的范围，其中卡方检验（χ^2/df）= 4.6（p<0.05），拟合优度指数（GFI）= 0.72，调整的拟合优度指数（AGFI）= 0.68，近似误差的均方根（RMSEA）= 0.11，增值指数（IFI）= 0.97，不规范拟合指数（NNFI）= 0.96。

表8-18 验证性因子结构分析

验证路径	关系	参数估计数（标准化）	*T* 值	研究假设比较
H1：高速铁路认同→出行体验	正	0.60	8.14	H1 成立
H2：高速铁路认同→总体满意	正	0.06	0.76	H2 不成立
H3：高速铁路认同→发展支持	正	0.32	4.52	H3 成立
H4：服务期待→整体满意	正	0.24	3.46	H4 成立
H5：服务期待→出行体验	正	0.16	2.38	H5 成立

续表

验证路径	关系	参数估计数（标准化）	T值	研究假设比较
H6：服务期待→发展支持	负	-0.29	-4.56	H6 成立
H7：出行体验→整体满意度	正	0.27	11.42	H7 成立
H8：出行体验→发展支持	正	0.26	4.03	H7 成立
H9：整体满意度→发展支持	正	0.62	10.60	H7 成立

注：卡方检验（χ^2/df）= 7.4，p=0.0，拟合优度指数（GFI）= 0.72；调整后的拟合优度指数（AGFI）= 0.68，近似误差的均方根（RMSEA）= 0.11；增值指数（IFI）= 0.97，不规范拟合指数（NNFI）= 0.96。

研究假设验证说明：

1）研究假设认为“高速铁路认同”与“行为体验”之间存在明显相关性。由验证模型可知，高速铁路认同对旅游者出行体验具有正相关性，路径系数为0.60，T值为8.14。

2）研究假设认为，“高速铁路认同”与“整体满意度”之间存在正相关关系，但验证模型中“高速铁路认同”对“整体满意度”的路径值为0.06，T值为0.76，说明“高速铁路认同”与“整体满意度”间的正相关关系不成立。对高速铁路各方面特征的认同与旅游者出行的整体满意度不相关。

3）研究假设认为“高速铁路认同”与“发展支持”存在正相关性，由验证模型可知此假设成立。路径系数为0.32，T值为4.52。“高速铁路认同”程度高，对高速铁路发展的支持程度就越高。

4）研究假设认为“服务期待”与“整体满意度”存在正相关关系，由验证模型可知这一假设成立。其中，路径系数为0.24，T值为3.46，说明相关性非常显著。

5）研究假设认为“服务期待”与“行为体验”存在正相关关系，由验证模型可知这一假设成立。其中，路径系数为0.16，T值为2.38，说明相关性显著。

6）研究假设认为，“服务期待”对“发展支持”具有负向影响，由验证模型可知这一假设成立。其中，路径系数为-0.29，T值为-4.56，说明具有很强的负相关性。

7）研究假设认为，“行为体验”与“整体满意度”具有正相关关系，验证模型表明这一路径成立。路径系数为0.27，T值为11.42，表明相关性非常显著。

8）研究假设认为，“行为体验”对“发展支持”具有正向影响。验证模型结果证实这一假设成立。路径系数为0.26，T值为4.03，表明相关性非常显著。

9）研究假设认为，“整体满意度”对“发展支持”具有正向影响。验证模型结果证实这一假设成立。路径系数为0.62，T值为10.60，表明相关性非常显著。

运用结构方程模型软件 LISREL 进行模型修正与拟合，修正部分包括：剔除“高速铁路认同”与“整体满意度”之间存在正相关关系，最终形成结构方程模型路径关系（图 8-6）。

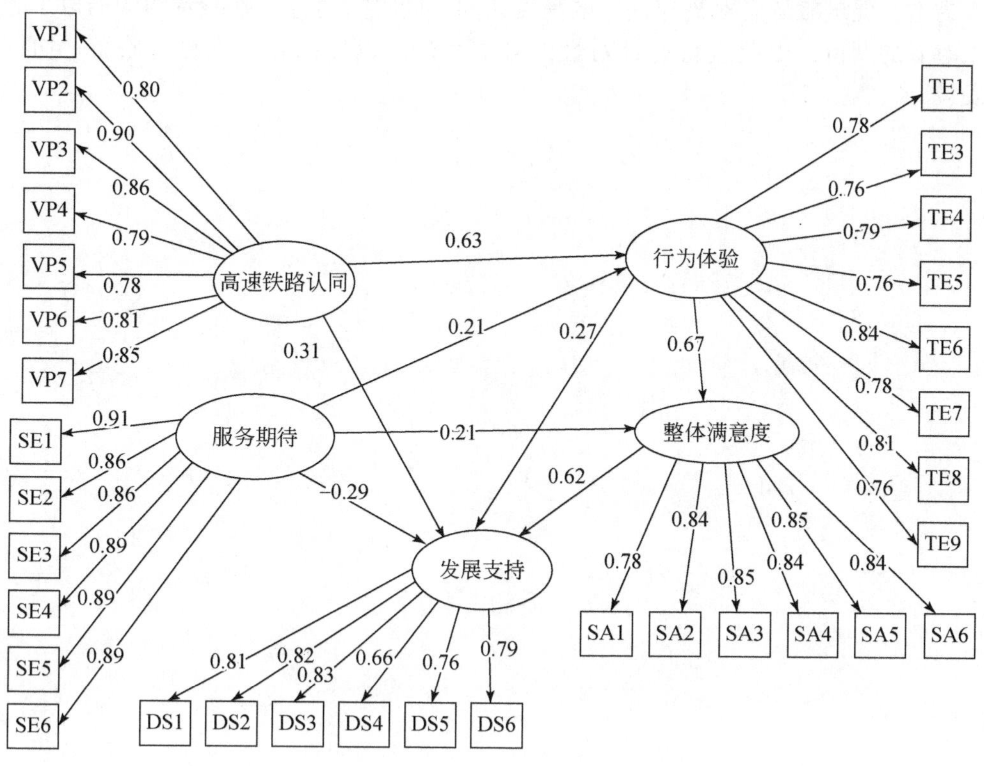

图 8-6　结构方程模型路径关系

8.3　结论与讨论

1）结构方程模型验证结果表明，高速铁路认同影响旅游者出行体验和旅游者对高速铁路发展的支持，而高速铁路旅游者对高速铁路的服务期待直接影响出行体验、整体满意度和发展支持；同时出行体验影响高速铁路旅游者的满意程度，也影响旅游者对高速铁路发展的支持。5 项变量的结构关系分析也可看出旅游者出行体验是“高速铁路认同”“服务期待”与“整体满意度”“发展支持”的重要中介变量。因此，在实践中有针对性地研究旅游者出行体验的“节省时间”“配套服务”“环境舒适”“车次合理”“准时准点”“线路合理”“信息服务便捷”“换乘方便”等方面实际服务内容的完善和提升，有利于增强旅游者高速铁路出行满意度，从而激发旅游者参与支持高速铁路发展的动力。

2）旅游者既是高速铁路的服务对象，又是支持和影响高速铁路发展的主体。对高速铁路的环境打造、线路规划、服务管理等应进一步加大宣传力度，坚持以人为本，促进旅游者对高速铁路的高度认同；同时需通过与旅游者的沟通以了解旅游者的期待，由此进行有针对性的规划管理，以保持高速铁路与旅游业协同发展。

9　基于旅游者交通需求的都市圈高速铁路规划研究

铁路运输是我国重要的旅客运输方式之一，也是提高旅游效率、增加旅游体验的重要选择。旅游业和旅游者的需求更是铁路发展的重要依托。高速铁路规划与管理过程应重视对旅游者出行行为的研究，通过总结旅游者出行规律、流量、流向等，以形成与旅游发展相结合的合理规划与布局。

随着都市圈旅游经济的快速发展，区域间客流增长迅猛，铁路和公路的出行密度都在不断加大。从京津冀都市圈旅游交通发展来看，近几年京津冀城际铁路成为京津冀都市圈短途旅游运输的主要工具，城际铁路运输在满足京津冀都市圈旅游者流动方面发挥了重要的作用，极大地缓解了都市圈内旅游者的交通压力。

9.1　基于旅游者出行价值效用函数的京津冀都市圈高速铁路需求预测

9.1.1　城际公共交通需求预测特点

目前城际公共交通客运量预测基本采用四阶段法。四阶段预测法是目前城市公共交通领域中采用非常普遍的城市交通规划方法。由于四阶段法中的核心都涉及市民出行的起点终点，以此利用四阶段法的规划进行客流起、终点的出行预测是简便、有效的，因此可以说四阶段法即是以市民出行 OD 调查为起点，D 为基础得到现状与方式出行分布，然后通过方式划分得到公共交通的站间 OD 客流，主要流程和分析过程如图 9-1 所示。

我国较为常用的公交客流预测模型主要是非集聚模型，同时也可适用于公共交通枢纽客流量的预测。具有代表性的模型是罗吉特模型（Logit model）。它是以出行者个人作为研究对象，以随机效用理论、出行效用最大化理论为研究基础。

城市公共交通枢纽客流量预测是城市公共交通客流量预测中重要的组成部分。在预测城市公共交通枢纽客流量的基础上，通过建立城市公共交通枢纽内换乘旅客的交通方式罗吉特模型，就可以得到某一类公共交通与其他交通方式的接驳换乘客流量。

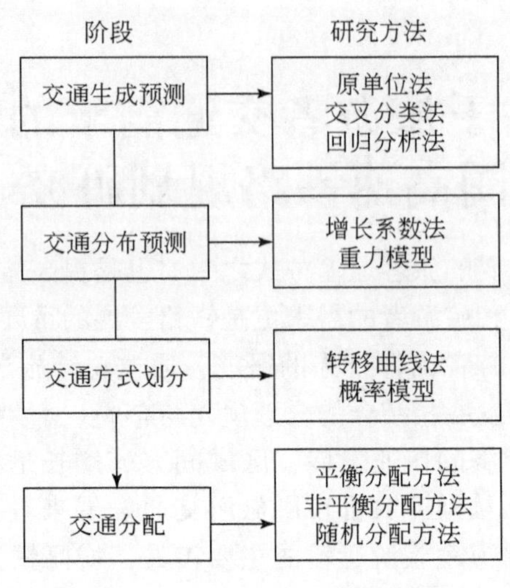

图 9-1 四阶段交通规划法

9.1.2 旅游者交通方式决策过程

旅游决策是一个动态的决策过程，涉及的内容非常多，包括旅游前的出发时间、人员构成（个人/朋友/家庭等）、出游方式（跟团/自由行等）、交通方式(火车/汽车/飞机等)，还有旅游中的食、住、行、游、购、娱等。凡是和旅游相关的一切内容和活动都在我们的决策范围之内，需要根据自己的实际情况作好决定。

关于旅游决策的许多研究都把旅游者视作理性的决策者，认为旅游者会寻求一种准确有效的方式去满足自己的旅游愿望和需要（Um and Crompton，1990；Woodside and King，2001）。根据消费者行为研究，假定旅游者在决策的过程中会主动地去搜集信息，根据这些信息对几种决策进行评价，最终确定自己的旅游偏好，选择其中一种方案，实现他们旅游或度假的愿望（Fodness and Murray，1997；Mansfeld，1992）。具体说来，无论是个体旅游决策还是群体旅游决策，都会包括以下几个决策过程。

(1) 旅游需要

需要是动机的基础和重要前提，没有需要也就没有行为的发生。旅游需要是潜在的旅游者在内在和外在的刺激下，感觉到一种需要的不足时，在时间、经济和社会条件的配合下，所产生的旅游欲望。

(2) 收集相关信息

旅游是一种异地消费活动，涉及各种各样的内容，而且旅游目的地选择本身就含有很多不确定因素，会有一些时间、经济、期望、社会压力、身体等方面的风险，因此相关信息的收集就至关重要。一般说来，大多数旅游者在出发之前，都会搜寻有关旅游目的地方面的食、住、行、游、购、娱等旅游信息。一方面可以了解旅游地的风土人情，为选择目的地作准备；另一方面可以在确定旅游目的地之后，节省旅游时间，最大效率地完成行程安排（Mansfeld，1992）。

(3) 可行方案评估

信息搜寻之后，旅游者会在内心建立几个可行的目的地备选方案，根据自己的标准来进行评估。这个标准可能是客观的也可能是主观的，客观标准通常都有依据，而主观标准是不可捉摸的，反映了在旅游者心中，每个可选择的目的地能满足其特定需要的程度。由于旅游目的地具有多重属性的特点，通常旅游者都会以目的地属性的效用价值来进行判断，也就是说目的地拥有的效用价值越多，越能满足自己的旅游需要，则被选为最后的旅游目的地的可能性就越大。

(4) 确定目的地和旅游线路

评估完可行方案之后，旅游者会综合考虑自己的时间、经济条件，对每一目的地可行方案形成态度与偏好，按优先级排列，选定最终的旅游目的地。之后，旅游者会根据先前获得的旅游地信息，结合自己的预算支出，进行旅游线路的选择。当然，如果是跟团旅游的话，这一阶段就要相对简单，只需到旅行社，参考旅行社安排的行程计划，安排好自己的时间即可。

(5) 实施出游

在出游的过程中，旅游者不可避免地会遇到各种与预想冲突的事件，这也是事先不可预料的，因此需要根据实际情况临时决策。

(6) 游后评估

这是旅游决策行为的最后一个步骤。旅游者在完成旅游计划之后，会根据自己的旅游体验评估这次旅游行程是否满意。如果旅游行程轻松愉快，身心获得了满足，说明旅游者实现了自己的旅游目的，下次很可能还会选择故地重游。反之，如果旅游者感到并没有实现自己的旅游初衷，对行程不满意，则重游的可能性就会很低。而且，有些旅游者还可能通过自己的博客、微博、朋友网等网络媒介，以文字、图片等方式传达自己的旅游体验，或分享旅游愉悦，或抱怨旅途中的不满（白凯，2013）。

旅游交通决策与其他旅游决策一样，是一个包括从内在的心理活动到外显行为的连续体，并可以划分为一系列相关的阶段或步骤。许多学者对消费者行为模型的研究结果都显示消费决策是一个连续的步骤。旅游交通决策也是如此，应该注意的是，整个旅游决策的内容和过程包括以下几个方面：①去哪儿？②何种交通方式？③路线设计？④预算多少？⑤时间控制？

9.1.3 基于旅游者决策特征的各交通方式效用函数

结合四阶段预测法研究思路和效用函数进行铁路交通方式旅游者需求预测模型设计。

根据旅游者出行方式和各路径选择的不同，以及目的性、时间和费用关系，综合考虑影响交通方式选择的因素，包括区域旅游景点价值、交通属性、出行距离、旅游者特征、时间特性等，列出效用函数公式如下：

$$f(U)=f(T_0,T_1,T_2,T_3,T_4,\alpha)$$

式中，T_0为旅游景点属性因子，以某线路起点和终点城市 A 级旅游景区总和数据为依据；T_1为交通实用因子，以某交通方式的票价为依据；T_2为出行距离，以某线路起点至终点的距离为依据；T_3为旅游者特征因子，以某线路起点和终点城市旅游者人数为依据；T_4为交通时间特性因子，以某种交通方式在确定的两点间的运行时间为依据。

效用函数反映了旅游者决策时价值观念准则，也反映了旅游者旅游交通方式价值的评判。

根据指标的结构化特征，从旅游者体验和旅游者影响的角度考虑确定各指标与实际效用值的关系，其中，交通实用因子 T_1和交通时间特性因子 T_4为负指标，其他为正指标。

综合以上得出：效用值$=T_0$(旅游景点属性因子)$\times T_1$(交通实用因子)$\times T_2$(出行距离)$\times T_3$(旅游者特征因子)$\times T_4$(交通时间特性因子) (9-1)

对相关指标进行标准化和逆指标正向化处理，其中 T_0、T_1、T_2、T_3、T_4为实际值标准化处理值与权重的乘积，根据出行者调研结果和专家调查法得出，$W(T_0)=0.3$，$W(T_1)=0.2$，$W(T_2)=0.15$，$W(T_3)=0.2$，$W(T_4)=0.15$。

根据京津冀都市圈各城市区间距离和对旅游者调研结果，确认京津冀都市圈内旅游者交通出行方式以公路、普通铁路和高速铁路 3 种为主，其他交通方式出行量较少，可忽略不计。

以 2016 年相关数据统计口径、在计算过程中，T_0 以个数为单位、T_1 以元为单位，T_2 以 km 为单位，T_3 以亿人次为单位，T_4 以 h 为单位。为各属性值进行标准化处理后，计算各交通方式的效用值，其中，高速铁路效用值见表 9-1，公路和普通铁路交通的效用值见附录 1。

表 9-1 2016 年京津冀都市圈各城市高速铁路的效用值

地区	高速铁路												
	北京市	天津市	石家庄市	唐山市	秦皇岛市	邯郸市	邢台市	保定市	张家口市	承德市	沧州市	廊坊市	衡水市
北京市													
天津市	107.12												
石家庄市	94.06	42.71											
唐山市	82.13	51.22	28.06										
秦皇岛市	97.57	57.59	37.68	30.03									
邯郸市	101.04	50.45	28.90	36.95	46.78								
邢台市	96.88	65.21	25.03	32.25	42.03	18.05							
保定市	88.58	37.19	32.91	24.52	32.82	39.74	35.70						
张家口市	—	—	—	—		—	—	—					
承德市	—	—	—	—		—	—	—	—				
沧州市	84.77	43.39	19.47	30.17	39.95	—	—	—	—	—			
廊坊市	78.97	44.59	33.18	24.19	31.86	—	—	—	—	—	22.98		
衡水市	—	—	—	—	—	—	—	—	—	—	—	—	

注：基础统计数据来源于京津冀都市圈各城市的2016年度的经济统计年鉴和铁路客户服务中心官网等。

结果表明，已开通高速铁路的城市，北京和天津城市间的高速铁路效用值最高，为107.12，邯郸与邢台最低，为18.05。

9.2 基于Logit模型的京津冀都市圈旅游者交通需求分析

Logit模型假设出行者对交通方式的选择符合正态分布，该模型中本书综合考虑影响旅游者出行的主要影响因素，将其综合成一个特征函数变量的线性方程，包括旅游景点价值、交通工具属性、出行距离、旅游者特征、时间特性等，特征函数即效用函数，表示旅游者对某种交通运输方式的可能满意程度。

Logit模型为

$$P(k) = e^{u(k)} / \sum_{j} e^{u(j)} \tag{9-2}$$

$$P_{公路} = \exp(U_{公路}) / [\exp(U_{公路}) + \exp(U_{普通铁路}) + \exp(U_{高速铁路})] \tag{9-3}$$

$$P_{普通铁路} = \exp(U_{普通铁路}) / [\exp(U_{公路}) + \exp(U_{普通铁路}) + \exp(U_{高速铁路})] \tag{9-4}$$

$$P_{高速铁路} = \exp(U_{公路}) / [\exp(U_{公路}) + \exp(U_{普通铁路}) + \exp(U_{高速铁路})] \tag{9-5}$$

式中，$P_{公路}$、$P_{普通铁路}$、$P_{高速铁路}$为某两城市间公路、普通铁路、高速铁路的分担率，$u(k)$为两城市间某交通方式的效用值（郑辉，2011）。

为消除指数级增长带来的结果异常，对模型（9-2）进行改进，均值化费用值，模型调整为

$$P_{\mathrm{i}} = \frac{\exp(U_i / \bar{U})}{\sum_{i=1}^{n} \exp(U_i / \bar{U})} \tag{9-6}$$

式中，$\bar{U}$为各运输方式平均广义费用值：

$$\bar{U} = \sum_{i=1}^{n} U_i / n \tag{9-7}$$

由此计算得出各交通方式的分担率。公路和普通铁路交通的分担率统计值见附录2。高速铁路分担率见表9-2。

表 9-2 京津冀都市圈各城市高速铁路交通分担率

地区	高速铁路												
	北京市	天津市	石家庄市	唐山市	秦皇岛市	邯郸市	邢台市	保定市	张家口市	承德市	沧州市	廊坊市	衡水市
北京市													
天津市	0. 3262												
石家庄市	0. 3076	0. 2599											
唐山市	0. 2944	0. 3195	0. 1829										
秦皇岛市	0. 3087	0. 3003	0. 2239	0. 2872									
邯郸市	0. 3088	0. 2410	0. 2915	0. 2208	0. 2055								
邢台市	0. 3075	0. 2946	0. 2995	0. 2037	0. 2070	0. 3060							
保定市	0. 3170	0. 2620	0. 3027	0. 2413	0. 2288	0. 2751	0. 2834						
张家口市	—	—	—	—		—	—	—					
承德市	—	—	—	—		—	—	—	—				
沧州市	0. 3075	0. 3047	0. 1987	0. 2734	0. 2679	—	—	—	—	—			
廊坊市	0. 3228	0. 3174	0. 2795	0. 2549	0. 2406	—	—	—	—	—	0. 1173		
衡水市	—	—	—	—	—	—	—	—	—	—	—	—	

数据来源：同表 9-1。

9.3 基于交通分担率的京津冀都市圈城际铁路旅游出行者预测

对2009～2016年京津冀都市圈旅游者人数数据进行整理，采用回归分析预测法预测2017～2025年京津冀都市圈旅游者人数。同时结合城际铁路的分担率计算2017～2025年京津冀都市圈旅游者对城际铁路的需求。

9.3.1 回归分析预测法及分析

线性回归是一种适用于连续目标变量的最基本的建模技术。例如，在建立预测客户生命周期价值（CLV）模型时，可以基于RFM（*R*：最近一次购买，*F*：购买频率，*M*：消费金额）指标，建立以下线性回归预测模型：

$$\mathrm{CLV}=\beta_0+\beta_1 R+\beta_2 F+\beta_3 M \tag{9-8}$$

通常使用普通最小二乘法（OLS）来计算参数β的值，其原理是预测值与实际值的误差的平方和最小化。作为参数估计的一部分，分析人员还可以得到标准差、指示变量预测力的皮尔逊值，以及置信区间。线性回归的最主要优点是最简单易懂、可解释性强，而且应用效果也不错。需要说明的是，有很多文献资料推荐使用一些更复杂的回归方法，如岭回归（ridge regression）、套索回归（lasso regression）、时间序列模型（包括ARIMA模型、VAR模型和GARCH模型）及多变量自适应样条回归（multivariate adaptive regression splines，MARS）（徐建华，2002）。

预测2017～2020年旅游者人数，首先，确定各年份时间数据为自变量，京津冀各地区旅游者人数为因变量；其次，依据2009～2016年已有历史统计数据进行计算，建立回归分析方程：

$$y=\beta_0+\beta_1 x+\varepsilon \tag{9-9}$$

式中，y为因变量旅游者人数；x为自变量年份，y是x的线性函数（部分）加上误差项线性部分，反映了由于x的变化而引起的y的变化误差项。ε是随机变量，反映了除x和y之间的线性关系之外的随机因素对y的影响。β_0和β_1称为模型的参数。

首先，对各区域因变量和自变量的相关性分析，以判断回归方程是否合理；其次，结合已有数据，然后判断其显著性和有效性。利用SPSS统计软件进行分析得出北京市、天津市、石家庄市、唐山市、秦皇岛市、邯郸市、邢台市、保定市、张家口市、承德市、沧州市、廊坊市和衡水市各项指标值（表9-3）。

表 9-3 京津冀都市圈各城市旅游人数回归预测各指标值

回归模型	Pearson 系数	显著性系数 Sig	R^2	调整后 R^2
北京市-模型_1	0.977	0.000	0.955	0.947
天津市-模型_2	0.985	0.003	0.969	0.964
石家庄市-模型_3	0.925	0.001	0.855	0.831
唐山市-模型_4	0.872	0.005	0.761	0.721
秦皇岛市-模型_5	0.820	0.013	0.672	0.617
邯郸市-模型_6	0.939	0.001	0.881	0.861
邢台市-模型_7	0.917	0.001	0.840	0.813
保定市-模型_8	0.921	0.001	0.848	0.823
张家口市-模型_9	0.973	0.000	0.946	0.937
承德市-模型_10	0.935	0.001	0.873	0.852
沧州市-模型_11	0.731	0.030	0.534	0.456
廊坊市-模型_12	0.936	0.001	0.877	0.876
衡水市-模型_13	0.947	0.000	0.897	0.879

综合以上，各地区因变量和自变量的皮尔森相关系数都大于 0.7，呈现明显相关。除了秦皇岛市和沧州市，其他模型回归拟合效果都较为明显。显著性系数 Sig 都小于 0.05，说明自变量是影响因变量的一个显著因素。

根据回归预测模型，得到 2017 ~ 2020 年京津冀都市圈内各城市旅游接待人数预测值（表 9-4）。

表 9-4 2017 ~ 2020 年各城市旅游接待人数预测值 （单位：万人次）

地区	2017 年	2018 年	2019 年	2020 年
北京市	31 215.02	32 998.81	34 782.59	36 566.38
天津市	21 553.58	23 550.60	25 547.62	27 544.65
石家庄市	8 879.14	9 765.37	10 651.59	11 537.82
唐山市	4 857.34	5 317.09	5 776.83	6 236.58
秦皇岛市	4 482.23	4 846.97	5 211.72	5 576.47
邯郸市	5 091.06	5 608.96	6 126.85	6 644.74
邢台市	2 267.27	2 484.34	2 701.41	2 918.49
保定市	8 858.88	9 724.31	10 589.73	11 455.16
张家口市	5 482.48	6 123.94	6 765.41	7 406.87
承德市	4 788.72	5 282.79	5 776.85	6 270.92
沧州市	1 735.35	1 882.28	2 029.21	2 176.14
廊坊市	2 701.00	2 982.32	3 263.64	3 544.97
衡水市	1 421.55	1 574.01	1 726.47	1 878.93

9.3.2 基于分担率的都市圈城际铁路旅游出行者预测

由于旅游者交通包括去程和回程共2次，本章将对某线路旅游者预测人数界定为起点城市和终点城市旅游者预测值之和。基于高铁分担率的2017～2020年京津冀都市圈高速铁路的旅游者需求预测见表9-5～表9-8。

从分担率和旅游者高速铁路出行预测结果来看，高速铁路已经成为京津冀都市圈旅游者出行的重要交通方式之一，但从目前线路布局来看高速铁路并未和旅游景点布局、旅游者出行线路分布等形成较好的匹配。

9.4 基于高速铁路旅游者需求的高速铁路发展建议

9.4.1 基于旅游出行者感知的高速铁路规划建议

高速铁路改变着旅客的时空观念，影响旅客的出行理念和置业选择；改变着旅客的认知观念和生产、生活方式。但对旅客的调研结果也表明，作为交通方式的重大变革，从未来更好满足旅客需求方面，高速铁路还需要从软件环境营造等方面进行更有效的提升。高速铁路在运营层面上，需要基于旅客需求，提升个性化服务水平。

快捷、安全、准时、方便和舒适是高速铁路的主要特征，但硬件设施只是高速铁路形成服务质量保证的部分条件。随着旅客出行个性化需求的多样化，高速铁路在个性化服务水平上也应有所提升。第一，创新服务理念。树立以人为本的服务理念，在换乘、候车和列车运行晚点等方面建立有效的应急处理机制；同时合理利用信息平台，提升铁路的整体运输能力，科学合理调度，减少列车闲置和列车晚点的发生。第二，更新服务方式。合理规划车站环境布局，规范服务的管理，加强车站、车厢等的环境舒适度；提供多元化、现代化的候车休闲服务，提升车站商务服务的档次。第三，优化服务内容。充分利用信息技术平台，全面及时提供高速铁路订票及线路运行情况；升级信息平台功能，实现与公路、航空、水运等多式联运信息网络的分享和多式联营过程一体化。

9.4.2 基于旅游者都市圈城际交通出行合理化的高速铁路规划建议

1）都市圈高速铁路交通应以服务于旅游者为核心内容、以提高旅游目的地经济效率为目标的轨道交通迫切需要建立起结构导向、功能导向、经营导向等的匹配度规划。在规划层面上，应加强高速铁路与其他运输方式的空间协调和优化衔接。打破高速铁路现行管理体制的束缚，在规划建设初期，加强与其他交通方式的统筹协调，在高速铁路网络的前端和末端提升旅客出行“最先 1km”和“最后 1km”的快捷性和便利性。一方面，注重高速铁路与其他交通方式的枢纽衔接。加强高速铁路与普速铁路、城市轨道系统、城市公交及公路之间的优化衔接，做到零距离换乘。简化乘客旅途倒车环节，进一步缩短旅行在途时间。另一方面，完善铁路内部网络，加强高速铁路与普速铁路的协调发展。针对不同类型铁路的服务人群，形成多档次铁路服务线路，考虑不同人群的经济水平和各路段的运输压力，形成价格有高有廉、时速有快有慢的铁路运输网络。

2）结合京津冀都市圈旅游发展实际和旅游者路径，京津冀都市圈轨道交通网络应建设天津市至保定市、北京市至承德市、北京市至张家口市城际铁路，覆盖石家庄市、保定市、廊坊市、唐山市、秦皇岛市、承德市、张家口市等设区市，形成以北京市、天津市为中心的“2h 交通圈”。远景规划可根据客流增长情况择机建设天津市至唐山市、石家庄市至邯郸市、滨海新区至渤海新区的城际铁路，覆盖除衡水外的所有设区市，形成以石家庄市、唐山市为中心，连接京津两大直辖市和省内大部分城市的较为完善的城际铁路网，形成“500km 3h 交通圈”。

满足都市圈旅游发展需要的高速铁路承载规模须考虑三大要素：区域原有的轨道网络、感知和旅游者行为路径、旅游目的地的空间格局，以形成高速铁路与都市圈旅游发展的多向匹配。

表 9-5　2017 年京津冀都市圈高速铁路的旅游者需求预测　（单位：万人次）

线路	北京市	天津市	石家庄市	唐山市	秦皇岛市	邯郸市	邢台市	保定市	张家口市	承德市	沧州市	廊坊市	衡水市
北京市													
天津市	17 213.12												
石家庄市	12 332.96	7 909.46											
唐山市	10 619.70	8 438.29	2 512.40										
秦皇岛市	11 019.74	7 818.55	2 991.61	2 682.32									
邯郸市	11 211.32	6 421.36	4 072.31	2 196.61	1 967.31								
邢台市	10 295.80	7 017.62	3 338.35	1 451.28	1 397.15	2 251.65							
保定市	12 703.43	7 968.06	5 369.30	3 309.72	3 052.45	3 837.63	3 153.15						
张家口市	—	—	—	—	—	—	—	—					
承德市	—	—	—	—	—	—	—	—	—				
沧州市	10 132.24	7 096.14	2 109.10	1 802.44	1 665.69	—	—	—	—	—			
廊坊市	10 948.09	7 698.40	3 236.65	1 926.62	1 728.29	—	—	—	—	—	520.38		
衡水市	—	—	—	—	—	—	—	—	—	—	—	—	

表 9-6　2018 年京津冀都市圈高速铁路的旅游者需求预测　（单位：万人次）

线路	北京市	天津市	石家庄市	唐山市	秦皇岛市	邯郸市	邢台市	保定市	张家口市	承德市	沧州市	廊坊市	衡水市
北京市													
天津市	18 446.42												
石家庄市	13 154.26	8 658.79											
唐山市	11 280.20	9 223.20	2 758.58										

续表

线路	北京市	天津市	石家庄市	唐山市	秦皇岛市	邯郸市	邢台市	保定市	张家口市	承德市	沧州市	廊坊市	衡水市
秦皇岛市	11 682. 99	8 527. 76	3 271. 70	2 919. 12									
邯郸市	11 922. 08	7 027. 43	4 481. 62	2 412. 47	2 994. 40								
邢台市	10 911. 07	7 669. 86	3 668. 79	1 589. 15	2 270. 98	2 476. 55							
保定市	13 543. 23	8 718. 00	5 899. 53	3 629. 49	2 317. 69	4 218. 18	3 459. 93						
张家口市	—	—	—	—	—	—	—	—					
承德市	—	—	—	—	—	—	—	—	—				
沧州市	10 725. 94	7 749. 37	2 314. 39	1 968. 31	1 720. 18	—	—	—	—	—			
廊坊市	11 614. 71	8 421. 52	3 562. 98	2 115. 52	1 166. 18	—	—	—	—	—	570. 62		
衡水市	—	—	—	—	—	—	—	—	—	—	—	—	

表 9-7　2019 年京津冀都市圈高速铁路的旅游者需求预测　　（单位：万人次）

线路	北京市	天津市	石家庄市	唐山市	秦皇岛市	邯郸市	邢台市	保定市	张家口市	承德市	沧州市	廊坊市	衡水市
北京市													
天津市	19 679. 71												
石家庄市	13 975. 55	9 408. 17											
唐山市	11 940. 69	10 008. 16	3 004. 76										
秦皇岛市	12 346. 24	9 237. 03	3 551. 80	3 155. 91									
邯郸市	12 632. 84	7 633. 55	4 890. 92	2 628. 33	3 247. 20								
邢台市	11 526. 33	8 322. 16	3 999. 22	1 727. 02	2 479. 27	2 701. 45							
保定市	14 383. 03	9 467. 99	6 429. 75	3 949. 25	2 514. 18	4 598. 73	3 766. 71						

续表

线路	北京市	天津市	石家庄市	唐山市	秦皇岛市	邯郸市	邢台市	保定市	张家口市	承德市	沧州市	廊坊市	衡水市
张家口市	—	—	—	—	—	—	—	—					
承德市	—	—	—	—	—	—	—	—	—				
沧州市	11 319.63	8 402.66	2 519.67	2 134.17	1 858.74	—	—	—	—	—			
廊坊市	12 281.32	9 144.69	3 889.31	2 304.42	1 253.94	—	—	—	—	—	620.85		
衡水市	—	—	—	—	—	—	—	—	—	—	—	—	

表 9-8 2020 年京津冀都市圈高速铁路的旅游者需求预测

（单位：万人次）

线路	北京市	天津市	石家庄市	唐山市	秦皇岛市	邯郸市	邢台市	保定市	张家口市	承德市	沧州市	廊坊市	衡水市
北京市													
天津市	20 913.02												
石家庄市	14 796.85	10 157.53											
唐山市	12 601.19	10 793.10	3 250.94										
秦皇岛市	13 009.50	9 946.27	3 831.89	3 392.71									
邯郸市	13 343.59	8 239.64	5 300.22	2 844.20	3 500.00								
邢台市	12 141.60	8 974.44	4 329.66	1 864.89	2 687.55	2 926.35							
保定市	15 222.83	10 217.95	6 959.98	4 269.02	2 710.68	4 979.28	4 073.49						
张家口市	—	—	—	—	—	—	—	—					
承德市	—	—	—	—	—	—	—	—	—				
沧州市	11 913.32	9 055.92	2 724.96	2 300.04	1 997.30	—	—	—	—	—			
廊坊市	12 947.94	9 867.85	4 215.64	2 493.32	1 341.70	—	—	—	—	—	671.09		
衡水市	—	—	—	—	—	—	—	—	—	—	—	—	—

10　大数据时代高速铁路与都市圈旅游发展特征研究

在信息爆炸的时代，信息处理尤为重要，一种以数据为中心，重视统计、量化和数据相关性，而非理念演绎、概念推理、逻辑关联的新型文化范式正在崛起。大数据已开始应用到互联网、经济、军事、信息等诸多领域，为各领域的发展提供重要依据。应用大数据技术，进行合理、全面的高速铁路旅游发展影响应用研究，一方面有利于高速铁路更有效地服务于旅游业，另一方面有利于旅游者更便捷地选择高速铁路出行。

10.1　高速铁路时代的大数据应用概况

10.1.1　概念

大数据指的是所涉及的数据量规模巨大，大到无法通过人工在合理的时间内达到截取、管理、处理并整理成人类所能解读的形式的信息。

大数据和大资料、巨量数据是有一定区别的，巨量数据是数据在量上的积累，而大数据在巨量数据的基础上是有一定的信息可以进行挖掘，具有一定的价值。

大数据可分成大数据技术、大数据工程、大数据科学和大数据应用等领域。目前人们谈论最多的是大数据技术和大数据应用。工程和科学问题尚未被重视。大数据工程指大数据的规划建设运营管理的系统工程；大数据科学关注大数据网络发展和运营过程中发现和验证大数据的规律及其与自然和社会活动之间的关系。

近年来，信息科技与互联网发展迅速，个人电脑、手机、平板电脑、云计算、物联网及各种传感器快速普及，数据的源头不断增加、信息的数量不断扩大，大数据时代已经来临。大数据无处不在，已影响到我们的工作、生活和学习，并将继续施加更大的影响。

大数据主要应用在以下六个关键技术领域：一是结构化数据分析，依赖于数据库技术，可由关系型数据库等结构化数据处理工具进行分析。二是文本数据分析，如邮件、新闻内容都属于文本，现在的关键词检索就是关于文本信息的搜索。三是 Web 数据分析，它建立在数据库、文本检索、文本挖掘的基础之上。近几年 Web 信息量增长迅猛，逐渐成为大数据的主要来源，其涉及如视频、文本、图片、图表、数字及超链接等诸多类型。四是多媒体数据分析，主要有视频、音频、图像等数据，传播速度快，数据量增长速度惊人，它涉及的学科种类多，有一定的研究意义。五是社交网络数据分析，它主要在于反映人类社会活动的特征。六是移动数据分析，研究地理位置信息、用户所在状态等。

10.1.2　大数据分析

（1）大数据的特点

伴随着经济的发展，以互联网为依托的大数据的数量每两年翻一番，最近几年产生了世界上目前 90% 的数据量，大数据技术受到广大学者的密切关注，大数据在一定程度上影响着社会的变革。学术界普遍认为，大数据有四大特征：大量（volume）、多样（variety）、价值（value）与高速（velocity）。

其中，大量指产生的数据量巨大，大到数据不能储存，以致我们用当前的数据处理软件无法处理。多样是指获取数据的来源复杂、数据的结构也错综复杂，来源有很多，如问卷调查、访问调查、数据购买、网上平台下载等；数据的结构有文本、数字、图表、图画等。大数据更具有巨大的价值，有我们想要得到的信息，这些信息可能关系到公司的管理方式、业务焦点甚至公司的战略决策，当然需要更强大的处理工具进行数据挖掘。大数据最显著的特征是高速，现代科技高速发展，数据处理的能力呈几何级数升高。表 10-1 为大数据与以往数据异同点总结。

表 10-1　大数据与以往数据异同点总结

<table>
<tr><th colspan="2">异同点</th><th>以往数据</th><th>大数据</th></tr>
<tr><td colspan="2">相同点</td><td colspan="2">都是由单个样本组成的数据，由软件进行处理分析、挖掘数据，具有潜在的价值供企业参考，影响着企业的决策</td></tr>
<tr><td rowspan="5">不同点</td><td>数量</td><td>较小</td><td>巨大</td></tr>
<tr><td>处理工具</td><td>一般软件</td><td>功能强大的软件</td></tr>
<tr><td>来源</td><td>相对固定</td><td>无处不在</td></tr>
<tr><td>价值量</td><td>相对有限</td><td>相对较大</td></tr>
<tr><td>范围</td><td>相对局限</td><td>无限制</td></tr>
<tr><td colspan="2">举例</td><td>以往数据的收集可以用电话采访、问卷调查、网络平台下载及购买二手数据等，一般用 excel 分析即可</td><td>大数据的收集除了左侧方法外，还可以通过编程或利用一些高级软件爬取，如微博、贴吧、淘宝、京东、当当、优酷等网络公众平台上所显示的任何信息，并需用大型数据库、R 编程等大型软件进行储存、计算与分析</td></tr>
</table>

(2) 大数据处理流程

研究和应用大数据不是只针对某一方面功能，而是各个方面都要研究，各个功能相互联系、相互依靠，这里按照“输入—作用—输出”的方式对大数据的应用过程展开具体介绍。大数据的处理流程如图 10-1 所示。

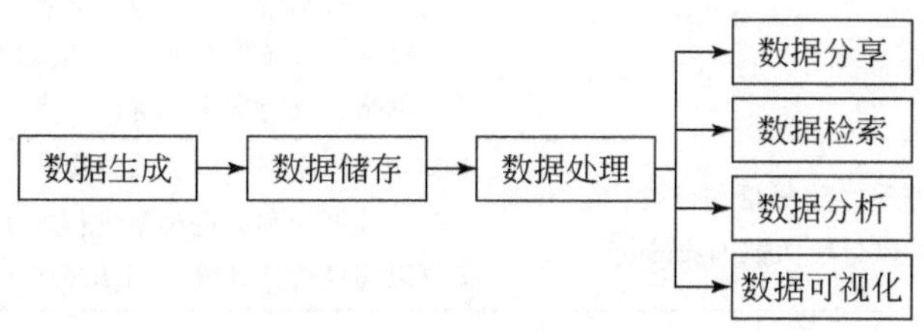

图 10-1 大数据处理流程图

(3) 大数据的生成

在现代科技的高速发展背景下，各种先进设备接踵而至，而且普及速度之快让我们无法想象，如手机、电脑、摄像设备、录音设备、GPS 定位等各种服务终端等已经遍布我们的日常生活和工作各个方面。当然，各式各样的大数据伴随着现代科技也就逐步呈现。我们在上网购物、参与社交媒体、办理银行业务、浏览新闻等行为都是产生大数据的条件，大数据在任何地方以任何形式无时无刻地产生着。

(4) 大数据的存储、处理与分析工具

大数据的存储与处理是以大数据技术为基础的，因为当下数据量巨大，数据样式各样，传统的列式数据库和关系型数据库已不能满足需要，需要新的技术支撑，现在常用的数据库有 NOSQL、HBase、Hadoop 等，容量巨大、吞吐量高、运转和存储速度快，可存储结构化数据和非结构化数据，而且采用分布式系统，将一组计算机看作一个整体，便于云储存和云计算，计算能力强，可处理 T 级以上的数据。大数据的处理运用的大数据技术如 SQL、Mashup、MapReduce、云计算等，用于数据库的查询、糅合、并行运算和计算。另外，大数据也常用 NOSQL、HBase、Hadoop 等数据库进行分析，直接对数据库的数据进行分析。表 10-2 为常用数据处理工具。

表 10-2 常用数据处理工具

数据分析工具	数据的处理	功能概况
Excel	1 048 576 行、16 384 列，超过 30 万行处理能力有限	可以完成基本描述统计、方差分析、统计检验、傅里叶分析、线性回归分析和线性规划工作，还可以完成常用的统计图形绘图功能

续表

数据分析工具	数据的处理	功能概况
SPSS	存储1000万条样本量（10G左右）	除了基本的统计分析功能外，还提供了非线性回归、聚类分析、主成分分析和基本的时序分析
MATLAB	200G左右	利用代码实现。除了可以完成上述功能外，还能进行决策树、图形绘制、问题优化及智能预测，如神经网络、支持向量机等
R	可处理的数据量与硬件内存有关；可提供分析大数据集的包	利用代码实现。R具有较高的兼容性，能够与其他多个数据库和数据类型进行连通，借助R和R软件可以实现统计计算和制作高质量的统计图表

（5）大数据的获取

这里对于大数据的采集分为三类。

一是系统日志采集方法。很多互联网企业都有自己的海量数据采集工具，多用于系统日志采集，如Hadoop的Chukwa，Cloudera的Flume，Facebook的Scribe等，这些工具均采用分布式架构，能满足每秒数百兆的日志数据采集和传输需求。

二是网络数据采集方法。网络数据采集是指通过网络爬虫或网站公开API等方式从网站上获取数据信息，主要针对非结构化数据的采集。该方法可以将非结构化数据从网页中抽取出来，将其存储为统一的本地数据文件，并以结构化的方式存储。它支持图片、音频、视频等文件或附件的采集，附件与正文可以自动关联。除了网络中包含的内容之外，对于网络流量的采集可以使用DPI或DFI等带宽管理技术进行处理。

三是其他数据采集方法。对于企业生产经营数据或学科研究数据等保密性要求较高的数据，可以通过与企业或研究机构合作，使用特定系统接口等相关方式采集数据。

（6）大数据的分析方法

大数据的分析在于快速智能地发掘有价值的信息，从而抓住机会提高业务效率，为企业的战略决策提供依据，使企业处于领先地位。大数据的分析方法主要包括空间分析、情绪分析、回归分析、关联规则挖掘、数据聚类、预测模型分析等（表10-3）。

表10-3 大数据分析方法

分析方法	简介	举例
空间分析	源于几何、地理数据的统计技术，如利用GIS采集的位置信息	对空间数据进行空间回归，分析消费者是否愿意购买与位置相关的产品

续表

分析方法	简介	举例
情绪分析	用于从文字材料识别和提取主观信息，并确定属于正面或负面或中性的类型以及强度	铁路公司可通过情绪分析来分析社交媒体（如贴吧、微博），从而了解高速铁路客户的满意度情况
回归分析	确定当一个或多个自变量变化时因变量变化程度的统计技术，经常用于预测	用影响产品销售的因素（如价格、质量、服务等）来预测产品在未来一段时间的销售规模
关联规则挖掘	发现大数据仓库中变量之间关系的一组技术	啤酒加尿布销售方式的发现
数据聚类	划分对象的统计方法，将不同的集群划分为有相似属性的小群体，而这些相似属性是预先未知的	将客户划分成几个自相似性的群体进行有针对性的高速铁路服务
预测模型分析	通过建立或选择一个数学模型得出最好预测结果的技术，如神经网络模型、支持向量机等	可将 GDP、高速铁路投资、高速铁路里程、高速铁路周转量、人均消费水平等因素进行因子分析，利用综合因子可预测未来一段时间的高速铁路客运量

相关性、重要性和影响力分析，在当今比以往任何时候都重要，因为可以收集到的数据越来越多，发现隐藏在背后的知识将更具有战略价值。当前，各种类型的分析应用将层出不穷、蓬勃发展，无法穷尽描述，表 10-4 是一些常见的分析应用场景。

表 10-4　常见的分析应用场景

市场营销	风险管理	政府机构	Web 网站	物流行业	其他
营销活动响应分析建模	客户信用风险评分	避税分析	网站分析	需求预测	文本分析
净提升度分析建模	市场风险评分建模	社保欺诈侦测	社会化媒体分析	供应链分析	业务流程分析
客户保有分析建模	营运风险评分建模	洗钱分析侦测	访问量测试（A/B 测试或多变量测试）		
购物篮分析	欺诈侦测	恐怖主义侦测			
自动推荐系统					
客户细分					

（7）分析技术

由于大数据具有数据量大、模态和种类繁多、异构等特征，用传统的数据分析技术很难实现对这些海量数据进行分析，需要运用资源云系统对大数据进行资料存储、应用服务和资源共享等。资源云系统的功能主要包括虚拟化技术、高性能云存储技术、高速云处理技术及数据安全技术。资源云系统是大规模数据存储及应用服务的中心，用户把大数据资源存储到云系统中，当用户需要得到数据资源时可通过互联网获取，当不需要这些数据资源时，还可以删除、释放这些资源（张春丽和成彧，2016）。

大数据信息的分析是从经过预处理的数据集中提取有用的业务模式信息或建立用于决策支持的数学模型。针对特定建模目标，可以从相关基础学科中选择不同的基础技术：①数理统计学，如线性回归、Logistic 回归；②机器学习，如决策树；③生物学，如神经网络、遗传算法、群体智能；④Kernel 方法，如支持向量机。

10.2 高速铁路背景下旅游研究对大数据分析的需求

10.2.1 大数据在高速铁路与旅游发展基本特征研究中的应用

从国情实际出发，中国正处于经济社会持续快速发展、工业化加快形成、统筹城乡和区域发展的重要时期，处在可持续发展的关键阶段，铁路运输远远不能适应工业化发展的迫切要求、难以适应城乡和区域发展和综合交通运输体系建设的迫切要求，因此，中国加快发展高速铁路也是必然选择。而高速铁路的规划涉及线路数量和长度的规划、站点的设置、速度的设定、技术装备水平和调度模式等方面，需要综合考虑成本效益和服务质量等问题。从对高速铁路背景下旅游研究的具体问题来看，其应用领域主要如下。

（1）旅游者需求分析预测研究

了解人们对高速铁路的需求至关重要，因为需求不足会使高速铁路设施闲置，造成资源浪费，增加无谓的成本；需求过多导致的旅游供给不足，有可能导致旅游者的旅行体验下降，甚至满意度缺乏。

在实际出行过程中，高速铁路旅行者数量在每一时间段是不同的，它受到多个因素的影响，如假期、节日、重大活动、生活水平、城市规模等。其中，有的因素短时间内就能产生影响效果，有的需要很长时间；有的时间段受一种因素影响，有的受多种因素影响，这些规律错综复杂，人们很难通过一般的现象或计算就能掌握。但是，数据可以记录这一切，并描述这些现象。运用大数据进行智能预测的方法已经得到众多学者的研究和认可，如神经网络预测、灰色预测模型、支持向量机等人工智能预测。虽然有一定的误差，但是在一定程度上可以提供参考依据，从而提高客户满意度。

（2）旅游者感知体验研究

借助各类地理空间大数据研究高速铁路背景下的旅游者空间行为特征，并研究旅游经济现象的时空分布格局、特征和机理，相比于传统遥感技术，大数据体系中的旅游者感知数据和遥感数据逐渐成为目前全面理解旅游环境的重要支撑。

高速铁路服务质量的好坏很大程度上取决于有没有采纳乘客的建议，实时地采取建议会提高高速铁路服务质量；反之，会降低高速铁路服务质量。高速铁路管理部门可以为乘客提供一个建议反馈的平台，实时地记录每一个建议，运用大数据的数据挖掘技术，可以得到大多数乘客所担心的问题及建议，并针对具体问题，及时采取措施，进而有效提高高速铁路服务质量。

总之，在高速铁路时代，旅游者出行和高速铁路规划与管理需要大数据分析，通过大数据我们可以了解高速铁路的供求关系、减少事故发生及更好地服务乘客。大数据分析能够为高速铁路的发展提供必要的情报，将有效促进高速铁路发展。

（3）高速铁路时空特征研究

时空大数据主要包括时序化的基础地理信息数据、公共专题数据、智能感知实时数据和空间规划数据等，构成都市圈空间建设所需的地上下、室内外、虚实一体化的时空数据资源。图 10-2 为时空大数据分析处理。

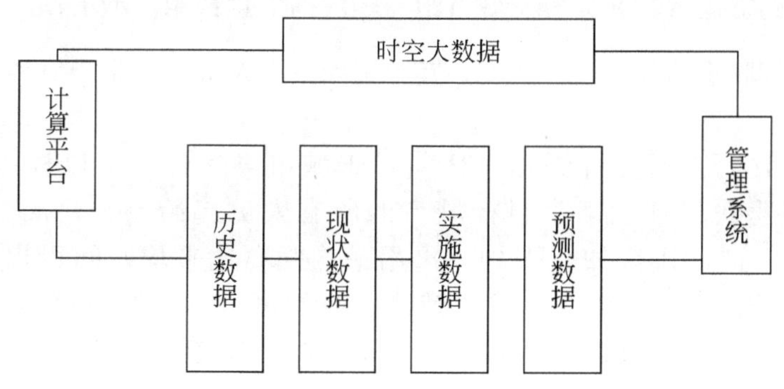

图 10-2　时空大数据分析处理

（4）高速铁路规划发展与管理研究

“互联网+”技术让铁路部门的规划和管理方式更加符合实际需要，让区域旅游“智慧发展”，让旅游者“智慧出行”。其研究内容包括基于都市圈旅游经济发展、各等级景区布局、旅游者流向等长期动态数据的高速铁路线路、发车间隔规划；基于旅游者在某些重要时间节点的流量和流向、高速铁路车次临时客座闲置等实时数据的高速铁路价格调整、车辆调度等的分析。

10.2.2 大数据在高速铁路旅游经济效应测度中的应用

（1）高速铁路的旅游整体效应测度分析

高速铁路的快速发展可以促进人员的流动、加强地区间的交流，可以拉动经济的增长，对于这种拉动效果的测度现有的指标有高速铁路的投资量、高速铁路的总资产贡献率、高速铁路的年度经济增长率等。这些都能描述经济拉动情况，但是这些指标只是从宏观的角度测度，没有对经济效应做出具体的测度。还有的指标如投入产出完全消耗系数，虽然做出了分类，但只是按影响大小进行了排序，而没有具体测度。

在大数据的背景下，数据种类繁多，数据量剧增，强大的数据库技术已能够对种类多、数量大的数据进行储存与分析，因此对高速铁路经济效应的测度不能只停留在宏观角度，需要做进一步分析，以提高经济效应测度的直观性、精确性，得出具体的旅游经济拉动值。

（2）高速铁路同城效应指标测度分析

对同城效应的测度，可以从城市可达性、经济联系程度等指标展开。目前，学者主要采用模型进行测度，如运用 $A_i = k_{i客} \times A_{i客} \times k_{i货} \times A_{i货}$ 来测度节点城市的可达性，其中用到货运量、客运量、城市距离等数据信息；用模型 $R_{ij} = \frac{\sqrt{P_i V_i} \times \sqrt{P_j V_j}}{D_{ij}}$ 来对区域经济联系的紧密进行测度，其中用到城市人口、工业产值和城市间距离等数据。

有了大数据，测度将更加具体。对于城市可达性，可以根据一定时段内，乘坐高速铁路到达某个目标城市的所有人员起始点、距离、时间等信息，对距离、时间进行加权平均，再用平均距离比平均时间得出平均速度，结合旅游者的区域分布大小和平均速度，我们可以分析城市可达性。对于经济联系程度测度，也可以根据城市之间企业间的交流、人才等要素的流动等指标进行测度。

（3）高速铁路都市圈旅游发展效应指标测度分析

对于高速铁路驱动区域城市群发展效应的研究主要体现在城市规模的变化、功能结构的完善以及空间布局的优化等方面。

对于城市规模的影响方面，首先城市规模按城市聚居人口大小可以分为小城市、中等城市、大城市、特大城市和超大城市。其次，现在对高速铁路对城市规模的影响效应的测度还比较少，但是在大数据的背景下我们可以从大数据分析的角度进行测度。本书认为，可以从五类城市分别进行分析，对每年城市的新增人口的出行工具进行分析，根据高速铁路在新增人口乘坐的交通工具的占比，得出高速铁路的作用，从而测度高速铁路对每一类城市的规模的变化情况。

（4）高速铁路集聚效应指标测度分析

产业集聚现象是在某一特定领域内，大量产业联系密切的旅游企业以及相关机构在空间上集聚、联盟，并形成强劲、持续竞争优势的规模经济和范围经济的现象。已有学者根据时间和空间衰减原理和引力公式构造模型来分析交通运输对区域经济的集聚效应。大数据背景下，可以在平面图上，以某城市中心为圆点，再由圆点向外散射，在图上标出与某行业有关的所有企业、各种机构等的地理位置，从而分析该城市某行业的集聚状态，通过图形的时间序列来测度集聚效应的强弱。

（5）高速铁路城市空间极化效应指标测度分析

高速铁路城市空间极化包括两个方面，即高速铁路车站的节点极化与城市通道和网络极化。

高速铁路车站的节点极化效应表现在高速铁路修建后，高速铁路车站巨大的人流、物流，以及现代化的设施与环境，使得高速铁路车站不仅成为一个城市的要素聚集地，而且将会成为一个城市规划和发展的新节点。而分运率是客流、货流在运输通道内多种交通运输方式或线路之间的分布概率，它表明各种交通运输方式或线路所占有的市场份额。根据各种交通方式的分运率可以分析高速铁路车站的节点极化情况。

城市通道和网络极化效应主要是指高速铁路修建后，将调整、优化原来城市道路和城市路网的结构与功能，使其更加专业化、合理化。通道经济的核心在于流量经济的出现，而高速铁路将凭借其自身的技术经济优势，引导城市人流、物流、资金流、技术流和信息流的加快流动与极化，形成以高速铁路车站为牵引的新的交通流向。这里，可以通过研究在高速铁路开通后的几年内特定区域内的各城市及整个区域的客流量的变化情况，来分析城市通道和网络极化效应。如果整个区域的客流量出现增长趋势，则网络极化效应加强；如果单个城市的客流量变大，则城市极化效应加强。

随着高速铁路快速发展，数据量也随之呈指数增长，大数据技术可以对这些数据分类储存，可以运用云计算进行测算。这里就可以按交通工具、运送物资的种类进行分类，从整体和局部两方面对分运率、客流量进行计算，分析极化现象。

10.3 基于大数据信息的京津冀都市圈高速铁路旅游研究

10.3.1 基于网络平台的京津冀旅游目的地选择决策

10.3.1.1 网络平台数据利用概况

近年来随着手持GPS设备、智能手机在旅游者群体中的普及，旅游者在旅游过程中产生的地理位置数据逐步被利用和进行深入研究，形成的成果成为其他旅游者进行决策的重要依据。网络平台可利用的大数据信息包括：①旅游博客。通过分析旅游者博客日志研究旅游者目的地决策中的信息交互机制或游客在特定旅游区的活动模式。②位置服务（LBS）数据。利用基于位置的社交网站（如Foursquare、嘀咕网等）上的用户签到信息，分析用户的行为模式和相似性。③照片地理信息。利用旅游者使用手机或数码相机拍摄的带有经纬度标记的共享照片数据，研究旅游者的景观兴趣偏好或旅行路线模式（丁娟和李俊峰，2015）。

10.3.1.2 社交图片网站数据利用的案例分析

（1）数据获取原理和途径

通过社交图片网站（Flickr①）的数据开放接口，借助计算机程序采集、整理境外旅游者上传的中国旅游景区相关照片数据。利用这些照片中的地理位置坐标信息，基于互联网用户共享数据，从地理兴趣点（point of interest，POI）的角度分析比较入境游客的景观兴趣偏好。POI指的是游客所感兴趣的地理位置，是地理空间信息的重要组成部分，在基于位置的信息服务中被广泛使用。通过采集分析Flickr网站上在中国入境游相关的（即居住地在中国境外的用户在中国境内拍摄并上传的）带有地理坐标的照片数据，采用DBScan聚类分析方法，探测入境游客的POI，并做分类统计分析。在此基础上，使用GIS空间分析方法研究中国入境游POI的空间分布差异，并进一步对不同客源地游客的POI选择偏好进行对比分析，以更加全面而客观的视角探测入境旅游者的地理兴趣点。

（2）基于DBScan聚类分析方法的POI探测过程

利用Flickr的API接口获取该网站从2008～2013年在中国大陆地区拍摄的带

① Flickr是著名的照片共享网站，在全球范围内为海量注册用户提供照片上传和共享服务，这些照片数据中很大一部分带有地理位置（经纬度坐标）信息。通过Flickr提供的应用程序接口（API）服务，可以按拍摄地、上传时间等属性检索照片及上传用户的相关信息（如居住地等）。

有经纬度坐标信息的照片数据共200多万条，以及这些照片的上传用户数据5万多条。根据入境游研究需要，将这些数据存入关系数据库后，使用SQL语句从中进一步检索出上传用户居住地为中国境外的照片数据，同一时间、同一用户在同一经纬度坐标下拍摄的多张照片仅保留一张。经过过滤处理后，最终得到有效的入境游照片数据134 629条，将这些照片拍摄地经纬度数值输入ArcGIS后，标记在中国地图底图上，得到入境游照片地理分布图。

针对获取的Flickr照片地理坐标数据，可以使用DBScan聚类方法计算POI。DBScan算法将具有足够高密度的区域划分为簇，并在具有噪声的空间数据库中发现任意形状的簇。

借助ArcGIS 9.3进行定量分析，采用的基础底图为下载自国家基础地理信息中心的1∶400万数字化中国地图（shape格式），将这些POI经纬度值（WGS84坐标系）导入ArcGIS并生成图层，再经过转换统一坐标系后将这些点定位至底图上。

采用GIS空间分析方法考察我国入境游POI分布的形态与结构，定量探讨其分布特征和时空差异，使用的GIS分析方法包括空间分布模式工具中的平均最邻近距离分析、空间分析模式中的点要素核密度分析等，最终形成入境游客的POI空间分布格局，以形成对其他旅游者出行决策及旅游企业经营决策的有效参考。

（3）入境游客的POI京津冀空间分布格局和POI选择偏好

使用DBScan算法计算Flickr网站上获取的入境游照片经纬度数据后，共得到1882个聚集，即在中国境内探测出1882个入境游POI，对每个POI包含的所有照片经纬度坐标计算平均值，求出该POI中心点坐标，将这些POI中心点的经纬度数据录入ArcGIS，并在底图上标注后，得到入境游POI分布状况图。其中，京津冀都市圈的POI选择包括颐和园、故宫、长城、奥林匹克公园、“津门故里”古文化街、海河风情区、承德避暑山庄、北戴河、老龙头、唐山清东陵等。

入境游客的POI分析结果可以为潜在的入境旅游者提供旅游目的地决策导向，也可服务于旅游企业或旅游景区，以利于其提前做好景区接待和服务规划。

10.3.2　基于百度大数据的区域旅游交通线优化分析

与一般交通不同，旅游交通过程本身也是旅游体验过程，对于旅游者来说，在忽略交通成本的前提下，交通距离因为直接影响交通时间，从而影响游客体验，因此是游客通常重点考虑的要素。基于百度大数据和12306互联网售票系统大数据，借助图论最小生成树的Kruskal算法，进行京津冀区域旅游交通线路优化分析。

（1）图论最小生成树Kruskal算法及意义

遴选各节点城市，将其和两两之间的直线距离抽象成点和线，构成一个无向图 G，对图 G 的每一条边 e，可赋以一个实数 $\omega(e)$，$\omega(e)$ 称为 e 的权。G 连同它边上的权称为赋权图，图 G 的生成子图 T 称 G 的生成树，Kruskal 算法就是在赋权图中找出一颗最优树，其基本步骤如下。

1）从 E(G) 中选一条权最小的边 e_1。

2）若 e_1，e_2，…，e_i已选出，则从 $E/\{e_1, e_2, \cdots, e_i\}$ 中选取 e_i+1，使得：①$G[\{e_1, e_2, \cdots, e_i+1\}]$ 中无圈；②$\omega(e_i+1)=\min$。

3）当第 2）步不能继续执行时则停止。

该算法的实质推论过程是：在无向图中，按照边的权值从小到大依次进行排序，从而获得边的权值递增序列，进而在图中依次递增序列选择边的集合。如果新选择的边与已经确认的边构成了回路（即首尾相连的环形边序列），则放弃该边，继续选择权递增的边序列中的下一条边，直到序列中的最后一条边（鲍捷等，2010；李晓莉等，2008）。

（2）理想距离测度

基于理想状态，按照无向完全图思路测度京津冀都市圈 13 个城市间的直线距离，距离测量值由百度地图和 GPS 的 spg 测量小工具获取，起点和终点分别为两城市的火车站或高速铁路城市的高速铁路发车站位置。最终得出京津冀各城市两两之间的直线距离（表 10-5）。

（3）铁路交通线路现实距离无向图

同时结合京津冀区域城市之间的铁路交通现状，进行区域铁路交通图论抽象，绘制区域铁路交通线最小生成树（图 10-3）。

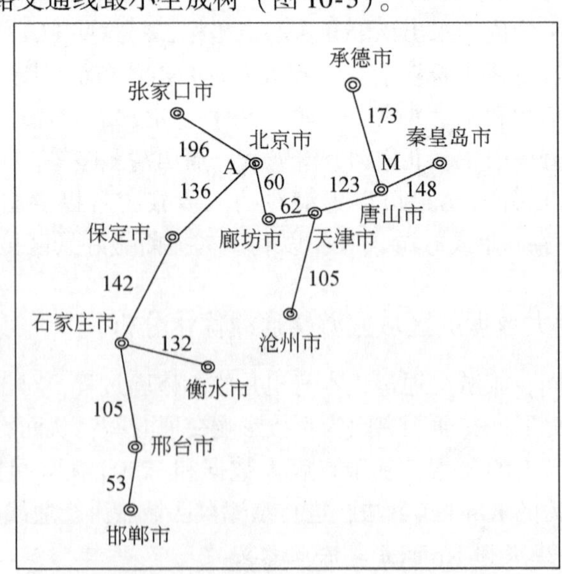

图 10-3　京津冀铁路交通线路 Kruskal 算法最小生成树

表 10-5 京津冀各城市间理想（直线）距离

（单位：km）

城市节点	北京市	天津市	石家庄市	廊坊市	保定市	唐山市	秦皇岛市	沧州市	张家口市	承德市	衡水市	邯郸市	邢台市
北京市													
天津市	107												
石家庄市	263	268											
廊坊市	49	59	256										
保定市	129	142	136	120									
唐山市	191	95	367	124	233								
秦皇岛市	301	227	492	252	364	131							
沧州市	176	100	202	135	124	186	301						
张家口市	159	265	314	206	216	305	409	314					
承德市	177	212	444	193	316	129	178	304	260				
衡水市	245	203	110	215	126	299	419	122	342	408			
邯郸市	400	369	157	378	265	464	582	286	469	570	166		
邢台市	352	329	104	352	217	425	549	252	417	527	130	52	

注：距离数值根据百度地图测算得出；测算时如某城市有多个车站，原则上高速铁路站优先，距离较短的优先。

利用 Kruskal 算法最终形成一条连通京津冀都市圈各城市、总路程最短的交通干线，此干线由于路程最短，完全符合节约费用的原则，总路程为 1435km 长的铁路交通线路。

但在实际运营过程中，铁路交通网络布局不仅考虑投资最小原则，还需考虑出行最便捷等，其中发展旅游尤其要依托便利的出行方式，结合京津冀旅游经济发展水平和高品质旅游景区布局，同时对现有的铁路交通运输流向进行分析可发现，在实际铁路交通线中，北京市与承德市，石家庄市与天津市、沧州市的铁路交通联系相对密切，且承德市、张家口市、秦皇岛市为河北省重要的旅游目的地，因此结合现有的交通线路布局对计算得出的最小生成树进行修正，增加石家庄市与沧州市、北京市与承德市、张家口市与承德市等之间的连接（图 10-4）。

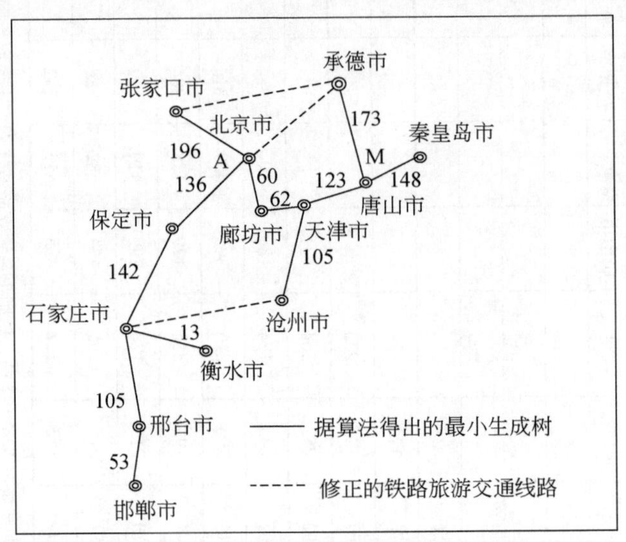

图 10-4 调整后的京津冀铁路交通线路

目前北京市至承德市、石家庄市至沧州市有现成的普通列车，张家口市至承德市的铁路交通需经北京中转，在高速铁路建设发展迅速的大背景下，加大对北京市至承德市、石家庄市至沧州市、张家口市至承德市的城际高速铁路建设有利于形成区域旅游发展的合力和增强旅游者出行的便利。

（4）京津冀区域旅游铁路交通线路规划

基于图论 Kruskal 最小生成树算法的结果，根据区域景点分布格局和现有的交通线路网络分布特征，从旅游者最佳体验获取的视角设计高速铁路背景下的京津冀都市圈最佳旅游线路如下：①北京市—廊坊市—天津市—唐山市—承德市；②石家庄市—保定市—北京市—张家口市；③衡水市—沧州市—天津市—唐山市

—秦皇岛市。

由于旅游线路的组织依赖于实际的交通线路，与理想的直线线路有一定偏差，对此将上述3条旅游理想线路与实际线路进行比较可见，以下线路在里程、形态与实际虽有一定偏差，但整体差距较小（表10-6）。

表10-6 线路理想距离与实际交通线距离差异比较

交通线	距离（理想距离/实际距离）	合计距离
铁路交通旅游线1	北京市—(49/60)—廊坊市—(59/62)—天津市—(95/123)—唐山市—(129/173)—承德市	332/418
铁路交通旅游线2	石家庄市—(136/142)—保定市—(129/136)—北京市—(159/196)—张家口市	424/474
铁路交通旅游线3	沧州市—(100/105)—天津市—(95/123)—唐山市—(131/148)—秦皇岛市	326/376

基于大数据的都市圈线路规划有利于节省旅游者人力、物力，对旅游经营者能形成有效的营销指导。

10.3.3 基于铁路客票官网数据信息更新的出行效率研究

以大数据为背景的高速铁路的经济效应测度有其一定的优越性，它能以部分揭示整体，在一定程度上弥补当下使用的一些模型只从宏观角度测度的缺陷。

借助12306铁路售票官网的大数据的云储存和云计算技术。云储存技术，简单来说就是将储存资源放到云上供人存取的一种新兴方案。使用者可以在任何时间、任何地方，透过任何可联网的装置连接到云上，方便地存取数据。云计算技术，它能提供可用的、便捷的、按需的网络访问，进入可配置的计算资源共享池(资源包括网络、服务器、存储、应用软件、服务)，这些资源能够被快速提供，只需投入很少的管理工作，或与服务供应商进行很少的交互。

评价指标为

$$\text{平均时间：}\bar{t} = \frac{1}{m}\sum_{i=1}^{n} c_i t_i \tag{10-1}$$

$$\text{平均距离：}\bar{s} = \frac{1}{m}\sum_{i=1}^{n} c_i s_i \tag{10-2}$$

$$\text{平均速度：}v = \bar{s}/\bar{t} \tag{10-3}$$

式中，m 表示一天内A城市的出行者到达总量；n 表示到达A城市出行者的起点区域个数；i 表示到达A城市的出行者的第 i 个起点区域；c_i 表示来自第 i 个起点区域的出行者量；t_i 表示从第 i 个起点区域到达A城市所需要的时间；s_i 表示从

第 i 个起点区域到达 A 城市所需要的距离。

除了分析平均速度，还要综合分析出行者起始地的分布，根据分布区域的面积和平均速度来测度城市的可达性，区域面积越大、平均速度越快则表明城市的可达性高。

平均速率指标反映出行者从各线路出行的整体效率，包括换乘时间、出行者拥挤程度等。

通过铁路客票预订官网实时查收票务信息，研究范围为京津冀区域的票务数据，以北京市为例，分析天津市、石家庄市到北京市的高速铁路出行者可达性。收集数据信息为 2016 年 5 月 23 ~ 25 日 3 天的完整数据，通过计算高速铁路出行者从天津市、石家庄市到北京市的平均路程和平均时间，最后通过平均速率分析高速铁路出行者的城市可达性高低。

由于高速铁路售票官网信息实时更新，统计数据的截止时间均为开车前网上停止买票的时间，采取间接收集的方式收集。根据高速铁路售票网页显示的每个车次的票的剩余量与其总的座位量之差，得出每天每个高速铁路列车的出行者乘坐量。其中，每个车次的票的剩余量由该车次出发前一天的晚上统计而来；对于车次总的座位量，高速铁路车次有的是 8 个车厢，有的是 16 个，由于天津市到北京市距离较近，大多是 8 个车厢，这里统计的是具有 8 个车厢的车次；而石家庄市到北京市距离相对较远，大多是 16 个车厢，因此这里统计的是具有 16 个车厢的车次。

表 10-7　都市圈高速铁路出行者城市间的平均速率表　　（单位：km/h）

日期	区域		
	天津市—北京市	石家庄市—北京市	天津市—石家庄市
5 月 23 日	192. 10	209. 76	207. 83
5 月 24 日	191. 74	209. 92	207. 96
5 月 25 日	191. 64	209. 96	207. 97

由表 10-7 可以看出，天津市到达北京市的高速铁路出行者平均速度低于石家庄市到达北京市的高速铁路出行者平均速度，分别在 192km/h 和 207km/h 左右，而高速铁路是新建设计开行 250km/h 及以上动车组列车或初期运营速度不小于 200km/h 的客运专线铁路。此现象说明，一是高速铁路列车本身运行速度慢；二是与高速铁路列车经停次数和经停时间有关。为了排除经停时间对列车正常运行时速的影响，这里将经停时间从车次运行时间中去除，同理，再次算出各研究区域高速铁路出行者城市间的平均速率。研究得出区域高速铁路出行者城市间的平均速率表，如表 10-8 所示。

表 10-8 调整后的都市圈高速铁路出行者城市间的平均速率表 （单位：km/h）

日期	区域		
	天津市—北京市	石家庄市—北京市	天津市—石家庄市
5 月 23 日	196. 54	219. 72	217. 13
5 月 24 日	196. 25	219. 85	217. 25
5 月 25 日	196. 35	219. 88	217. 27

注：此表数据已排除经停时间。

由表 10-8 可以看出，经停次数和经停时间对天津市到北京市的高速铁路平均速率影响较小，而对石家庄市到北京市的高速铁路平均速率有一定的影响。

综上所述：虽然天津市距离北京市较近，石家庄市距离北京市较远，出行者从天津市出行会比从石家庄市出行更快到达北京市；但是，从速率的角度，石家庄市要比天津市快。而且从天津市到北京市的高速铁路本身运行速率相对较慢，且与经停次数和经停时间无关；石家庄市到北京市的高速铁路运行速率与经停次数和经停时间有一定关系，合理调整经停次数和经停时间，将会使高速铁路出行者从石家庄市到北京市的可达性更好。

通过铁路客票官网即时数据可进一步研究在都市圈环境下高速铁路的同城效应特征和效率，帮助高速铁路规划和管理部门即时了解各线路、各节点、各时段的工作效率。大数据能够创新或完善高速铁路经济效应测度体系中的各种指标，并进行更具体、直观、简易的量化分析，从而将复杂的模型简单化处理，促进高速铁路经济效应测度体系的完善与发展，从而推动高速铁路的发展。

10.4 结　　论

1）近几年，科技发展迅速，各种先进设备（如手机、电脑、各种终端设备）的普及，以及多样的信息平台，如淘宝、贴吧、微博及各种论坛等的发展，都促进了海量数据的产生。如今的数据量巨大，一个平台甚至一天产生的数据量有数以亿计之多，数据产生速率呈指数增长，短信、浏览网页、检索信息、购买商品都会产生数据；而且数据表现形式多样，已不是单纯地按行列排列的具有结构的信息，还有大量的非结构化数据，如运用短信、博客、语音进行交流的信息，视频及定位信息等，包括成千上亿的网络评论形成了交互性大数据，其中蕴藏了巨大的旅游行业需求开发价值和高速铁路规划和管理的导向信息。因此，大数据时代到来，将海量信息与分析法结合，信息即可变成情报，潜在价值极大。

2）高速铁路是社会发展的新生事物，虽然高速铁路对都市圈旅游发展的推动作用越来越突出，但高速铁路对旅游者、旅游景区、旅游企业等的影响的判断和分析机制还不够完善，大多数测度只是运用模型从宏观的角度进行测度，具有抽象、复杂等弊端。在高速铁路服务技术不断发展、信息不断更新的背景下，即时利用多样而量大的大数据，可以全面、动态、有效地测度和分析高速铁路与旅游发展关系，做到即时发现问题、即时提升和完善服务。

3）大数据和高速铁路是时代发展的重要产物，是人类改变生产空间和生活方式的重要媒介。关注大数据、高速铁路大背景下都市圈旅游发展的新特征、新问题应成为未来旅游研究的重要内容。

11 研究结论与展望

本书基于轨道交通发展的大背景和都市圈“人–地”关系系统，从多维视角研究了轨道交通背景下都市圈旅游发展的特征，形成了完整的轨道交通与都市圈旅游发展关系的研究体系。但由于主客观原因，本书仍然存在一些不足和有待拓展的地方。

11.1 主要结论

11.1.1 理论和方法体系的研究方面

本书在梳理相关概念与理论的基础上，对都市圈概念、都市圈系统构成、都市圈旅游发展、都市圈轨道交通规划、交通与都市圈发展关系等进行了分析和提炼。

城市具有沿交通轴线扩展的特征，交通干道沿线往往集聚大量的经济活动，形成区域的经济带。交通是经济活动区位选择的重要依据。国内外研究对相关主题也较为关注，研究视角上，基于国家尺度的长大客运专线轨道对旅游发展影响的研究近几年较为集中，且形成较为客观的结论；以都市圈为研究视角，关注轨道交通对都市圈整体环境和都市圈外围旅游要素的影响及作用，以及关注大交通对总体经济形势的影响和效率的研究较多；同时，研究都市圈旅游对轨道交通的需求规律、时间特征、空间分布等的文献逐渐增多。

本书研究认为都市圈是重要的地理空间概念，高速铁路是都市圈旅游发展重要的区域性资源及基础设施。对高速铁路与都市圈旅游发展关系的研究既是地理学的重要议题，也是社会学、经济学等共同关注的研究方向。都市圈是我国旅游经济发展的重要地理单元，也是我国旅游创新发展的战略平台。资源、人口和科技是都市圈发展的重要子系统，共同维系着区域发展过程及区域发展的质量资源子系统，是都市圈区域存在和发展的物质基础，都市圈旅游空间格局演化的过程也是都市圈旅游要素流动与重新配置的过程。旅游交通是旅游要素价值体现的重要媒介，也是旅游者产生旅游行为的辅助工具。轨道交通的时空效应正在加速空间圈层结构的形成，成为都市圈旅游者空间流动的重要载体和推动力量。

11.1.2 基本关系的研究方面

本书归纳了高速铁路与旅游发展的多重效应、影响机制和呈现特征，通过向量自回归模型研究了铁路与旅游发展的动态关系和影响机理。

研究认为高速铁路的旅游发展效应主要包括时空效应、旅游者效应、旅游产业效应等。高速铁路对都市圈旅游的影响是通过时间压缩、空间转换，提供资源整合、交通对接和产业合作等发展条件和机遇。高速铁路条件下都市圈旅游资源由单体竞争向资源一体化方向转变，旅游企业由服务于地方向服务于区域产业转变，形成新的都市圈旅游产业联盟。

在铁路与旅游发展的长期动态关系分析中，本书利用脉冲响应函数进行了分析。研究表明，中国铁路交通发展特征指标与旅游业发展指标之间存在较为稳定的长期动态关系。旅游总收入的增长对铁路建设投资的增长率冲击的响应具有波动性，这是由于基础设施建设投资具有时滞性，多数冲击期铁路建设投资的增长并不能带来同比例的旅游收益增长。旅游总收入的增长对铁路营业里程的增加率冲击的响应整体保持以增长为主、偶尔下降的趋势，说明铁路营业里程要素对旅游业发展有促进作用。而旅游业发展指标对铁路发展指标中的列车运行时速有较为稳定的正响应，但响应水平不太明显，说明旅游总收入的增长率因为铁路客运时速的增加率的提高而保持同步甚至略高的增加优势。铁路建设发展指标对旅游业发展指标冲击的响应分析表明，旅游业的发展会引起铁路建设过程的波动性，但影响效应具有不确定性。进一步方差分解结果表明旅游业发展的动力首先是铁路运营里程，其次源于自身、铁路建设投资、列车运行时速，因此可以认为铁路交通网络的全面覆盖、铁路网络的延伸和拓展是地方旅游产业提升和区域旅游合作的重要条件。同时，对于目前的旅游发展而言，对现有旅游产品进行结构调整和创新、提升旅游业服务水平是促进旅游业发展的主要方向。在此基础上，旅游业发展需要借助铁路交通设施的不断完善，包括铁路交通的信息化等来实现更快速的发展。列车运行时速指标的分析表明，自 1997 年第一次列车大提速以来，列车运行时速对旅游业发展的影响一直保持较为平稳的正向影响，但影响程度小，这与我国几十年来列车提速的幅度较小有关。

11.1.3 空间和经济效率的研究方面

本书分析了高速铁路开通以来都市圈交通网络格局的变化以及高速铁路背景下旅游发展的整体空间变化流向和都市圈旅游空间特征及其发展效率。

应用空间句法模型指标，借助城市节点间铁路距离里程，评价了京津冀都市圈铁路网络规划的合理性。研究结果表明，随着高速铁路对交通网络连接的丰富，天津市、石家庄市、北京市等节点在整体网络中依然占据主导位置的同时，与周边节点的联系程度更加稳固和紧密。应用社会网络分析法，通过城际间列车联结次数，评价了城市节点间联系的密切度。分析结果表明，天津市、唐山市、邯郸市随着高速铁路线路的增加，其在区域中的重要性日益提升，而张家口市、承德市和衡水市由于缺乏高速铁路的推动，在区域中的交通区位未得到明显提升。

高速铁路背景下，旅游业发展呈现出新的特征。高速铁路作为旅游者活动的重要工具和吸引物，对旅游者的空间流动具有导向作用。但旅游业的快速发展并不能仅依靠高速铁路单一要素的推动，高速铁路应成为旅游业发展的重要契机。铁路对旅游业发展的促进作用明显，但是其实际投入和旅游产出匹配度不高。这主要是由于近几年来高速铁路建设投入规模过大，同时也说明高速铁路“旅游产出”效率的产生过程是渐进的，高速铁路投资的经济效益有滞后性。

京津冀都市圈内各城市在区位条件、旅游资源禀赋、旅游发展基础等方面各不相同，但都具有各自的比较优势，且内部的旅游经济联系已经较为紧密。伴随着京津冀都市圈轨道交通网络的逐步完善，京津冀旅游协同发展程度将越来越高。随着京津冀协同发展战略的进一步推行，行政驱动对区域旅游空间关系的影响不断弱化，而高速铁路推动下区域间文化的共生性和影响力会促进京津冀区域旅游空间更加协调一致。

11.1.4 旅游者选择特征和影响因素结构关系研究方面

本书通过层次分析法，形成旅客对出行方式的选择倾向指标，借助结构关系模型，构建了高速铁路旅游者出行选择的影响因素概念模型。

高速铁路的快速便捷催生了越来越多的旅游消费需求，高速铁路的空间布局影响着旅游者出行的空间选择。从出行者行为特征的层次分析法分析结果来看，已开通高速的出行线路的，高速铁路是旅客的优先出行方式。运行速度快、在途时间短、安全快捷准时、环境设施先进、乘坐环境舒适等是旅客选择高速铁路出行的主要因素，高速铁路的这些优势对旅客出行选择的正向导引远远大于高票价和低收入带来的反向阻抗。

通过结构方程模型构建“认同-期望-体验-满意度-支持度”五者间的路径关系，对旅游者的高速铁路认同、行为体验、服务期待、整体满意度和发展支持等因素的结构关系进行梳理和总结。由验证模型可知，“高速铁路认同”与旅游者“行为体验”具有正相关性、“高速铁路认同”与“发展支持”存在正相关性、“服务期待”与“整体满意度”存在正相关关系、“服务期待”与“行为体验”存在正相关关系、“服务期待”对“发展支持”具有负向影响、“行为体验”与“整体满意度”具有正相关关系、“整体满意度”对“发展支持”具有正向影响、“行为体验”对“发展支持”具有正向影响。结构方程模型进一步表明旅游者“行为体验”是“高速铁路认同”“服务期待”与“整体满意度”“发展支持”的重要中介变量。因此，在实践中有针对性地提升旅游者出行体验有利于增强旅游者高速铁路出行满意度，从而激发旅游者支持高速铁路发展的动力。

对旅游者出行选择及影响因素的结构关系研究，有利于增强高速铁路规划与管理部门和旅游者的了解，从而进行有针对性的规划管理，以达到高速铁路与旅游业协调发展。

11.1.5 高速铁路的旅游者需要和高速铁路规划研究方面

高速铁路规划与管理过程应重视对旅游者出行行为的研究，通过总结旅游者出行规律、流量、流向等，可以形成与旅游发展相结合的合理规划与布局。

从分担率和旅游者高速铁路出行预测结果来看，高速铁路已经成为京津冀都市圈旅游者出行的重要交通方式之一；但从目前线路布局来看，高速铁路并未和旅游景点布局、旅游者出行线路分布等形成较好的匹配。

未来高速铁路在规划层面上，应加强与其他运输方式的空间协调和优化衔接；运营层面上，应基于旅客需求，提升个性化服务水平。满足都市圈旅游发展需要的高速铁路承载规模须考虑三大要素——区域原有的轨道网络、感知和旅游者行为路径、旅游目的地的空间格局，从而形成高速铁路与都市圈旅游发展的多向匹配。

11.1.6 大数据背景下相关研究的拓展方面

本书总结了大数据的特征及其在高速铁路与旅游发展关系研究中的应用。

应用大数据技术，进行合理、全面的高速铁路旅游发展影响应用研究，一方面有利于高速铁路更有效地服务于旅游业，另一方面有利于旅游者更便捷地选择高速铁路出行。

针对特定建模目标，大数据的分析技术可以从相关基础学科中选择，包括数理统计学，如线性回归、Logistic 回归；机器学习，如决策树；生物学，如神经网络、遗传算法、群体智能；Kernel 方法，如支持向量机等。从高速铁路背景下旅游研究的具体问题来看，其应用领域主要有旅游者需求分析预测研究、旅游者感知体验研究、高速铁路时空特征研究、高速铁路规划发展与管理研究等方面。随着高速铁路大数据的快速积累，高速铁路对都市圈旅游经济效应的具体影响的测度也将越来越具体。

近年来，各类大数据为高速铁路背景下的旅游发展研究提供了越来越多的研究思路和研究结论。例如，网络平台数据包括旅游博客、位置服务（LBS）数据、照片地理信息等可作为旅游者目的地决策的重要参考。本书借助 Flickr 网站的信息，基于聚类分析方法，形成了 POI 偏好选择；基于百度大数据和 12306 铁路售票系统大数据，借助图论最小生成树的 Kruskal 算法进行了京津冀区域旅游交通线路优化分析；借助 12306 铁路售票系统大数据的云储存和云计算技术，通过铁路售票系统即时数据进一步研究了都市圈环境下高速铁路的同城效应特征和效率，这些研究将有助于高速铁路规划和管理部门即时了解各线路、各节点、各时段的工作效率。

11.2 研究展望

11.2.1 研究区域和研究内容选择方面

1）本书从全尺度范围考虑以高速铁路为特征的新型轨道交通对区域旅游发展要素的组织过程，以中观尺度上高速铁路背景下的都市圈旅游发展特征为研究重点，研究内容包括空间格局、经济效率、旅游者行为等，从基本概念、相关理论、研究方法等方面对以高速铁路为特征的新型轨道交通与都市圈旅游发展关系的研究进行了系统分析。在实证研究中，对都市圈的选择较多关注京津冀区域的发展特征，基于我国其他都市圈的不同区位、经济发展水平差异而进行高速铁路背景下的发展特征差异分析是未来需要进一步加强的研究内容。

2）近年来，城际轨道交通的网络化和现代化加强了城市与城市之间的联系，也加速了一批以一线城市为核心的都市圈的形成。高度网络化的轨道交通布局是都市圈旅游发展的重要前提。本书在关注都市圈范围内的轨道交通网络特征及其对旅游发展的组织协调的研究中，研究背景为以高速铁路为特征的新型轨道交通网络，对都市圈范围内的普通城际铁路、城市内部的轨道交通等研究对象未深入探讨，今后应对轨道交通的概念进行具体细化，并对各种类型轨道交通方式及其在都市圈旅游发展中的影响和机理进行更全面具体的界定。

11.2.2 研究数据支撑方面

1）高速铁路作为新型轨道交通，是社会发展的新生事物，目前高速铁路规划和建设的速度日新月异，未来对高速铁路和都市圈旅游发展的关系的研究不能仅停留在某一时间截面，需要不断结合高速铁路发展的新动态、新实践，在研究中不断更新和完善高速铁路的特征指标数据，保持相关研究的长期性和动态性，以形成对高速铁路与都市圈旅游发展关系的规律性总结。

2）高速铁路时代，都市圈旅游者出行越来越频繁、出行要求越来越细致化，通过涵盖全国区域范围内的旅游者在都市圈范围内的出行特征及高速铁路需求研究，有利于发现都市圈高速铁路旅游者的行为规律。在以都市圈旅游者需求为导向的高速铁路运营服务与管理对策研究方面，大数据提供了较多且精细化的信息，但本书在大数据的利用和分析方面尚待形成较为完善的数据收集、整理过程和分析框架。

11.2.3 研究模型和研究方法应用方面

1）轨道交通与都市圈旅游发展关系的研究是地理学、经济学、社会学共同关注的研究问题，相关主题的研究方法也较为综合。本书归纳了空间分析方法、经济学研究方法、社会学分析方法等的特征及其应用范围，并在研究中使用了部分方法进行了实证研究，但从研究对象的综合性来看，以任何一种方法对其特征进行研究都较为片面，无法概括其全貌，今后还需要通过多视角、多方法对轨道交通问题、都市圈旅游发展问题进行交叉研究与比较分析，以系统分析研究对象的特征。

2）在对都市圈高速铁路旅游者的研究方面，通过调研完成了630份问卷数据的收集和整理，通过结构方程模型研究了都市圈高速铁路旅游者的出行特征和影响因素的结构关系分析，但未对高速铁路旅游者的都市圈区位特征和其出行选择进行相关分析，今后应加大问卷调研的区域范围，并对问卷进行调查量表的细化整理，以有利于归纳和总结都市圈旅游者高速铁路出行的更客观的区位影响和更主观的个性化特征。

参考文献

Alan N. Fish. 2016. 决策知识自动化：大数据时代的商业决策分析方法. 王飞跃，王晓，郑心湖，等译. 北京：人民邮电出版社.

Bart Baesens. 2016. 大数据分析：数据科学应用场景与实践精髓. 柯晓燕，张纪元，译. 北京：人民邮电出版社.

K. J. 巴顿. 1984. 城市经济学：理论和政策. 北京：商务印书馆.

Vickerman R，王姣娥，焦敬娟，等. 2013. 欧洲高速铁路的发展历史与经济效应\ 世界地理研究，22（3）：41-48.

阿普罗迪西奥 · A. 拉谦. 2010. 跨越大都市：亚洲都市圈的规划与管理. 李寿德，张敬，译. 上海：格致出版社，上海人民出版社.

阿瑟 · 奥沙利文. 2008. 城市经济学（第6版）. 周京奎，译. 北京：北京大学出版社.

白凯. 2013. 旅游者行为学. 北京：科学出版社.

白凯，马耀峰，李天顺. 2005. 北京市入境游客感知行为研究. 消费经济，21（3）. 63-67.

白淑军，庞琳，卞广萌. 2013. 基于系统论的京津冀区域旅游一体化动力机制分析. 小城镇建设，(2)：63-65.

保继刚，楚义芳，彭华. 1993. 旅游地理学. 北京：高等教育出版社.

保罗 · 克鲁格曼. 2000. 地理和贸易. 张兆杰，译. 北京：北京大学出版社，中国人民大学出版社.

保罗 · 彼德，杰里 · C. 奥尔森. 2000. 消费者行为与营销战略. 韩德昌，译. 大连：东北财经大学出版社.

鲍捷，陆林，吉中会. 2010. 基于最小生成树 Kruskal 算法的皖北地区旅游交通优化与线路组织. 人文地理，(3)：144-148.

卞显红. 2005. 城市旅游空间分析及其发展透视. 北京：中国物资出版社.

卞显红. 2008. 长江三角洲城市旅游空间结构形成机制. 上海：格致出版社，上海人民出版社.

卞显红，翁碧云. 2012. 城市轨道交通对旅游边缘区旅游增长极影响机制研究——以杭州为例. 浙江工商大学学报，(3)：55-63.

曹灿明，陈建军. 2012. 高速铁路客运服务质量、旅客满意度与忠诚度分析. 铁道学报，34（1）：1-6.

曹小曙，刘望保. 2005. 城际轨道交通规划建设对珠江三角洲区域空间的影响. 现代城市研究，(12)：43-46.

曹小曙，许志桦. 2014. 城市群综合交通运输系统研究. 北京：商务印书馆.

陈航，张文尝，金凤君，等. 2000. 中国交通地理. 北京：科学出版社.

陈浩，陆林，郑嫱婷. 2011. 珠江三角洲城市群旅游空间格局演化. 地理学报，66（10）：1427-1437.

陈红霞，李国平. 2009. 1985～2007年京津冀区域市场一体化水平测度与过程分析. 地理研究，28（6）：1476-1483.

陈建军，郑广建，刘月. 2014. 高速铁路对长江三角洲空间联系格局演化的影响. 经济地理，34（8）：54-60.

陈洁，陆锋. 2008. 京津冀都市圈城市区位与交通可达性评价. 地理与地理信息科学，24（2）：53-56.

陈雷雷，张星臣，王伶俐，等. 2015. 高速铁路列车服务旅客满意度评价研究. 铁道运输与经济，37（11）：60-65.

陈明星，沈非，查良松，等. 2005. 基于空间句法的城市交通网络特征研究——以安徽省芜湖市为例. 地理与地理信息科学，21（2）：39-42.

陈戬. 2014. 区域旅游发展协调度的时空差异研究. 地理研究，33（3）：558-568.

陈文. 2013. 社会因素对旅游消费者行为的影响. 学理论，（16）：95-96.

陈小鸿，叶建红，张华，等. 2015. 重塑上海交通的路径选择与发展策略——公共交通优先导向下的城市客运交通发展策略研究. 城市规划学刊，（3）：86-93.

陈小卉，陈海贤，张伟，等. 2005. 都市圈规划. 北京：中国建筑工业出版社.

陈晓. 2008. 城市交通与旅游协调发展定量评价. 辽宁师范大学，23（2）：60-64.

陈颖慧. 2002. 偏最小二乘回归方法在交通运输业与旅游业关系分析中的应用. 上海：上海海运学院硕士学位论文.

陈兆铮. 2016. 基于交通经济带的产业聚集区空间发展研究——以萍乡市为例. 赣州：江西理工大学硕士学位论文.

程昌秀，张文尝，陈洁，等. 2007. 基于空间句法的地铁可达性评价分析——以2008年北京地铁规划图为例. 地球信息科学学报，9（6）：31-35.

储金龙. 2002. 论数字城市及其对城市规划的影响. 苏州城市建设保护学院学报（社科版），4（1）：16-21.

楚义芳. 1992. 旅游的空间经济分析. 西安：陕西人民出版社.

崔功豪，魏清泉，刘科伟. 1999. 区域分析与规划. 北京：高等教育出版社.

戴维·H. 乔纳森. 2002. 学习环境的理论基础. 郑太年，任友群，译. 上海：华东师范大学出版社.

戴星翼. 1995. 环境与发展经济学. 北京：立信会计出版社.

德尔·I. 霍金斯，戴维·L. 马瑟斯博，罗杰·J. 贝斯特. 2000. 消费者行为学. 符国群，等译. 北京：机械工业出版社.

邓聚龙. 1987. 灰色系统基本方法. 武汉：华中理工大学出版社.

邸振，乔瑞婧. 2016. 基于非线性效用函数的地铁客流量预测模型. 城市轨道交通研究，19（11）：22-25.

丁娟，李俊峰. 2015. 关于Web地理图片的中国入境游客POI空间格局. 经济地理，35（6）：24-31.

杜江. 2015. 计量经济学及其应用. 北京：机械工业出版社.

段进. 2009. 国家大型基础设施建设与城市空间发展应对——以高铁与城际综合交通枢纽为例. 城市规划学刊,(1)：33-37.

段进, 比尔·希列尔, 等. 2007. 空间研究3：空间句法与城市规划. 南京：东南大学出版社.

樊杰. 2008. 京津冀都市圈区域综合规划研究. 北京：科学出版社.

方创林, 毛其智. 2015. 中国城市群选择与培养的新探索. 北京：科学出版社.

方相林, 张晓燕. 2010. 基于固定影响变截距模型的湖北省旅游业发展影响因素回归分析. 经济地理, 30（5）：876-879.

方叶林, 黄震方, 涂玮. 2013. 社会网络视角下长三角城市旅游经济空间差异. 热带地理, 30（2）：211-218.

方志耕. 2009. 决策理论与方法. 北京：科学出版社.

菲利普·科特勒, 凯文·莱恩·凯勒. 2012. 营销管理（第14版）. 王永贵, 陈荣, 何佳讯, 等译. 上海：格致出版社.

菲利普·麦卡恩. 2010. 城市与区域经济学. 李寿德, 蒋录全, 郑心湖, 译. 上海：格致出版社, 上海人民出版社.

弗朗索瓦·佩鲁. 1988. 略论"增长极"概念. 李仁贵, 译. 经济学译丛,(9)：67-72.

付琳. 2008. 城市综合交通系统与经济系统协调发展研究. 北京：北京交通大学硕士学位论文.

高峰. 2005. 交通基础设施投资与经济增长. 北京：中国财政经济出版社.

高宏伟, 刘延平. 2006. 铁路行业产出效率的测量与经济政策评估. 统计研究, 23（7）：46-49.

高铁梅. 2009. 计量经济分析方法与建模. 北京：清华大学出版社.

高文杰, 张华, 王海乾, 等. 2007. 都市圈规划概论. 北京：中国建筑工业出版社.

耿建忠, 牛亚菲. 2007. 京津冀都市圈休闲旅游开发研究. 资源开发与市场, 23（8）：753-755.

顾朝林. 1995. 中国城镇体系：历史·现状·展望. 北京：商务印书馆.

顾朝林, 俞滨洋, 薛俊菲. 2007. 都市圈规划：理论·方法·实例. 北京：中国建筑工业出版社.

顾朝林, 甄峰, 张京祥. 2000. 集聚与扩散：城市空间结构新论. 南京：东南大学出版社.

顾江, 侯祥鹏. 2005. 我国省际旅游业综合发展实力比较研究：兼论江苏旅游业的发展. 产业经济研究,(4)：72-78.

关杰. 2008. 城市轨道交通旅客信息系统研究. 沈阳工程学院学报（自然科学版）, 4（4）：369-371.

郭吉安. 2012. 武广高速铁路对湖南省沿线旅游经济的影响分析. 铁路运输与经济, 34（6）：8-12.

郭雪萌, 江宁. 2006. 京沪高铁：南北经济一线牵. 中国国情国力,(10)：12-16.

韩彪. 2006. 交通经济论：城市交通理论、政策与实践. 北京：经济管理出版社.

韩晨．2013．高速铁路对沿线城市旅游产业要素配置的影响研究——以沪宁杭城际高铁为例．上海：华东师范大学硕士学位论文．

韩增林，杨荫凯，张文尝，等．2000．交通经济带的基础理论及其生命周期模式研究．地理科学，20（4）：295-300．

何吉成，徐雨晴，周铁军．2011．旅游景区对城市轨道交通规划与设计的影响——以沈阳轨道交通旅游专线为例．城市轨道交通研究，14（3）：55-58．

何宇强，毛保华，陈团生，等．2006．高速客运专线客流分担率模型及其应用研究．铁道学报，28（3）：18-22．

侯兵，黄震方，陈肖静，等．2013．文化旅游区域协同发展的空间认知分异——以南京都市圈为例．旅游学刊，28（2）：102-110．

侯兵，黄震方，范楚晗．2013．区域一体化进程中城市旅游经济联系的演变与思考——以南京都市圈为例．人文地理，（5）：94-100．

侯明明．2008．高铁影响下的综合交通枢纽建设与地区发展研究．上海：同济大学硕士学位论文．

胡鞍钢，刘生龙．2009．交通运输、经济增长及溢出效应——基于中国省际数据空间经济计量的结果．中国工业经济，（5）：5-14．

胡林，马洁，马莹，等．2005．旅游心理学．广州：华南理工大学出版社．

胡兆量，韩茂莉．2008．中国区域发展导论（第二版）．北京：北京大学出版社．

黄坤．2010．基于 Kruskal 算法的最小生成树的构建．电脑知识与技术，6（23）：6478-6481．

黄森．2014．空间视角下交通基础设施对区域经济的影响研究．重庆：重庆大学博士学位论文．

黄昭雄．2012．大都市区空间结构与可持续交通．北京：中国建筑工业出版社．

纪鸿濛．2015．高速铁路客运需求分析与客运量预测研究．北京：北京交通大学硕士学位论文．

靳诚，徐菁，陆玉麒．2007．长三角城市旅游规模差异及其位序规模体系的构建．经济地理，27（4）：676-680．

金凤君，焦敬娟，齐元静．2016．东亚高速铁路网络的发展演化与地理效应评价．地理学报，71（4）：576-590．

金凤君，王姣娥，孙炜，等．2003．铁路客运提速的空间经济效果评价．铁道学报，25（6）：1-7．

金卫东．2004．美国东部都市群旅游产业密集带的发展及启示．旅游学刊，19（6）：38-42．

康学东，王长钊．2005．关于建设环渤海京津冀地区城际铁路网的探讨．铁道建筑，（2）：89-91．

柯友华，云美萍．2007．城市出行选择行为机理研究．交通运输工程与信息学报，5（2）：95-102．

肯尼思·巴顿．2002．运输经济学．冯宗宪，译．北京：商务印书馆．

李伯溪，刘德顺．1995．中国基础设施水平与经济增长的区域比较分析．管理世界，（2）：106-111．

李国平，陈秀欣．2009．京津冀都市圈人口增长特征及其解释．地理研究，28（1）：192-202．
李娟．2005．区域旅游交通需求预测研究．铁道运输与经济，27（4）：77-79．
李立华，何毓成．2006．青藏铁路对西藏旅游的影响分析．山地学报，24（5）：628-635．
李廉水，Stough R R，等．2006．都市圈发展——理论演化·国际经验·中国特色．北京：科学出版社．
李明生．2010．铁路城际客运市场开发及列车规划研究．北京：中国铁道出版社．
李瑞，吴殿廷，殷红梅，等．2016．民族村寨旅游地居民满意度影响机理模型与实证——以社区、政府和个业力量导向模式的比较研究．地理学报，71（8）：1416-1435．
李善同，吴三忙，王菲．2017．中国城市化发展面临的主要风险及政策建议：调查研究报告［2017 年第 97（总 5172 号）号］．http：//www．drc．gov．cn/n/20170822/1-224-2894325．htm．［2017-10-6］．
李天元，王连义．1997．旅游学概论．天津：南开大学出版社．
李向楠．2013．基于模糊群决策的高铁施工过程风险评估．保定：华北电力大学硕士学位论文．
李晓莉，王发曾，罗军．2008．中原城市群轨道交通干线选择研究——基于图论最小生成树 Kruskal 算法．地域研究与开发，27（5）：50-53．
李新忠，汪同三．2015．空间计量经济学的理论与实践．北京：社会科学文献出版社．
李学鑫．2011．分工、专业化与城市群经济．北京：科学出版社．
李燕．2010．京津冀区域合作机制研究——基于政府制度创新视角．城市，（1）：21-24．
李悦铮，张志宏．2006．辽宁环渤海地区旅游协作机制研究．海洋开发与管理，23（4）：114-119．
李正浩．2009．与民航竞争下的高速铁路优势运距问题研究．成都：西南交通大学硕士学位论文．
力莎．2014．南京市居民高铁出游空间行为研究．南京：南京师范大学硕士学位论文．
廉同辉，余菜花，宗乾进．2012．我国旅游网站的网络结构研究——基于社会网络分析法．旅游科学，26（6）：80-88．
梁成柱．2008．高速铁路对京津冀经济圈要素流动的影响．河北学刊，28（4）：228-230．
林聚任．2008．论社会网络分析的结构观．山东大学学报（哲学社会科学版），（5）：147-153．
刘冰．2015．旅游学科研究中的社会网络思想及其研究范式．中山大学学报（社会科学版），（2）：205-210．
刘秉镰，赵金涛．2005．中国交通运输与区域经济发展因果关系的实证研究．中国软科学，（6）：101-106．
刘承良，余瑞林，熊剑平，等．2009．武汉都市圈路网空间通达性分析．地理学报，64（12）：1488-1498．
刘承良，余瑞林，段德忠．2015．基于空间句法的武汉城市圈城乡道路网通达性演化分析．地理科学，35（6）：698-707．
刘春成，白旭飞，侯汉坡．2008．“双核”经济中心理论下的京津冀城市群发展设想．中国软科学，（3）：19-23．

刘聪粉，张瑞荣. 2009. 云南省地区经济差异的空间统计分析. 云南财经大学学报，25（3）：118-126.

刘法建，章锦河，陈冬冬. 2009. 社会网络分析在旅游研究中的应用. 旅游论坛，2（2）：172-177.

刘改芳，杨威. 2013. 基于DEA的文化旅游业投资效率模型及实证分析. 旅游学刊，28（1）：77-84.

刘宏盈，韦丽柳，张娟. 2012. 基于旅游路线的区域旅游流网络结构特征研究. 人文地理，（4）：131-136.

刘辉，申玉铭，孟丹，等. 2013. 基于交通可达性的京津冀城市网络集中性及空间结构研究. 经济地理，33（8）：37-45.

刘宁宁. 2014. 高速铁路对沿线旅游业发展的影响研究——以哈大高铁为例. 大连：辽宁师范大学硕士学位论文.

刘天东. 2007. 城际交通引导下的城市群空间组织研究. 长沙：中南大学博士学位论文.

刘万明. 2003. 高速铁路主要技术经济问题研究. 成都：西南交通大学出版社.

柳林. 2010. 交通网络集聚与产业集聚协整关系研究. 北京：北京交通大学硕士学位论文.

陆大道. 1984. 区位论及区域研究方法. 北京：科学出版社.

陆大道. 1998. 区域发展及其空间结构. 北京：科学出版社.

陆大道. 2001. 论区域的最佳结构与最佳发展——提出“点—轴”系统和“T”型结构以来的回顾与再分析. 地理学报，56（2）：127-135.

陆大道. 2008. 我国区域发展的战略、态势及京津冀协调发展分析. 北京社会科学，（6）：4-7.

陆林. 2013. 都市圈旅游发展研究进展. 地理学报，68（4）：102-116.

骆玲，曹洪. 2012. 高速铁路的区域经济效应. 成都：西南交通大学出版社.

马波涛，张于心. 2003. 发展城际高速铁路客运专线的必要性. 综合运输，（2）：16-18.

马波涛，张于心，赵翠霞. 2003. 运用Logit模型对高速客流分担率的估计. 北京交通大学学报，27（2）：66-69.

马国霞，徐勇，田玉军. 2007. 京津冀都市圈经济增长收敛机制的空间分析. 地理研究，26（3）：590-598.

马国霞，田玉军，石勇. 2010. 京津冀都市圈经济增长的空间极化及其模拟研究. 经济地理，30（2）：177-182.

马立双. 2015. 高速铁路对城市空间的影响研究：以京石高铁为例. 石家庄：石家庄铁道大学硕士学位论文.

马伟，王亚华，刘生龙. 2012. 交通基础设施与中国人口迁移：基于引力模型分析. 中国软科学，（3）：69-78.

马耀峰，张佑印，梁雪松. 2006. 旅游服务感知评价模型的实证研究. 人文地理，87（1）：25-28.

迈克·詹克斯，伊丽莎白·伯顿，凯蒂·威廉姆斯. 2004. 紧缩城市——一种可持续发展的城市形态. 周玉鹏，龙洋，楚先锋，译. 北京：中国建筑工业出版社.

毛保华，姜帆，刘迁，等. 2001. 城市轨道交通. 北京：科学出版社.

毛一凡. 2010. 国内非区域核心城市高铁站区空间结构及形态要素研究. 武汉：华中科技大学硕士学位论文.

孟德友，陆玉麒. 2011. 高速铁路对河南沿线城市可达性及经济联系的影响. 地理科学，31（5）：537-543.

苗长虹，王海江. 2006. 河南省城市的经济联系方向与强度——兼论中原城市群的形成与对外联系. 地理研究，25（2）：222-232.

宁军明. 2008. 知识溢出与区域经济增长的关系研究综述. 湖北经济学院学报，6（3）：79-83.

宁泽群，李享，吴泰岳，等. 2013. 京津冀地区的旅游联动发展：模式、对象与路径. 北京联合大学学报（人文社会科学版），11（1）：106-116.

欧阳杰，张琴. 2005. "京津冀"区域轨道交通网络规划刍议. 城市轨道交通研究，8（1）：24-27.

裴玉龙，李洪萍，蒋贤才，等. 2007. 城市交通规划. 北京：中国铁道出版社.

彭建，王雪松. 2011. 国际大都市区最新综合交通规划远景、目标、对策比较研究. 城市规划学刊，（5）：19-30.

皮埃尔·梅兰. 1996. 城市交通. 高煜，译. 北京：商务印书馆.

齐晶晶，王树春，杨志强. 2009. 京津冀地区的聚集效应和扩散效应分析. 经济问题探索，（5）：23-27.

邱皓政，林碧芳. 2009. 结构方程模型的原理与应用. 北京：中国轻工业出版社.

任民. 2009. 铁路建设项目经济效益评价理论与方法研究. 铁道学报，31（1）：8-14.

任威，杨栋. 2014. 基于结构方程模型的高速铁路客站旅客满意度评价研究. 铁道经济研究，（2）：24-46.

任筱楠. 2012. 交通旅游带的形成机理分析. 北京：北京交通大学硕士学位论文.

荣玥芳. 2003. 都市圈规划编制体系研究. 城市规划汇刊，（4）：78-84.

单鹏飞，王英娟. 2001. 铁路枢纽客运构成与旅游关系的初步研究——铁道部上海客运站旅客调查问卷分析. 人文地理，16（1）：40-44.

邵毅明，闫冬梅，向红艳. 2012. 城市轨道交通车站旅客换乘效率评价模型研究. 铁道运输与经济，34（6）：78-81.

沈刚. 2011. 地方经济搭上高铁速度. 经济，8（8）：38-41.

石忆邵，章仁彪. 2001. 从多中心城市到都市经济圈——长江三角洲地区协调发展的空间组织模式. 城市规划学刊，（4）：51-54.

时少华，孙业红. 2016. 社会网络分析视角下世界文化遗产地旅游发展中的利益协调研究——以云南元阳哈尼梯田为例. 旅游学刊，31（7）：52-64.

史育龙，周一星. 2009. 关于大都市带（都市连绵区）研究的论争及近今进展述评. 国际城市规划，（增刊）：160-166.

斯坦利·沃瑟曼，凯瑟琳·福斯特. 2011. 社会网络分析：方法与应用. 陈禹，孙彩虹，译. 北京：中国人民大学出版社.

宋海岩，吴凯，李仲广. 2010. 旅游经济学. 北京：中国人民大学出版社.

宋英杰. 2013. 交通基础设施的经济集聚效应：基于新经济地理理论的分析. 济南：山东大学博士学位论文.

宋迎昌. 2003. 都市圈：从实践到理论的思考. 北京：中国环境科学出版社.

苏布拉塔·贾塔克. 1989. 发展经济学. 卢中原，等译. 北京：商务印书馆.

孙宏才，田平. 2001. 网络层次分析法（ANP）与科学决策. 南京：中国系统工程学会决策科学专业委员会第四届年会论文集：3-8.

孙宏才，田平，王莲芬. 2011. 网络层次分析法与决策科学. 北京：国防工业出版社.

孙久文，邓慧慧. 2006. 京津冀区域趋同的实证分析. 地理与地理信息科学，22（5）：60-63.

孙铁山，李国平，卢明华. 2009. 基于区域密度函数的区域空间结构与增长模式研究——以京津冀都市圈为例. 地理科学，29（4）：500-507.

孙铁山，李国平，卢明华. 2009. 京津冀都市圈人口集聚与扩散及其影响因素——基于区域密度函数的实证研究. 地理学报，64（8）：956-966.

孙永福. 2009. 中国高速铁路的成功之路. 铁道学报，31（6）：2，139.

太田正树. 1988. 航空运输经济学. 祁元福，等译. 北京：航空工业出版社.

谭成文，杨开忠. 2000. 中国首都圈的概念与划分. 国土开发与整治，10（3）：1-5.

陶文达. 1988. 发展经济学. 北京：中国财政经济出版社.

陶宇. 2012. 基于 BP 神经网络的 Web 服务评价模型研究. 合肥：安徽大学硕士学位论文.

万传风，周涛，陈莉娇. 2016. 基于乘客出行价值效用函数的 P&R 规模预测. 北京交通大学学报，40（1）：110-117.

汪德根. 2013. 武广高速铁路对湖北省区域旅游空间格局的影响. 地理研究，32（8）：1555-1564.

汪德根. 2016. 高铁网络化时代旅游地理学研究新命题审视. 地理研究，35（3）：403-418.

汪德根，陈田，李立，等. 2012. 国外高速铁路对旅游影响研究及启示. 地理科学，32（2）：322-329.

汪宇明. 2002. 核心-边缘理论在区域旅游规划中的运用. 经济地理，22（3）：372- 375.

王纯阳，屈海林. 2013. 旅游动机、目的地形象与旅游者期望. 旅游学刊，28（6）：26-37.

王凤学. 2012. 中国高速铁路对区域经济发展影响研究. 长春：吉林大学博士学位论文.

王昊，龙慧. 2009. 试论高速铁路网建设对城镇群空间结构的影响. 城市规划，33（4）：41-44.

王晖军. 2014. 高速铁路发展对我国旅客运输结构的影响分析. 铁道运输与经济，36（5）：40-44.

王缉宪，林辰辉. 2011. 高速铁路对城市空间演变的影响：基于中国特征的分析思路. 国际城市规划，26（1）：16-23.

王建廷. 2007. 区域经济发展动力与动力机制. 上海：上海人民出版社.

王建喜. 2010. 长三角轨道交通网的构建对区域旅游影响研究. 城市轨道交通研究，13（12）：5-8.

王姣娥，焦敬娟，金凤君. 2014. 高速铁路对中国城市空间相互作用强度的影响. 地理学报，

69（12）：1833-1846.
王俊，徐金海，夏杰长. 2017. 中国区域旅游经济空间关联结构及其效应研究——基于社会网络分析. 旅游学刊，32（7）：15-26.
王丽，曹有挥，姚士谋. 2012. 高速铁路对城市空间影响研究述评. 长江流域资源与环境，21（9）：1073-1079.
王琦，徐岩. 2008. 城市轨道交通旅客信息系统的设计. 黑龙江科技信息，（13）：83.
王瑞军. 2013. 基于省域视角的中国交通运输对区域经济发展影响研究. 北京：北京交通大学博士学位论文.
王淑娟. 2012. 区域合作视角下京津冀、环渤海旅游产业带协调机制研究. 学术探索，（2）：87-90.
王文静，陆化普. 2013. 轨道交通与都市圈空间体系耦合关系研究. 城市发展研究，20（4）：112-118.
王欣，邹统钎. 2010. 高速铁路网对我国区域旅游产业发展与布局的影响. 经济地理，30（7）：1189-1194.
王兴中. 2004. 中国城市生活空间结构研究. 北京：科学出版社.
王旭科. 2010. 交通运输对旅游流的作用机制研究. 物流技术，29（13）：67-69.
王学锋. 2003. 都市圈规划的实践与思考. 城市规划，27（6）：51-54.
王炎灿. 2009. 高速铁路对沿线地区旅游产业集群的影响研究. 成都：西南交通大学硕士学位论文.
王毅. 2005. 三大区域城际轨道交通网规划解读. 综合运输，（7）：87-90.
王永明，马耀峰. 2011. 城市旅游经济与交通发展耦合协调度分析——以西安市为例. 陕西师范大学学报（自然科学版），39（1）：86-90.
王煜琴. 2009. 区域旅游发展格局形成要素及演变机制研究——以中部六省为例. 旅游科学，23（2）：21-24.
维坎·维奇克. 2012. 城市公共交通运营、规划与经济：规划与经济部分（下册）. 宋瑞，何世伟，译. 北京：中国铁道出版社.
魏权龄. 2006. 数据包络分析. 北京：科学出版社.
魏晓云. 2006. 上海近郊城镇居民日常生活出行行为特征的分析——以上海嘉定区为例. 上海：同济大学硕士学位论文.
翁钢民，杨绣坤. 2012. 河北省环京津休闲旅游产业带城市群竞合研究. 人文地理，27（4）：143-146.
翁振松，王晖军. 1998. 京沪通道高速铁路客流量预测. 预测，（6）：9-11.
沃尔特·克里斯塔勒. 2010. 德国南部中心地原理. 常正文，王兴中，等译. 北京：商务印书馆.
乌铁红，张捷，李文杰，等. 2009. 中国入境旅游经济发展水平的空间格局演变及成因——基于入境旅游经济区位熵的分析. 干旱区资源与环境，23（5）：189-194.
吴康，方创琳，赵渺希，等. 2013. 京津城际高速铁路影响下的跨城流动空间特征. 地理学报，68（2）：159-175.

吴立辉. 2012. 多种运输方式竞争下高速铁路客运需求分析. 长沙：长沙理工大学硕士学位论文.

吴良镛，等. 1999. 发达地区城市化进程中建筑环境的保护与发展. 北京：中国建筑工业出版社.

吴潘，吴晋峰，周芳如，等. 2016. 目的地内部旅游交通通达性评价方法研究——以西安为例. 浙江大学学报（理学版），43（3）：345-356.

吴旗韬，张虹鸥，叶玉瑶，等. 2012. 基于交通可达性的港珠澳大桥时空压缩效应. 地理学报，67（6）：723-732.

吴群刚，杨开忠. 2010. 关于京津冀区域一体化发展的思考. 城市问题，（1）：11-16.

吴威，曹有挥，曹卫东，等. 2007. 开放条件下长江三角洲区域的综合交通可达性空间格局. 地理研究，26（2）：391-402.

吴玉鸣. 2007. 大学、企业研发与区域创新的空间统计与计量分析. 数理统计与管理，26（2）：318-324.

武剑，杨爱婷. 2010. 基于ESDA和CSDA的京津冀区域经济空间结构实证分析. 中国软科学，（3）：111-119.

武进. 1990. 中国城市形态：结构、特征及其演变. 南京：江苏科学技术出版社.

武晋飞，宋薇，杨博. 2013. 城市轨道交通旅客满意度分析与评价. 交通科技与经济，15（2）：76-79.

武小悦. 2010. 决策分析理论. 北京：科学出版社.

武旭，胡思继，崔艳萍，等. 2005. 铁路运输与社会经济协调发展评价问题的研究. 铁道学报，27（3）：20-25.

席剑辉. 2005. 混沌时间序列的长期预测方法研究. 大连：大连理工大学博士学位论文.

谢如鹤，邱祝强，李庆云，等. 2006. Logit模型在广深铁路客流分担率估算中的应用. 中国铁道科学，27（3）：111-115.

谢守红. 2003. 美国大都市区发展的特点与趋势. 天津师范大学学报（社会科学版），（6）：25-29.

熊永钧. 1998. 运输与经济发展. 北京：中国铁道出版社.

徐建华. 2002. 现代地理学中的数学方法（第二版）. 北京：高等教育出版社.

徐琴. 2002. 从世界都市圈的发展经验谈中国的都市圈建设. 南京工业大学学报（社会科学版），（3）：56-59.

徐亚. 2012. 基于旅客出行行为分析的道路客运班线优化研究. 武汉：武汉理工大学博士学位论文.

徐勇，马国霞，郭腾云. 2007. 区域经济增长时空分异模拟方法——以京津冀都市圈为例. 地理科学，27（6）：749-755.

徐玉萍. 2011. 高速铁路建设促进区域经济发展问题研究. 江西社会科学，（12）：62-65.

许璐，张星臣，王伶俐，等. 2016. 体验价值与高速铁路客运服务质量关系的探讨. 中国铁路，（3）：20-25.

许学强，林先扬，周春山. 2007. 国外大都市区研究历程回顾及其启示. 城市规划学刊，

（2）：9-14.

薛俊菲，顾朝林，孙加凤．2006．都市圈空间成长的过程及其动力因素．城市规划，（3）：53-56.

阎小培，郭建国，胡宇冰．1997．穗港澳都市连绵区的形成机制研究．地理研究，16（2）：22-29.

杨东援，韩皓．2001．道路交通规划建设与城市形态演变关系分析——以东京道路为例．城市规划汇刊，（4）：47-50.

杨福霞，聂华林，杨冕．2010．中国经济发展的环境效应分析．财经研究，36（5）：133-143.

杨桂凤，王晖军，罗阳，等．2003．我国铁路旅游运输的发展与对策．中国铁路，（3）：43-48.

杨国良，张捷，刘波，等．2007．旅游流流量位序—规模分布变化及其机理——以四川省为例．地理研究，26（4）：662-672.

杨家文，周一星．1999．通达性：概念，度量及应用．地理学与国土研究，15（2）：61-66.

杨明华，洪卫，高燕梅．2004．论交通经济带的一些基本问题．重庆交通学院学报（社会科学版），4（4）：15-18.

杨青山，赵景海，于亚滨，等．2007．都市圈规划：理论・方法・实例．北京：中国建筑工业出版社.

杨润田．2011．城际高铁对河北旅游业发展的影响分析．河北师范大学学报（哲学社会科学版），34（6）：62-64.

杨绍波．2003．英国伦敦轨道交通概览．综合运输，（2）：58-60.

杨维凤．2010．京沪高速铁路对我国区域空间结构的影响分析．北京社会科学，（6）：38-43.

杨吾扬，张国伍，等．1986．交通运输地理学．北京：商务印书馆.

杨效忠，冯立新，张凯．2013．交通方式对跨界旅游区景区可达性影响及边界效应测度——以大别山为例．地理科学，33（6）：693-702.

杨兴柱，顾朝林，王群．2007．南京市旅游流网络结构构建．地理学报，62（6）：609-620.

杨兴柱，陆林，王群．2005．农户参与旅游决策行为结构模型及应用．地理学报，60（6）：928-940.

杨仲元，卢松．2013．交通发展对区域旅游空间结构的影响研究——以皖南旅游区为例．地理科学，33（7）：806-814.

姚士谋．2001．中国城市群（第二版）．合肥：中国科学技术大学出版社.

姚士谋，陈振光，朱英明，等．2006．中国城市群（第3版）．合肥：中国科学技术大学出版社.

姚士谋，管驰明，范宇．2001．经济地理学新的思维范畴．地球科学进展，16（4）：473-477.

姚影，欧国立．2009．基于交通改善的城市经济联系实证研究——以长三角城市群为例．交通运输系统工程与信息，9（1）：156-160.

叶芳，王燕．2013．双重差分模型介绍及其应用．中国卫生统计，30（1）：131-134.

叶倩，吴殿廷，戴特奇，等．2013．中美航空客运网络层次结构和地域系统对比分析．地理研究，32（6）：1084-1094.

殷柏慧，吴必虎. 2004. 长三角与环渤海区域旅游合作条件对比研究——兼论环渤海次区域旅游合作道路选择. 旅游学刊，19（6）：33-37.

殷平. 2012. 高速铁路与区域旅游新格局构建——以郑西高铁为例. 旅游学刊. 27（12）：47-53.

于锦华，张建涛. 2015. 体验价值、满意度及忠诚度关系研究——以温泉旅游为例. 辽宁大学学报（哲学社会科学版），43（2）：75-81.

于秋阳，杨斯涵. 2014. 高速铁路对节点城市旅游业发展的影响研究——以西安市为例. 人文地理，（5）：142-149.

于涛. 2007. 高速铁路建设的内外部经济研究. 铁道运输与经济，29（1）：4-6.

于涛方，邵军，周学江. 2007. 多中心巨型城市区研究：京津冀地区实证. 规划师，23（12）：15-23.

俞勇军，陆玉麒. 2005. 交通投资与经济发展的关系及其区域效应评价方法研究. 人文地理，20（1）：27-31.

虞虎，刘青青，陈田，等. 2016. 都市圈旅游系统组织结构、演化动力及其发展特征. 地理科学进展，35（10）：1288-1302.

袁家冬，李少星. 2005. 日本三大都市圈快速轻轨交通网的形成与发展. 世界地理研究，14（3）：1-6.

袁立梅，王雪晶，张建春，等. 2012. 区域旅游资源生态位测评及开发策略研究——以河北环京津区域为例. 河北师范大学学报（自然科学版），36（4）：426-432.

袁翊茗，邵欣欣. 2011. 我国国内旅游收入影响因素的计量分析——基于1994～2010年的数据. 科技广场，（10）：97-100.

约翰·冯·杜能. 1986. 孤立国同农业和国民经济的关系. 吴衡康，译. 北京：商务印书馆.

约翰·斯科特. 2004. 社会网络分析法. 刘军，译. 重庆：重庆大学出版社.

曾洁芳. 2008. 交通基础设施建设与社会经济协调发展研究. 长沙：长沙理工大学硕士学位论文.

张安琳. 2013. 高速铁路对区域经济影响的动力学特征研究. 兰州：兰州交通大学硕士学位论文.

张成思. 2008. 金融计量学：时间序列分析视角. 长春：东北财经大学出版社.

张春丽，成彧. 2016. 大数据分析技术及其在医药领域中的应用. 标记免疫分析与临床，23（3）：327-333.

张萃. 2009. 高速铁路对城镇体系发展影响的研究. 天津：南开大学硕士学位论文.

张凤波. 1987. 中国交通经济分析. 北京：人民出版社.

张光伟，李愈. 2004. 铁路城际短途旅客快运的思考. 铁路运输与经济，26（1）：36-38.

张虹鸥，叶玉瑶，罗晓云，等. 2004. 珠江三角洲城市群城市流强度研究. 地域研究与开发，23（6）：53-56.

张辉. 2002. 旅游经济论. 北京：旅游教育出版社.

张季风. 2003. 新干线与日本经济. 日本学刊，（6）：19-31.

张金山. 2013. 世界城市视角下的北京旅游建设研究. 旅游学刊，28（11）：42-49.

张京祥，邹军，吴君焰，等. 2001. 论都市圈地域空间的组织. 城市规划，25（5）：19-23.

张莉，姚雨辰. 2013. 高速铁路对区域经济影响效应的探讨. 铁道运输与经济，35（4）：10-16.

张凌云，中国旅游协会区域旅游开发专业委员会. 1999. 市场评价：旅游资源新的价值观——兼论旅游资源研究的几个理论问题. 旅游学刊，(2)：47-52.

张明，丁成日，Cervero R. 2005. 土地使用与交通的整合：新城市主义和理性增长. 城市发展研究，12（4）：46-52.

张葳. 2009. 基于SWOT分析的京津冀“滨海旅游通道”构建. 河北师范大学学报（自然科学版），33（1）：107-110.

张伟. 2003. 都市圈的概念、特征及其规划探讨. 城市规划，27（6）：47-50.

张文尝，金凤君，樊杰. 2002. 交通经济带. 北京：科学出版社.

张文尝，金凤君，荣朝和，等. 1992. 空间运输联系：理论研究·实证分析·预测方法. 北京：中国铁道出版社.

张文尝，金凤君，唐秀芳. 1994. 空间运输联系的分布与交流规律研究. 地理学报，49（6）：490-499.

张文新，刘欣欣，杨春志，等. 2013. 城际高速铁路对城市旅游客流的影响——以南京市为例. 经济地理，33（7）：163-169.

张文忠. 2001. 日本东海道交通经济带形成和演化机制研究. 世界地理研究，10（1）：12-19.

张晓峒. 2007. EViews使用指南与案例. 北京：机械工业出版社.

张晓建. 2016. 高速铁路对沿线产业集聚与扩散的效益影响分析——以郑西高速铁路为例. 成都：西南交通大学硕士学位论文.

张晓青. 2012. 城市空间扩展的经济效应研究. 济南：山东人民出版社.

张新峰. 2009. 空间自相关的数据分析方法与应用研究——以南亚海啸对海洋生态因子的影响为例. 兰州：兰州大学博士学位论文.

张学良. 2007. 中国交通基础设施与经济增长的区域比较分析. 财经研究，33（8）：51-63.

张学良，聂清凯. 2010. 高速铁路建设与中国区域经济一体化发展. 现代城市研究，(6)：6-10.

张迎春，张于心，孙毅，等. 2005. 中国三大经济区发展城际铁路的思考. 交通运输系统工程与信息，5（4）：85-89.

张岳军，张宁. 2013. 高速铁路对沿线城市旅游的影响效应与作用机制研究. 铁道运输与经济，35（9）：84-88.

张云丰，王勇. 2010. 基于修正Logistic模型的游客流量预测研究——以重庆芙蓉洞开发为例. 旅游研究，2（3）：22-27.

章光日. 2003. 从大城市到都市区——全球化时代中国城市规划的挑战与机遇. 城市规划，27（5）：33-37.

赵翠霞，张于心，孙毅，等. 2004. 我国城际铁路的两种发展模式. 综合运输，(2)：46-49.

赵嘉. 2009. 铁路对都市圈社会经济影响评价研究：以京津冀都市圈为例. 北京：北京交通大学硕士学位论文.

赵建强. 2009. 京津冀区域旅游空间结构优化研究. 社会科学家, (12): 90-93.
郑广建. 2014. 交通基础设施、空间结构调整与区域经济协调. 杭州: 浙江大学博士学位论文.
郑海燕. 2014. 高速铁路与沿线区域经济一体化. 广州: 暨南大学硕士学位论文.
郑辉. 2011. 城际铁路客流预测的 Logit 模型. 铁道运输与经济, 33 (5): 84-87.
郑捷奋, 刘洪玉. 2003. 日本轨道交通与土地的综合开发. 中国铁道科学, 24 (4): 133-138.
郑林昌. 2010. 中国自然地形、交通运输成本与区域经济发展作用机理研究. 北京: 北京交通大学博士学位论文.
钟韵, 彭华, 郑莘. 2003. 经济发达地区旅游发展动力系统初步研究: 概念、结构、要素. 地理科学, 23 (1): 60-65.
周凤杰, 张爱平, 马楠. 2012. 环渤海区域旅游空间分异研究. 商业研究, (1): 163-167.
周浩, 郑筱婷. 2012. 交通基础设施质量与经济增长: 来自中国铁路提速的证据. 世界经济, (1): 78-97.
周素红, 陈慧玮. 2008. 美国大都市区规划组织的区域协调机制及其对中国的启示. 国际城市规划, 23 (6): 93-98.
周涛. 2016. 基于乘客出行价值效用函数的 P&R 规模预测研究. 北京: 北京交通大学硕士学位论文.
周一星, 史育龙. 1995. 建立中国城市的实体地域概念. 地理学报, 50 (4): 289-301.
祝尔娟. 2009. 京津冀一体化中的产业升级与整合. 经济地理, 29 (6): 881-886.
朱付彪, 陆林, 於冉, 等. 2012. 都市圈旅游空间结构演变研究——以长三角都市圈为例. 地理科学, 32 (5): 570-576.
朱竑, 吴旗韬. 2005. 中国省际及主要旅游城市旅游规模. 地理学报, 60 (6): 919-927.
朱荣林. 2003. 走向长三角: 都市圈经济宏观形势与体制改革视角. 上海: 学林出版社.
朱桃杏, 陆军. 2014. 高速铁路背景下旅游经济发展空间与效率特征研究. 铁道运输与经济, 36 (7): 1-8.
朱桃杏, 陆军. 2015. 高铁对区域科技创新协调的作用机制与效率分析. 科技进步与对策, 32 (6): 51-54.
朱桃杏, 陆军. 2016. 高速跌路对城市旅游发展的经济效应研究——以武广高铁为例. 城市与环境研究, (2): 69-80.
朱桃杏, 陆军, 朱正国. 2015. 基于脉冲响应函数的我国铁路交通与旅游经济增长的关系研究. 铁道运输与经济, 37 (7): 54-60.
朱桃杏, 吴殿廷, 马继刚, 等. 2011. 京津冀区域铁路交通网络结构评价. 经济地理, 31 (4): 561-566.
朱喜钢. 2002. 城市空间集中与分散论. 北京: 中国建筑工业出版社.
朱英明. 2004. 城市群经济空间分析. 北京: 科学出版社.
踪家峰, 刘姗姗. 2008. 基于协整与 Granger 因果分析的地区一体化进程研究——以京津冀和长三角为例. 地域研究与开发, 27 (2): 30-33.
Albert A M. 2011. Travel behaviour in Ghana: Empirical observations from four metropolitan areas.

Journal of Transport Geography, 19 (2): 313-322.

Alexander B, Wu J G. 2011. Urbanization diversifies land surface phenology in arid environments. Landscape and Urban Planning, 105 (1-2): 149-159.

Allan D W. 1994. Evolving structures and challenges of metropolitan regions. National Civic Review, 83 (1): 40-53.

Allen M P. 1982. The identification of interlock groups in large corporate networks: Convergent validation using divergent techniques. Social Networks, 4: 349-366.

Anderson E W, Fornell C, Lehmann D R. 1994. Customer satisfaction, market share and profitability: Findings from Sweden. Journal of Marketing, (58): 53-64.

Anselin L. 1995. Local indicators of spatial association- LISA. Geographical Analysis, 27 (2): 93-115.

Arabie P. 1977. Clustering representations of group overlap. Journal of Mathematical Sociology, 5 (1): 113-128.

Armstrong R J, Rodriguez D A. 2006. An evaluation of the accessibility benefits of commuter rail in eastern Massachusetts using spatial hedonic price functions. Transportation, 33 (1): 21-43.

Baker F B, Hubert L J. 1981. The analysis of social interaction data. Sociological Methods &Research, 9 (3): 339-361.

Baldassarri M. 1994. International differences in growth rates. Economic Journal, 105 (432) : 1307.

Banister D. 1993. Charging systems for the use of urban infrastructure: Possibilities and realities. Paris: Paper for the ECMT 97th Round Table on Changing System for the Use of the Urban Infrastructure, (4-5): 34.

Bartos R. 1982. Women and travel. Journal of Travel Research, 20 (4): 3-9.

Becker C, George B P. 2011. Rapid rail transit and tourism development in the United States. Tourism Geographies, 13 (3): 381-397.

Bekman H W, Gilson C. 1986. Consumer Behavior: Concept and Strategies (3rd ed) . Boston: Kent Pub, Co.

Bernard H R, Killworth P D, Sailer L. 1980. Informant accuracy in social network data IV: A comparsion of clique- level structure in behavioral and cognitive network data. Social Networks, (2): 191-218.

Boers B, Cottrell S. 2007. Sustainable tourism infrastructure planning: A GIS- supported approach. Tourism Geographies, 9 (1): 1-21.

Bojanic D C. 1996. Consumer perceptions of price, value and satisfaction in the hotel industry: An exploratory study. Journal of Hospitality and Leisure Marketing, 4 (1): 5-22.

Breiger R L. 1981. The social class structure of occupational mobility. American Journal of Sociology, 87 (3): 578-611.

Brennan T. 1948. Middle and City. Landon: Dobson.

Brian M M, Mark S R. 2013. Hosting mega-events: A guide to the evaluation of development effects in integrated metropolitan regions. Tourism Management, 34 (2): 238-246.

Bruce P. 2000. The role of the transport system in destination development. Tourism Management, 21 (1): 53-63.

Bunnell T, Barter P A, Morshidi S. 2002. Kuala Lumpur metropolitan area: A globalizing city-region. Cities, 19 (5): 357-370.

Burt R S. 1980. Models of network structure. Annual Review of Sociology, 6 (1): 79-141.

Cadwallader M. 1976. Methodologies for the Measurement of Cognitive Distance// Moore G T, Golledge R G. Environmental Knowing Theories Research & Methods. Stroudsburg PA: Dowden, Hutchinson and Ross.

Chisholm M. 1992. Sources of metropolitan growth. Economic Geography, 68 (4): 433-434.

Choi W J, Winterich K P. 2012. Can brands move in from the outside? How moral identity enhances Out-Group brand atti tudes. Social Science Electronic Publishing, 77 (2): 96-111.

Churchill G A, Surprenant C. 1982. An investigation into the determinants of customer satisfaction. Journal of Marketing Research, 19 (4): 491-504.

Coto-Millán P, Inglada V, Rey B. 2007. Effects of network economies in high-speed rail: The Spanish case. The Annals of Regional Science, 41 (4): 911-925.

Craig R F, Poldrack R A. 2009. Prosepect Theory and the Brain//Climcher P, Camerer C, Fehr E, et al. Neuroeconomics: Decision Making and the Brain. London: Elsevier.

Crampon L J. 1966. Gravitational model approach to travel market analysis. Journal of Marketing, 30 (2): 27-31.

Dallen J. 2007. The challenges of diverse visitor perceptions: Rail policy and sustainable transport at the resort destination. Journal of Transport Geography, 15 (2): 104-115.

Daniel A, Germa B. 2010. Tourism and urban public transport: Holding demand pressure under supply constraints. Tourism Management, 31 (3): 425-433.

Demurger S. 2001. Infrastructure development and economic growth: An explanation for regional disparities in China. Journal of Comparative Economics, 29 (1): 95-117.

Derek M. 2007. Od wioski rybackiej do turystycznej enklawy? Turystyka a rozwój lokalny na przykładzie Mikołajek. http://www.studreg.uw.edu.pl/pdf/2 (28) _2007/Derek_2_2007.pdf [2015-07-28].

Dipasquale D, Wheaton W C. 1996. Urban Economics and Real Estate. Englewood-Cliffs, NJ: Prentice-Hall.

Dixit A K, Stiglitz J E. 1977, Monopolistic competition and optimum product diversity. American Economic Review, 67 (3): 297-308.

Dobruszkes F, Lennert M, Hamme G V. 2011. An analysis of the determinants of air traffic volume for European metropolitan areas. Journal of Transport Geography, 19 (4): 755-762.

Doreian P. 1988. Equivalence in a social network. Journal of Mathematical Sociology, 13 (3): 243-282.

Dyer J S. 2005. Maut-Multiattribute Utility Theory//Figueira J, Greco S, Ehrgott M. Multiple Criteria Decision Analysis: State of the Art Surveys. New York: Springer.

Eagles J F, Blackwell R D, Miniard P W. 1995. Consumer Behavior (8th Eds). Chicago: The Dryden Press.

Ebanks G E, Cheng C. 1990. China: A unique urbanization model. Asia Pacific Population Journal, 5 (3): 29-50.

Edited B H. 1993. North Modern Railway Translation. London: Thomas Telford.

Emirbayer M, Goodwin J. 1994. Network analysis, culture, and the problem of agency. American Journal of Sociology, 99 (6): 1411-1454.

Engle R F, Granger C W J. 1987. Cointegration and error correction: Representation. Estimation and Testing Econometrica, 55 (2): 251-276.

Erickson B, Nosanchuk T A, Lee E. 1981. Network sampling in practice: Some second steps. Social Networks, 3 (2): 127-136.

Evans A W. 1990. The assumption of equilibrium in the analysis of migration and interregional differences. Journal of Regional Science, 30 (4): 515-531.

Farrún J I. 2013. Light Rail Transit in the US and Abroad, Examination of History and Innovations. New York: Springer.

Festinger L, Schachcter S, Back K. 1950. Social Pressures in Informal Groups. New York: Tavistock Publications Ltd.

Festinger L. 1954. A theory of social comparsion processes. Human Relations, 7 (7): 117-140.

Fodness D, Murray B. 1997. Tourist information search. Annals of Tourism Research, 24 (3): 503-523.

Fornell C, Larcker D F. 1981. Evaluating structural equation models with unobservable variables and measurement error. Journal of Marketing Research, 18 (2): 39-50.

Frey W, Speare A J. 1992. The revival of metropolitan growth in the US. Population and Development Review. 18 (1): 129-146.

Friedman J R. 1966. Regional Development Policy: A Case of Venezuela. Cam-Bridge: MIT Press.

Fröidh O. 2005. Market effects of regional high-speed trains on the Svealand line. Journal of Transport Geography, 13 (4): 352-361.

Fujita M, Krugman P. 1995. When is the economy monocentric: Von Thunen and Chamberlin unified. Regional Science and Urban Economics, 25 (4): 505-528.

Fujita M, Thisse J-F. 1997. Économic géographique, Problèmes anciens et nouvelles perspectives. Annales d'Économie et de Statistique, 45 (45): 37-87.

Gibson H. 1998. Sport tourism: A critical analysis of research. Sport Management Review, 1 (1): 45-76.

Glaeser E L, Saiz A. 2004. The rise of the skilled city. Working Papers, (35): 47-105.

Gottmann J. 1957. Megalopolis or the urbanization of the Northeastern Seaboard. Economic Geography, 33 (3): 189-200.

Greene D L. 1993. Transportation and energy: The global environmental challege. Transportation Research Part A Policy & Practice, 27 (3): 163-166.

Gronau W, Kagermeier A. 2007. Key factors for successful leisure and tourism public transport provision. Journal of Transport Geography, 15 (2): 127-135.

Gronau W, Kagermeier A. 2007. Increasing Economic Feasabilty of Public Transport Supply in Natural Areas- a German Case Study. London: Routledge.

Growitsch C, Wetzel H. 2009. Testing for economies of scope in European railways: An efficiency analysis. Journal of Transport Economics and Policy, 43 (1): 1-24.

Gunn C A. 1972. Vacations Cape: Designing Tourist Regions. New York: Francis Academic Press.

Gunn C A. 1988. Tourism Planning (2nd ed) . New York: Taylor & Francis.

Hansen W G. 1959. How accessibility shapes land use. Journal of the American Institute of Planners, 25 (2): 73-76.

Hardoy A, Schusterman R. 2000. New models for the privatization of water and sanitation for the urban poor. Environment and Urbanization, 12 (2): 63-75.

Hiller B, Hanson J. 1984. The Social Logic of Space. Cambridge: Cambridge University Press.

Hiller B, Penn A, Hanson J, et al. 1993. Natural movement: Configuration and attraction in urban pedestrian movement. Environment & Planning B Planning & Design, 20 (1): 29-66.

Hiller H H. 1995. Conventions as mega-events: A new model for convention-host city relationships. Tourism Management, 16 (5): 375-379.

Hills T L, Lundgren J. 1977. The impact of tourism in the Caribbean: A methodological study. Annals of Tourism Research, 4 (5): 248-267.

Hitters E, Richards G. 2002. The creation and management of cultural clusters. Creativity and Innovation Management, 11 (4): 234-247.

Hoare A G. 2008. Linkage flows, locational evaluation and industrial geography: A case study of Greater London. Environment and Planning A, 7 (1): 41-58.

Hsu C I, Chung W M. 1997. A model for market share distribution between high- speed and conventional rail services in a transportation corridor. The Annals of Regional Science, 31 (2): 121-153.

Jackson J, Murphy P. 2006. Cluster in regional tourism: An Australian case. Annals of Tourism Research, 33 (4): 1018-1035.

Jannach D, Zanker M, Fuchs M. 2009. Constraint- based recommendation in tourism: A multi-perspective case study. Information Technology & Tourism , 11 (2) : 139-155.

Johansen S. 1988. Statistical analysis of cointegration vectors. Journal of Economic Dynamics and Control, 12 (2-3): 231-254.

Johansen S, Juselius K. 1990. Maximum likelihood estimation and inference on cointegration- with applications to the demand for money. Oxford Bulletin of Economics and Statistics, 52 (2): 169-210.

Keeney R L. 1982. Decision analysis: An overview. Operations Research, 30 (5): 803-838.

Khadaroo J, Seetanah B. 2008. The role of transport infrastructure in international tourism development: A gravity model approach. Tourism management, 29 (5): 831-840.

Kingsley E H. 1997. Labor markets and regional transportation improvements: The case of high-speed trains. The Annals of Regional Science, 31 (1): 57-76.

Kobayashi K, Okumura M. 1997. The growth of city systems with high-speed railway systems. The Annals of Regional Science, 31 (1): 39-56.

Krugman P. 1991. Geography and Trade. Cambridge : MIT Press.

Lo F C, Yeung Y M. 1998. Globalization and the World of Large Cities. Tokyo: United Nations University Press.

Manfredo M J, Driver B L, Brown P J. 1983. A test of concepts inherent in experience based setting management for outdoor recreation areas. Journal of Leisure Research, 15 (3): 263-283.

Mansfeld Y. 1992. From motivation to actual travel. Annals of Tourism Research, 19 (3): 399-419.

Martí-Henneberg J. 2013. European integration and national models for railway networks (1840–2010). Journal of Transport Geography, 26 (1): 126-138.

Masson S, Petiot R. 2009. Can the high speed rail reinforce tourism attractiveness? The case of the high sped rail between Perpignan (France) and Barcelona (Spain) . Technovation, 29 (9): 611-617.

McCann P. 1993. The logistics-production problem. Journal of Regional Science, 33 (4): 503-516.

Mintz B, Schwartz M. 1981. The structure of intercorporate unity in American business. Social Problems, 28: 87-103.

Myrdal G. 1957. Economic Theory and Underdeveloped Regions. New York: Harper & Row.

Nakamura H, Ueda T. 1989. The impact of Shinkansen in regional development. Yokohama: The Fifth World Conference on Transport Research.

Nordin S. 2003. Tourism Clustering & Innovation: Paths to Economic Growth & Development. östersund, Sweden: European Tourism Research Institute, Mid-Sweden University.

Oliver R I. 1999. Whence Consumer Loyalty. Journal of Marketing, 63 (4): 33-44.

Owen W. 1987. Transportation and World Development. Baltimore, Maryland: The Johns Hopkins University Press.

Perroux F. 1950. Economic space: Theory and applications. Quarterly Journal of Economics, 64 (1): 89-104.

Pine B J, Gilmore J H. 1998. Welcome to experience economy. Harvard Business Review, (7): 97-105.

Rangarajan K, Long S, Tobias A, et al. 2013. The role of stakeholder engagement in the development of sustainable rail infrastructure systems. Research in Transportation Business & Management, 7 (7): 106-113.

Ratti C. 2004. Space syntax: Some inconsistencies. Environment and Planning B: Urban Analytics and City Science, 31 (4): 487-499.

Robbins D, Thompson K. 2007. Special issue on transport at tourist destinations. Journal of Transport Geography, 15 (2): 80-82.

Sasaki K, Tadahiroashi, Ando A. 1997. High-speed rail transit impact on regional systems: Does the

Shinkansen contribute to dispersion. The Annals of Regional Science, 31 (1): 77-98.

Savage C I. 1959. An Economic History of Transport. News York: Hutchinson Unversity Library.

Schiefelbusch M, Jain A, Schäfer T, et al. 2007. Transport and tourism: roadmap to integrated planning developing and assessing integrated travel chains. Journal of Transport Geography, 15 (2): 94-103.

Selvanathan E A, Selvanathan S. 1994. The demand for transport and communication in the United Kingdom and Australia. Transportation Research Part B Methodological, 28 (1): 1-9.

Shefer D, Bar-El E. 1993. High-technology industries as a vehicle for growth in Israel's peripheral regions. Environment and Planning C Government & Policy, 11 (3): 245-261.

Simon H A. 1952. A behavioural model of rational choice. The Quarterly Journal of Economics, 69 (1): 99-118.

Smith S L J. 1987. Regional analysis of tourism resources. Annals of Tourism Research, 14 (2): 254-275.

Soutar G, Mcleod P. 1993. Residents' perceptions on impact of the America's Cup. Annals of Tourism Research, 20 (3): 571-582.

Spiekermann K. 1994. The shrinking continent: New time-space maps of Europe. Environment and Planning B, 21 (6): 653-673.

Su M M, Wall G. 2009. The Qinghai-Tibet railway and Tibetan tourism: Travelers' perspectives. Tourism Management, 30 (5): 650-657.

Sun Q P, Feng X S, Bian K. 2011. Operation and organization management of high-speed railway in Japan. Journal of Transportation Systems Engineering & Information Technology, 11 (5): 11-16.

Talley W. 1996. Linkages between transportation infrastructure investment and economic production. Logistics and Transportation Review, 32, (1): 145-154.

Taylor J, Raden N. 2007. Smart (enough) Systems: How to Deliver Competitive Advantage by Automating the Decisions Hidden in your Business. Boston: Prentice Hall Press.

Thompson K, Schofield P. 2007. An investigation of the relationship between public transport performance and destination satisfaction. Journal of Transport Geography, 15 (2): 136-144.

Tung L M, Hsüeh F H. 1985. Chinese Cities: The Growth of the Metropolis since 1949. Oxford: Oxford University Press.

Turco D M, Stumbo N, Garnarcz J. 1998. Tourism constraints for people with disabilities. Australian Parks and Recreation, 33 (9): 78-84.

Um S, Crompton J L. 1990. Attitude determinants in tourism destination choice. Annals of Tourism Research, 17 (3): 423-448.

Vickerman R. 1997. High-speed rail in Europe: Experience and issues for future development. The Annals of Regional Science, 31 (1): 21-38.

Wilson A G. 1967. A statistical theory of spatial distribution models. Transportation Research, 1 (3): 253-269.

Wolfe R I. 1972. The inertia model. Journal of Leisure Research, 4 (3): 73-76.

Woodside A G, King R I. 2001. An updated model of travel and tourism purchase- consumption systems. Journal of Travel and Tourism Marketing, 10 (1): 3-27.

Yeung , Yue-man. 2010. Geography in the age of mega-cities. International Social Science Journal, 151 (3): 91-104.

Zhu F B, Lu L, Yu R, et al. 2012. Tourism spatial structure evolution of metropolitan area: A case study of Changjiang river delta metropolitan area. Scientia Geographica Sinica, 32 (5): 570-576.

Zhu T X. 2017. Correlation index construction and efficiency measurement of high speed railway and regional tourism development. Revista de la Facultad de Ingenieria, 32 (9): 649-656.

附　录

附录 1　公路和普通铁路交通的效用统计值

附表 1　2016 年京津冀都市圈各城市公路交通的效用值

地区	公路												
	北京市	天津市	石家庄市	唐山市	秦皇岛市	邯郸市	邢台市	保定市	张家口市	承德市	沧州市	廊坊市	衡水市
北京市													
天津市	107.28												
石家庄市	101.23	65.91											
唐山市	88.40	52.77	57.47										
秦皇岛市	92.15	61.77	71.82	34.34									
邯郸市	117.20	81.90	32.72	72.93	103.96								
邢台市	115.57	76.11	27.95	70.76	89.58	20.69							
保定市	92.72	60.70	35.56	43.32	62.13	49.20	42.23						
张家口市	93.46	71.97	59.25	56.11	61.35	83.32	63.77	47.33					
承德市	93.47	61.37	66.14	33.53	32.10	73.67	69.29	56.56	51.32				
沧州市	87.58	46.86	34.08	35.22	47.26	41.78	41.17	29.84	50.33	46.24			
廊坊市	81.32	47.92	43.21	31.27	44.57	57.36	51.07	32.88	45.96	43.91	29.35		
衡水市	94.73	57.70	28.63	52.84	66.48	29.01	26.20	28.43	50.99	64.49	22.73	34.64	

注：基础统计数据来源于京津冀都市圈各城市 2016 年度的经济统计年鉴及铁路客户服务中心官网等；以下表同。

附表2 2016年京津冀都市圈各城市普通铁路交通的效用值

地区	普铁												
	北京市	天津市	石家庄市	唐山市	秦皇岛市	邯郸市	邢台市	保定市	张家口市	承德市	沧州市	廊坊市	衡水市
北京市													
天津市	113.92												
石家庄市	110.79	58.66											
唐山市	108.43	56.35	87.50										
秦皇岛市	124.22	72.53	68.91	40.55									
邯郸市	109.37	84.70	37.81	68.32	99.40								
邢台市	102.72	80.92	30.79	71.83	90.96	20.36							
保定市	98.22	45.02	40.37	37.11	55.71	56.78	48.71						
张家口市	90.16	62.95	66.55	45.17	54.30	80.60	76.26	57.39					
承德市	105.44	48.90	58.76	36.21	—	66.63	86.11	62.39	—				
沧州市	103.07	52.30	51.91	45.44	62.66	70.17	62.79	—	69.92	22.60			
廊坊市	84.37	48.08	43.41	40.76	59.21	52.69	44.92	47.88	50.16	—	36.92		
衡水市	104.47	67.80	30.46	61.17	79.41	31.27	40.15	—	68.39	44.11	29.80	56.62	

附录2 公路和普通铁路交通的分担率统计值

附表3 2016年京津冀都市圈各城市公路交通分担率

地区	公路												
	北京市	天津市	石家庄市	唐山市	秦皇岛市	邯郸市	邢台市	保定市	张家口市	承德市	沧州市	廊坊市	衡水市
北京市													
天津市	0. 3267												
石家庄市	0. 3300	0. 3940											
唐山市	0. 3149	0. 3289	0. 3045										
秦皇岛市	0. 2931	0. 3205	0. 3975	0. 3248									
邯郸市	0. 3580	0. 3722	0. 3271	0. 4047	0. 4081								
邢台市	0. 3674	0. 3413	0. 3325	0. 3945	0. 3928	0. 3499							
保定市	0. 3314	0. 4292	0. 3256	0. 4129	0. 4102	0. 3343	0. 3308						
张家口市	0. 4620	0. 4950	0. 4109	0. 5227	0. 4910	0. 4610	0. 3903	0. 3858					
承德市	0. 4095	0. 5262	0. 4898	0. 4240	0. 9094	0. 4837	0. 3779	0. 4169	0. 9094				
沧州市	0. 3171	0. 3278	0. 3011	0. 3134	0. 3101	0. 2885	0. 3153	0. 9094	0. 3430	0. 6710			
廊坊市	0. 3323	0. 3408	0. 3594	0. 3178	0. 3187	0. 4785	0. 4931	0. 3289	0. 4205	0. 8408	0. 3740		
衡水市	0. 4170	0. 3961	0. 4290	0. 4009	0. 3907	0. 4247	0. 3140	0. 9094	0. 3538	0. 5754	0. 3610	0. 2958	

附表 4　2016 年京津冀都市圈各城市普通铁路交通分担率

地区	普通铁路												
	北京市	天津市	石家庄市	唐山市	秦皇岛市	邯郸市	邢台市	保定市	张家口市	承德市	沧州市	廊坊市	衡水市
北京市													
天津市	0. 3471												
石家庄市	0. 3624	0. 3460											
唐山市	0. 3906	0. 3516	0. 5126										
秦皇岛市	0. 3982	0. 3792	0. 3785	0. 3879									
邯郸市	0. 3332	0. 3869	0. 3814	0. 3745	0. 3863								
邢台市	0. 3251	0. 3642	0. 3681	0. 4018	0. 4002	0. 3441							
保定市	0. 3516	0. 3088	0. 3717	0. 3458	0. 3610	0. 3907	0. 3858						
张家口市	0. 4377	0. 4051	0. 4890	0. 3781	0. 4090	0. 4386	0. 5101	0. 5147					
承德市	0. 4905	0. 3747	0. 4102	0. 4758	0. 0453	0. 4162	0. 5229	0. 4830	0. 0453				
沧州市	0. 3754	0. 3675	0. 5002	0. 4133	0. 4220	0. 6173	0. 5885	0. 0453	0. 5592	0. 2395			
廊坊市	0. 3449	0. 3419	0. 3611	0. 4273	0. 4406	0. 4213	0. 4070	0. 5741	0. 4793	0. 0419	0. 5270		
衡水市	0. 4829	0. 5042	0. 4707	0. 4992	0. 5097	0. 4751	0. 5899	0. 0453	0. 5479	0. 3277	0. 5405	0. 6094	

附录3　关于游客乘坐高速铁路出行的调查量表

量表编号：

调查者：　　　　　　　　调查时间：　　　　　　　　调查地点：

尊敬的先生（女士）：

您好！

我们正在开展“高速铁路与旅游活动的关系”研究，邀请您参与高速铁路与旅游发展的学术问卷调查。请您结合您乘车所在的都市区间，根据实际情况和您的真实想法在问卷每一选项后面的相应数字上打“√”。我们严重承诺：问卷获取数据仅用于学术研究，将严格保密您的个人信息。衷心感谢您的理解和参与！

第一部分：高速铁路的认同

您对高速铁路的定位是：

（请在每题后面所列您认为合适的选项数字上打“√”，5表示非常同意，4表示同意，3表示一般，2表示不同意，1表示非常不同意）

题项	非常同意	同意	一般	不同意	非常不同意
PA1 高速铁路是我国交通方式的重大改革	5	4	3	2	1
PA2 为我国高速铁路技术感到骄傲和自豪	5	4	3	2	1
PA3 高速铁路是社会交通效率的重要提升	5	4	3	2	1
PA4 高速铁路应该是服务于社会各个阶层和领域的	5	4	3	2	1
PA5 高速铁路环保性好的交通方式	5	4	3	2	1
PA6 高速铁路的安全性应该高于其他交通方式	5	4	3	2	1
PA7 高速铁路的服务条件应该优于其他交通方式	5	4	3	2	1

第二部分：服务期望

您对高速铁路的旅游服务功能的期望：

（请在每题后面所列您认为合适的选项数字上打“√”，5 表示非常同意，4 表示同意，3 表示一般，2 表示不同意，1 表示非常不同意）

题项	非常同意	同意	一般	不同意	非常不同意
DE1 期望服务网络普及范围更广	5	4	3	2	1
DE2 期望服务价格更合理	5	4	3	2	1
DE3 期望高速铁路环境保护能力和水平更高	5	4	3	2	1
DE4 期望高速铁路加强城市交往的功能更强	5	4	3	2	1
DE5 期望高速铁路更加能提升个人交通效率	5	4	3	2	1

第三部分：行为体验

高速铁路对您实际出行的影响：

（请在每题后面所列您认为合适的选项数字上打“√”，5 表示非常同意，4 表示同意，3 表示一般，2 表示不同意，1 表示非常不同意）

题项	非常同意	同意	一般	不同意	非常不同意
VP1 高速铁路有效节省了我的在途时间	5	4	3	2	1
VP2 高速铁路的高票价对我是比较适宜的	5	4	3	2	1
VP3 高速铁路车站环境和服务标识非常清楚	5	4	3	2	1
VP4 高速铁路车厢环境和服务档次较高	5	4	3	2	1
VP5 高速铁路的车次安排较为合理	5	4	3	2	1
VP6 高速铁路的准时准点服务比较好	5	4	3	2	1
VP7 高速铁路的线路和站点布局比较规范	5	4	3	2	1
VP8 高速铁路的信息服务（网络购票）比较规范	5	4	3	2	1
VP9 高速铁路与其他交通方式的衔接较好	5	4	3	2	1

第四部分：整体满意度

您对旅行中高速铁路的整体满意度：

（请在每题后面所列您认为合适的选项数字上打“√”，5 表示非常同意，4 表示同意，3 表示一般，2 表示不同意，1 表示非常不同意）

题项	非常同意	同意	一般	不同意	非常不同意
EP1 高速铁路增加了我周边城市旅游次数	5	4	3	2	1
EP2 高速铁路增加了我短期城际出行的可能性	5	4	3	2	1
EP3 高速铁路增加了我区域外围旅游目的地选择的可能性	5	4	3	2	1
EP4 高速铁路增加了我在外游玩停留的天数	5	4	3	2	1
EP5 高速铁路增加了我单次旅游选择景点的个数	5	4	3	2	1
EP6 高速铁路提升了我外出旅游体验质量	5	4	3	2	1

第五部分：发展支持

您今后可能愿意参加的：

（请在每题后面所列您认为合适的选项数字上打“√”，5 表示非常同意，4 表示同意，3 表示一般，2 表示不同意，1 表示非常不同意）

题项	非常支持	支持	一般	不支持	非常不支持
VSU1 支持对高速铁路的宣传和推广	5	4	3	2	1
VSU2 主动参与高速铁路服务旅游的线路规划建议	5	4	3	2	1
VSU3 积极推荐亲友外出乘坐	5	4	3	2	1
VSU4 外出会考虑乘坐并将此作为出外的唯一选择	5	4	3	2	1
VSU5 会主动与高速铁路车站和管理部门沟通提出服务质量建议	5	4	3	2	1
VSU6 会增加出游预算，安排更多的出行计划	5	4	3	2	1

第六部分：基本信息

（请在每题后面选择一项，在□中打“√”；此部分信息对研究很重要，请一定详细准确填写，绝对保密，请您放心，谢谢！）

1. 您的性别是：

□ 男　□ 女

2. 您的年龄是：

□ 16岁以下（含16岁）　□ 17~24岁（含24岁）　□ 25~45岁（含45岁）
□ 46~64岁（含64岁）　□ 65岁以上

3. 您的文化程度是：

□ 小学　□ 初中　□ 高中及中专　□ 大学（含大专）及以上

4. 您的职业是：

□ 离退休人员　□ 公务员　□ 企事业管理人员　□ 服务销售人员
□ 专业技术人员　□ 学生　□ 工人　□ 军人　□ 农民　□ 其他

5. 您所在的城市：

____

6. 您经常乘坐的高速铁路区间是：__________—__________

7. 您平均每年乘坐高速铁路旅行的次数：

□ 1次及以下　□ 2~5次　□ 6~10次　□ 11~20次　□ 21次及以上

8. 您的月收入大约为：

□ 2000元及以下　□ 2000~2999元　□ 3000~4999元　□ 5000~7999元
□ 8000元以上

9. 您每年旅游支出占家庭总支出的比重：

□ 5%及以下　□ 6%~10%　□ 11%~15%　□ 16%~20%
□ 21%及以上

问卷到此结束，衷心感谢您的支持！